ELKE SCHMITT

Schutz der außenstehenden Gesellschafter einer abhängigen Personengesellschaft im mehrstufigen Unternehmensverbund

Schriften zum Wirtschaftsrecht

Band 162

Schutz der außenstehenden Gesellschafter einer abhängigen Personengesellschaft im mehrstufigen Unternehmensverbund

Von

Elke Schmitt

Duncker & Humblot · Berlin

Die Rechts- und Wirtschaftswissenschaftliche Fakultät
der Universität Bayreuth hat diese Arbeit
im Jahre 2002 als Dissertation angenommen.

Bibliografische Information Der Deutschen Bibliothek

Die Deutsche Bibliothek verzeichnet diese Publikation in
der Deutschen Nationalbibliografie; detaillierte bibliografische
Daten sind im Internet über <http://dnb.ddb.de> abrufbar.

D 703

Fremddatenübernahme: Klaus-Dieter Voigt, Berlin
Druck: WB-Druck GmbH & Co., Rieden im Allgäu
Printed in Germany

ISSN 0582-026X
ISBN 3-428-11007-2

Gedruckt auf alterungsbeständigem (säurefreiem) Papier
entsprechend ISO 9706 ♾

Vorwort

Fragen des Konzernrechts der Personengesellschaften wurden in der Vergangenheit häufig unter Betrachtung der Binnenstruktur innerhalb der Gesellschaft behandelt. Der besonderen Problematik konzernrechtlicher Einflüsse von übergeordneten Konzernunternehmen in mehrstufigen Verbindungen soll mit dieser Arbeit Rechnung getragen werden.

Die Arbeit lag der Rechts- und Wirtschaftswissenschaftlichen Fakultät der Universität Bayreuth im Sommersemester 2002 als Dissertation vor. An dieser Stelle möchte ich mich bei meinem Doktorvater, Herrn Prof. Dr. Karl-Georg Loritz, für die Betreuung der Arbeit herzlich bedanken. Mein Dank gilt auch Herrn Prof. Dr. Lutz Michalski für die Erstellung des Zweitgutachtens.

Ladenburg, im September 2002 *Elke Schmitt*

Inhaltsverzeichnis

Kapitel 3

Konzernbildungskontrolle 80

Kapitel 4

Ausscheiden aus der Gesellschaft 103

Kapitel 5

Kapitel 6

Kapitel 7

Minderheitenschutz bei Konzernabhängigkeit 139

Kapitel 8

Einleitung und Gegenstand der Arbeit

Das konzernverbundene Unternehmen gehört zum heutigen Wirtschaftsalltag.[1] Einzelne Betriebsabteilungen oder besondere Projekte werden in Tochtergesellschaften ausgegliedert. Unternehmen der vorangehenden oder nachfolgenden Wirtschaftsstufen werden in den Konzern integriert. Geschäftsfelder werden durch Beteiligungserwerb erweitert. Es gibt viele Formen und Gründe der inzwischen weltweiten Konzernbildung. Dabei entstehen verschachtelte Gebilde, in denen häufig Zwischenholdings ohne eigene unternehmerische Tätigkeit eingesetzt werden. Diese sind meist hundertprozentige Tochtergesellschaften der Konzernspitze und bilden die Schaltstelle für einen regionalen Bereich, über die die Konzernpolitik weitergeleitet wird. Im Rahmen dieser globalen Unternehmensverbindungen sind auch Personengesellschaften sowohl als herrschende als auch als abhängige Unternehmen beteiligt. Dabei verläuft die Konzernbildung in der Regel auf mehreren Stufen.

Dem Konzernrecht, wie es im AktG kodifiziert ist, liegt im Wesentlichen das Model einer einstufigen Verbindung zugrunde. Gerade die Mehrstufigkeit begründet jedoch eine neue Problemdimension.[2] Während in der einstufigen Unternehmensverbindung das herrschende Unternehmen meist Gesellschafter der abhängigen Gesellschaft ist und somit in die gesellschaftliche Binnenordnung einbezogen ist, steht das mittelbar herrschende Unternehmen in keinem direkten Verhältnis zur abhängigen Gesellschaft und ihren Gesellschaftern. Obwohl keine unmittelbare Verbindung besteht, ist die durch die Möglichkeit der Einflussnahme begründete Gefährdung der abhängigen Gesellschaft und ihrer Gläubiger und Gesellschafter ebenso gegeben wie in einstufigen Verbindungen. Dies wirft besondere Fragen auf. Kann das abhängige Unternehmen bereits im Vorfeld auf die Konzernbildung auf höherer Stufe Einfluss nehmen? Bezieht sich das Informationsrecht der Gesellschafter der abhängigen Gesellschaft auch auf Angelegenheiten des übergeordneten Konzernunternehmens? Ist das mittelbar herrschende Unternehmen treuepflichtig gebunden? Kann die abhängige Gesellschaft Schadensersatzansprüche wegen Treuepflichtverletzungen auch

---

[1] Laut *Theisen,* Der Konzern, S. 1, stehen rund 90% der deutschen Aktiengesellschaften und wohl weit mehr als die Hälfte der deutschen Personengesellschaften in einem Abhängigkeitsverhältnis.

[2] Für die Aktiengesellschaft wurde dieser Problemkreis von *Bernwald,* Mehrstufige Unternehmensverbindungen, untersucht.

unmittelbar gegen das mittelbar herrschende Unternehmen geltend machen? Die Relevanz all dieser Aspekte beruht auf Gesichtspunkten des Minderheiten- und Gläubigerschutzes. In der vorliegenden Arbeit soll untersucht werden, welche Schutzinstrumente den außenstehenden Gesellschaftern zur Seite stehen, um die eigenen Interessen zu wahren und eine Schädigung durch das herrschende Unternehmen zu verhindern. Da hier die Personenhandelsgesellschaft als abhängiges Unternehmen betrachtet werden soll, müssen weitere Aspekte berücksichtigt werden. Es gilt zu prüfen, ob die personalistische Struktur der Arbeits- und Haftungsgemeinschaft mit der Fremdbestimmung vereinbar ist, oder ob es sich um eine Selbstentmündigung handelt, die im Widerspruch zu grundlegenden Prinzipien unserer Rechtsordnung steht. Die Möglichkeit zur weitgehend privatautonomen Gestaltung des Gesellschaftsverhältnisses erfordert eine differenzierte Betrachtung. Die strukturspezifischen Besonderheiten der GmbH & Co KG und der Publikumspersonengesellschaft[3] bedingen anders gelagerte Interessen als dies in der gesetzestypischen Personengesellschaft[4] der Fall ist.

Der Gang der Untersuchung beginnt mit der Begriffsbestimmung und der Darstellung von Konzernstrukturen. Deren Vereinbarkeit mit dem geltenden Recht wird ein zentraler Punkt sein. Der weitere Verlauf ist dem präventiven Schutz im Sinne einer Konzernbildungskontrolle gewidmet; auch defensive Maßnahmen, wie Austritt aus der Gesellschaft oder die Änderung der unternehmerischen Beteiligungsform sollen beleuchtet werden. Schließlich gilt die Betrachtung den Schutzmechanismen bei bestehender Abhängigkeit[5] bzw. Konzernabhängigkeit. Ein wesentlicher Gesichtspunkt besteht dabei in der Möglichkeit der Inanspruchnahme des herrschenden Unternehmens für die Schädigung der abhängigen Gesellschaft und des Ausgleichs von deren Verlusten.

Dabei soll ein harmonisches Konzernrecht entwickelt werden. Es wird der Versuch unternommen, personengesellschaftliche Normen in konzernspezifischer Ausprägung mit der analogen Anwendung aktienrechtlicher Konzernvorschriften in Einklang zu bringen.

---

[3] Speziell zu diesen Sonderformen siehe *Ehrhardt*, Die GmbH & Co KG aus konzernrechtlicher Sicht; *Ochsenfeld*, Abhängigkeits- und Konzernierungstatbestände bei der Abschreibungs-KG.

[4] Die Arbeiten von *Baumgartl*, Die konzernbeherrschte Personengesellschaft; *Heck*, Personengesellschaften im Konzern; *Kleindiek*, Strukturvielfalt im Personengesellschafts-Konzern; *Löffler*, Abhängige Personengesellschaft; *Schießl*, Beherrschte Personengesellschaft und *Stehle*, Gesellschafterschutz gegen fremdunternehmerischen Einfluss in der Personenhandelsgesellschaft, haben in diesem Bereich eine Diskussionsgrundlage geschaffen.

[5] Siehe zu diesem Themenausschnitt *Löw*, Die Abhängigkeit der Personenhandelsgesellschaft, S. 5 f., der seine Untersuchung auf die Situation der Abhängigkeit beschränkt.

Kapitel 1

Begriffsbestimmung

Das Konzernrecht ist eine rechtsgebietübergreifende Materie. Die zentralen Begriffe des Unternehmens, der Abhängigkeit und des Konzerns werden jedoch in den verschiedenen Rechtsgebieten nicht einheitlich verwendet. Insbesondere unter Berücksichtigung der gemeinschaftsrechtlichen Vorgaben[1] haben sich beispielsweise im KWG[2] und im HGB[3] Begriffe mit einer der vom Gesellschaftsrecht entwickelten abweichenden Bedeutung herausgebildet.

Umgekehrt sind die aktienrechtlichen Vorschriften Verweisungsziel aus anderen Bereichen.[4] Bei diesen Verweisungen ist umstritten, ob sie sich lediglich auf die gesetzlichen Definitionen beziehen oder ob auch die im Aktienrecht entwickelte Auslegung erfasst werden soll.[5] Daher muss die Begriffsbestimmung Basis einer jeden Untersuchung sein.

---

[1] So beispielsweise die Vorgaben in der Siebenten Richtlinie über den konsolidierten Abschluss vom 13.06.1983 (Konzernbilanzrichtlinie) 83/349/EWG ABlEG 18.07.1983 L 193 S1, abgedruckt bei *Lutter,* Europäisches Unternehmensrecht, S. 211; ferner in der Zweiten Bankenkoordinierungssrichtlinie vom 15.12.1989 89/646/EWG ABlEG L 386 S 1 abgedruckt bei *Lutter,* aaO, S. 332; Zur Frage eines Europäischen Konzernrechts siehe Forum Europaeum Konzernrecht, ZGR 1998, 672; weitere Ausführungen dazu m. w. N. *Windbichler* in Großkomm. AktG Vor § 15 Rn. 5, 47, 60 ff.

[2] So z. B. in §§ 1 Abs. 6–10, 2b, 10a, 12a, 13a und 19 Abs. 2 KWG, nähere Ausführungen dazu bei *Windbichler,* Großkomm AktG, Vor § 15 Rn. 33, 66 ff.

[3] Durch das Bilanzrichtliniengesetz vom 19.12.1985 (BiRiLiG BGBl I 2355) wurde unter anderem die 7. Richtlinie des Rates der Europäischen Gemeinschaft über den konsolidierten Abschluss vom 13.6.1983 (83/349/EWG ABlEG 18.7.1983 L 193 S 1, abgedruckt bei *Lutter,* Europäisches Unternehmensrecht, S. 211) umgesetzt. Dort findet sich in §§ 271, 290, 311 HGB der Begriff der verbundenen Unternehmen. Insbesondere die Definition in § 271 II HGB deckt sich nicht mit der des § 15 AktG, da nicht auf Abhängigkeits- und Konzernverhältnisse abgestellt wird, sondern die bilanzrechtliche Beziehung gem. §§ 290 ff. HGB zwischen Mutter- und Tochterunternehmen entscheidend ist. Siehe dazu *Morck* in Koller, Roth, Morck, Komm HGB § 271 Rn. 6; Baumbach/Hopt, Komm HGB, § 271, Rn. 9; *Windbichler* in Großkomm. AktG, Vor § 15 Rn. 58 ff.

[4] So beispielsweise in § 5 MitbestimmungsG von 1976 und die Verbundklausel in § 23 Abs. 1 S. 2 GWB.

[5] Besonders ausgeprägt ist dieser Streit im Bereich der betrieblichen und Unternehmensmitbestimmung. Weitere Ausführungen zur Problematik bei *Koppensteiner,*

I. Begriffsbestimmung gem. §§ 15–19 AktG

Während in den §§ 291–328 AktG spezifische auf die abhängige AG und KGaA zugeschnittene Normen enthalten sind[6], hat der Gesetzgeber in den §§ 15–19 AktG einen „allgemeinen Teil" vor die Klammer gezogen.[7] Hier sind Legaldefinitionen der zentralen konzernrechtlichen Begriffe verankert.[8] Durch die Verwendung des neutralen Begriffs des „Unternehmens", kommt zum Ausdruck, dass es unerheblich ist, welche Rechtsform das Unternehmen aufweist[9], welches mit einer AG einen Unternehmensverbund bildet.[10] Daher sind die Vorschriften auch dann anwendbar, wenn eine Personengesellschaften mit einer AG bzw. einer KGaA einen Unternehmensverbund bildet. Fraglich ist jedoch, ob die §§ 15 ff. AktG auch dann unmittelbar herangezogen werden können, wenn keine AG oder KGaA an der Unternehmensverbindung beteiligt ist.

Die wohl herrschende Meinung sieht in den §§ 15–18 AktG den „Kern eines allgemeinen Unternehmenskonzernrechts"[11], dessen rechtsformneutrale Formulierung zur unmittelbaren Anwendbarkeit auch außerhalb des

---

KK, AktG, Vorb. § 15 Rn 31; *Windbichler,* Großkomm., AktG Vor § 15 Rn. 58; *Bayer,* MüKo, AktG, § 15 Rn. 5.

6 Deren Verallgemeinerungsfähigkeit muss jeweils untersucht werden. Eine generelle Übertragung ist nicht möglich. Siehe dazu *Hüffer,* AktG, § 15 Rn. 4.

7 *Emmerich/Sonnenschein,* Konzernrecht, § 2 I; *Ulmer* in Großkomm. HGB, Anh. § 105 Rn. 23; die Definitionen beziehen sich nicht nur auf das materielle Konzernrecht des 3. Buches sondern sind Anknüpfungspunkt für Fragen, die mit verbundenen Unternehmen zusammenhängen; siehe dazu *Windbichler,* Großkomm, AktG, Vor § 15 Rn. 50, 52.

8 *Löw,* Die Abhängigkeit der Personengesellschaft, S. 10 bestreitet, dass es sich namentlich bei § 17 I AktG um eine Legaldefinition handle, da die einzelnen Tatbestandsmerkmale nicht genannt würden. Doch werden die Begriffe des selbständigen Unternehmens und des beherrschenden Einflusses genannt. Auch wenn das Erfordernis des beherrschenden Einflusses nicht weiter präzisiert ist, handelt es sich doch um die Aufzählung von Tatbestandsmerkmalen.

9 Einhellige Meinung: *Bayer,* MüKo, AktG, § 15 Rn. 16, 48; *Heymann/Emmerich,* HGB, § 105 Rn. 112; *Hüffer,* AktG, § 15 Rn. 4; *Kropff,* BegrRegE AktG, S. 27; *Martens/Schlegelberger,* HGB, Anh. § 105 Rn. 4; *Koppensteiner,* KK, AktG, § 15 Rn. 4; *Staub/Ulmer,* HGB, Anh. § 105 Rn. 23; *Windbichler,* Großkomm, AktG, Vor § 15 Rn. 53.

10 Von der Beteiligung einer AG am Unternehmensverbund innerhalb des Geltungsbereichs des AktG geht auch *Windbichler,* Großkomm, AktG, Vor § 15 Rn. 50 aus. Die Bedeutung der §§ 15 ff. außerhalb des AktG erschöpfe sich in der Funktion als Verweisungsziel; Rn. 58. Ähnlich auch *Bayer,* MüKo, AktG, § 15 Rn. 15 (er spricht von dem herrschenden *Aktionär). Löw,* Die Abhängigkeit einer Personengesellschaft, S. 11 sieht in dem „Unternehmen" nur das Bezugsobjekt, mit dem die zu schützende AG verbunden ist. Die Rechtsform dieses Unternehmens sei irrelevant. So auch *Stehle,* Gesellschafterschutz, S. 25.

11 So namentlich *Emmerich/Sonnenschein,* Konzernrecht, § 26 III 1., § 2 I.

Aktienrechts führe.[12] Lediglich die im AktG an die einzelnen Begriffe geknüpften Rechtsfolgen setzten die Beteiligung einer AG voraus.[13]

Dem ist allerdings entgegenzuhalten, dass der Anwendungsbereich des AktG auf regelungsbedürftige Sachverhalte im Zusammenhang mit einer AG beschränkt ist.[14] Die Aufnahmen konzernrechtlicher Regelungen in das AktG im Rahmen der Aktienrechtsreform von 1965 erfolgte, um ein Schutzrecht für die verbundenen Aktiengesellschaften zu schaffen.[15] Eine darüber hinausgehende unmittelbare Gültigkeit kann den aktienrechtlichen Normen nicht entnommen werden. Dies wurde auch im Rahmen der Kodifizierungsbestrebungen eines GmbH-Konzernrecht so gesehen. Im Referentenentwurf zum GmbHG von 1969 ist in § 8 Abs. 2 eine Verweisung auf die §§ 16–19 AktG enthalten.[16] Wären diese Vorschriften bereits unmittelbar anwendbar, hätte es einer solchen Verweisung nicht bedurft. Die generelle Anwendung der §§ 15–18 AktG würde zu einem rechtsformunabhängigen Konzernrecht führen, das den personengesellschaftlichen Besonderheiten jedoch nicht Rechnung trägt.[17] Die kapitalistischen Strukturelemente in den §§ 16 und 17 Abs. 2 AktG sind auf die Aktiengesellschaft zugeschnitten. Auch die Vermutung in § 18 Abs. 1 S. 2 AktG kann nicht als rechtsformunabhängige Konzernrechtsnorm verstanden werden, da dort die Beteiligung einer AG an der Unternehmensverbindung vorausgesetzt wird. Dies zeigt, dass der Gesetzgeber keine rechtsformunabhängige Regelung treffen wollte, wie dies teilweise verstanden wird.

---

[12] BGHZ 80, 69, 72 („Süssen"; für die GmbH); 89, 162 (Heumann/Ogilvy); BGH NJW 1980, 231 (Gervais); *Emmerich/Sonnenschein*, Konzernrecht, § 26 III 1.; *Gekeler*, Personengesellschaftlicher Konzern, S. 16 ff.; *Hüffer*, AktG, § 15 Rn. 4; *Kleindiek*, Strukturvielfalt im Personengesellschafts-Konzern, S. 4 ff.; *Koppensteiner*, KK, AktG, Vor § 15 Rn. 8, 10; *Laule*, FS Semler, S. 541, 544; *Ochsenfeld*, Abschreibungs-KG, S. 37 ff.; nicht ganz klar *Staub/Ulmer*, HGB, Anh. § 15 Rn. 23, der an die aktienrechtlichen Normen „anknüpft"; offengelassen von *Schilling*, FS Hefermehl, S. 383 f.

[13] *Ochsenfeld*, Abschreibungs-KG, S. 40 in Auseinandersetzung mit der Ansicht von *Bernwald*, Mehrstufige Unternehmensverbindungen, S. 12.

[14] Um das gesonderte Rechtsgebiet des Aktienrechts zu regeln, wurde das AktG 1937 im Rahmen der Aktienrechtsreform aus dem HGB ausgegliedert. Siehe dazu *Zöllner*, KK, AktG, Einleitungsband, Rn. 68.

[15] *Kropff*, BegrRegE, S. 374; *K. Schmidt*, Gesellschaftsrecht, § 31 I 2.

[16] Referentenentwurf eines Gesetzes mit beschränkter Haftung, herausgegeben vom Bundesjustizministerium, Erläuterungen zu § 8, S. 145.

[17] Im Rahmen der Aktienrechtsreform von 1965 wurde vereinzelt die Schaffung eines rechtsformunabhängigen Konzernrechts angeregt. So beispielsweise: *Ballerstedt*, ZHR 135 (1971) S. 383, 400; *Fischer*, ZHR 103 (1936), 1, 26 Fn. 25; *ders.*, AcP 154 (1955), S. 181, 198 ff., der sogar ein Rahmengesetz zu einem rechtsformunabhängigen Unternehmensrecht fordert; *Kropff*, NJW 1959, 173; *Kunze*, FS für Gessler, S. 47, 55 ff. Für einen rechtsformspezifischen Ansatz gerade im Hinblick auf die Personengesellschaft: *Staub/Ulmer*, HGB, Anh. § 105 Rn. 17 f.

Aus dem Gesamtkontext ergibt sich, dass die zugegebenermaßen allgemein gefassten Begriffsbestimmungen der §§ 15 ff. AktG immer in Verbindung mit einer AG gesehen werden müssen.[18] Doch, auch wenn eine Personengesellschaft von einer AG abhängig ist, können diese Vorschriften nicht uneingeschränkt herangezogen werden. Im Rahmen der teleologischen Auslegung müssen die spezifischen Besonderheiten von Personengesellschaften berücksichtigt werden.[19]

Ist eine Personengesellschaft von einem anderen Unternehmen als einer Aktiengesellschaft abhängig, ermöglicht die neutrale Fassung der Vorschriften eine entsprechende Anwendung. Es ist dann im Einzelnen zu prüfen, inwiefern eine Übertragung in Frage kommt.[20]

Im Ergebnis sind in beiden Fällen die gleichen Gesichtspunkte zu berücksichtigen, so dass die scheinbare ungleiche Behandlung der Beherrschung durch eine AG und durch ein anderes Unternehmen egalisiert wird.

II. Unternehmensbegriff

In § 15 AktG wird der Grundtatbestand der verbundenen Unternehmen geregelt. Damit kommt zum Ausdruck, dass sich der Kreis der Normadressaten des Konzernrechts nur auf Personen mit Unternehmensqualität bezieht.[21] „Angesichts der großen praktischen Schwierigkeiten“ hat der Ge-

---

[18] So auch *Bernwald,* Mehrstufige Unternehmensverbindungen, S. 12; *Emmerich,* in Centrale für GmbH (Hrsg.), S. 3, 6, nicht ganz klar, der zwar die rechtsformunabhängige Anwendung der § 15 ff. befürwortet, die Anwendbarkeit des AktG auf reine GmbH-Konzerne jedoch ausschließt. *Löw,* Die Abhängigkeit der Personengesellschaft, S. 9 ff.; *Reinhardt/Schultz,* Gesellschaftsrecht, Rn. 612 ff.; *Stehle,* Gesellschafterschutz gegen fremdunternehmerischen Einfluss in der Personengesellschaft, S. 23 ff., ; wohl auch *Koppensteiner,* KK, AktG, § 15 Rn. 4; *Windbichler,* Großkomm, AktG, Vor § 15 Rn. 50.

[19] Diese Einschränkungen werden auch von der h.M. gemacht: *Emmerich/Sonnenschein,* Konzernrecht, § 26 III 1.; *Hüffer,* AktG, § 15 Rn. 4; *Kleindiek,* Strukturvielfalt im Personengesellschafts-Konzern, S. 4 ff.; *Koppensteiner,* KK, AktG, Vor § 15 Rn. 8, 10; *Ochsenfeld,* Abschreibungs-KG, S. 37 ff.; *Staub/Ulmer,* HGB, Anh. § 15 Rn. 23.

[20] Von einer analogen Anwendung geht wohl auch *Schlegelberger/Martens,* HGB, Anh. § 105 Rn. 4 aus, wenn er ausführt, die Normen seien über ihren unmittelbaren Anwendungsbereich hinaus auch dann zu berücksichtigen, wenn keine AG oder KGaA beteiligt sei. Die Vorschriften seien entsprechend anwendbar. Ebenso *Schießl,* Beherrschte Personengesellschaft, S. 4; *Löffler,* Abhängige Personengesellschaft, S. 8; *Baumgartl,* Konzernbeherrschte Personengesellschaft, S. 6; nicht ganz klar *Baumbach/Hopt,* § 105 Rn. 100 f.; *Kleindiek,* Strukturvielfalt im Personengesellschafts-Konzern, S. 4 f.

[21] *Emmerich/Sonnenschein,* Konzernrecht, § 2 II; *Koppensteiner,* KK, AktG, § 15 Rn. 6; *K. Schmidt,* Gesellschaftsrecht, § 31 II 1.; *Windbichler,* Großkomm, AktG, § 15 Rn. 1.

setzgeber auf eine gesetzliche Definition verzichtet.[22] Allerdings hat er eine Entscheidung dahingehend getroffen, dass zwischen Unternehmensgesellschafter und Privatgesellschafter differenziert wird.[23] Die konzerntypische Gefahrenlage entstehe nur bei einem Unternehmensgesellschafter, der seinen Einfluss zum Nachteil der Gesellschaft für seine weiteren unternehmerischen Interessen ausnutze.[24] Die Herrschaftsmacht eines Mehrheitsgesellschafters bzw. eines herrschenden Gesellschafters[25] allein begründet noch keine konzernrelevante Gefährdung. Zwar kann sich auch der Mehrheits- bzw. herrschende Gesellschafter seinen Einfluss über das Dividendenrecht bzw. das Recht auf Gewinnbeteiligung hinaus nutzbar machen.[26] Dies ist jedoch keine Problematik der verbundenen Unternehmen mit ihrem Interessenwiderstreit, sondern ein innergesellschaftliches Problem, dem mit dem gesellschaftsrechtlichen Mittel der Treuepflicht und actio pro socio begegnet werden kann.[27] In diesem Sinne führt der BGH dazu aus, dass „eine noch so hohe Beteiligung an einer Gesellschaft den Inhaber allein noch nicht zum herrschenden Unternehmen macht. Es muss vielmehr eine wirtschaftliche Interessenverbindung außerhalb der Gesellschaft hinzukommen, die stark genug ist, um die Besorgnis zu begründen, der Aktionär könnte um ihretwillen seinen Einfluss zum Nachteil der Gesellschaft geltend machen."[28]

An Hand dieser teleologischen Auslegung hat sich mittlerweile eine gefestigte Begriffsbestimmung herausgebildet.[29] Kern des Unternehmensbegriffs ist die pluralistische Interessenlage des Rechtsträgers. Eine natürliche oder

---

22 *Bayer*, MüKo, AktG, § 15 Rn. 7; *Kropff*, AktG, S. 27; *Windbichler* in Groß-komm AktG § 15 Rn. 10.

23 Im AktG ist der Privatgesellschafter gegenüber dem Unternehmensgesellschafter privilegiert: Er haftet gem. § 117 AktG nur für vorsätzliche schädigende Einflussnahme, während der Unternehmensgesellschafter für nachteilige Einwirkungen mit der Sorgfalt eines ordentlichen und gewissenhaften Geschäftsleiters (§ 317 AktG) haftet.

24 *Kropff*, AktG S. 41 f., 373 f.

25 Der Begriff des Mehrheitsgesellschafters ist im Personengesellschaftsrecht nicht aussagekräftig, da es keine Verknüpfung von Anteilsmehrheit und Entscheidungsmacht gibt, wie im Aktienrecht. Im Personengesellschaftsrecht muss daher auf die Möglichkeit der Einflussnahme abgestellt werden. Der beherrschende Gesellschafter verfolgt im Gegensatz zum beherrschenden Unternehmen keine anderweitigen unternehmerischen Interessen.

26 So fordert *Flume*, Grundfragen der Aktienrechtsreform, S. 45 f., dass auch die Abhängigkeit von einer Herrschaftsperson, die nicht Unternehmen ist, der rechtlichen Regelung bedürfe. Eine Übersicht über die verschiedenen Standpunkte: Bericht über die Verhandlungen der Unternehmensrechtskommission, 1980. Rn. 1296 ff.

27 *K. Schmidt*, Gesellschaftsrecht, § 31 I., § 20 IV 2., § 16 II 4. c).

28 BGHZ 69, 334 ff. „VEBA/Gelsenberg"; BGHZ 74, 359, 364 f. „WAZ"; BGHZ 80, 69, 72 „Süssen"; BGHZ 95, 330, 337 „Autokran"; BGHZ 114, 203, 210 „Video".

juristische Person wird im Sinne von § 15 AktG als (herrschendes) Unternehmen qualifiziert, wenn über ihre beherrschende Stellung in der Gesellschaft hinaus eine anderweitige wirtschaftliche Interessenbindung besteht.[30]

Diese im Hinblick auf das herrschende Unternehmen entwickelte Auslegung ist bezüglich des abhängigen Unternehmens weiter zu fassen.[31] Dort kommt es auf einen Interessenkonflikt nicht an. Die Unternehmensqualität ist erfüllt, wenn eine rechtlich besonders organisierte Vermögenseinheit vorliegt. Danach kann auch eine Personengesellschaft in ihrer gesamthänderischen Verbundenheit abhängiges Unternehmen sein.[32]

Im Folgenden soll zunächst das herrschende Unternehmen im Hinblick auf seine Rechtsform betrachtet werden. Im Anschluss daran beschäftigt sich die Untersuchung mit einigen besonderen Konstellationen, die für das Konzernrecht der Personengesellschaften spezifische Fragen aufwerfen.

1. Rechtsform des (herrschenden) Unternehmens

Wie bereits erwähnt, führt die neutrale Formulierung in den §§ 15 ff. AktG dazu, dass die Unternehmensqualität an keine Rechtsform gebunden ist. Daher kann das herrschende Unternehmen jedwede Rechtsform aufweisen. So können neben Kapitalgesellschaften auch Personengesellschaften, Vorgesellschaften, Genossenschaften, Vereine[33], Stiftungen[34], Einzelkauf-

---

[29] Im Rahmen der Diskussion über den Unternehmensbegriff nach In-Kraft-Treten des AktG standen sich der institutionelle und der funktionale Unternehmensbegriff gegenüber. Nach dem funktionalen Begriff sollte jeder Gesellschafter, der für die Gesellschaft marktstrategisch plant und entscheidet, allein hierdurch bereits Unternehmensqualität erlangen. So *Brauksiepe*, BB 1966, 869; *Kropff* BB 1965, 1281, 1284 f.; *Möhring*, NJW 1967, 1. Die Vertreter des institutionellen Unternehmensbegriffes knüpften vornehmlich an die Zugehörigkeit des Aktienrechts zum Handelsrecht an und orientierten sich am Kaufmannsbegriff. Daher wurde auf den Betrieb eines Handelsgewerbes gem. § 1–6 HGB a.F. abgestellt. So *Bolsenkötter*, DB 1967, 1098; *Janberg/Schlaus*, AG 1967, 33, 37 f.; *Luchterhandt*, ZHR 132 (1969), 149, 155 ff.; *Rasch*, Deutsches Konzernrecht 3. Aufl., S. 23 ff.; *D. Schäfer*, BB 1966, 229, 231.

[30] *Bayer*, MüKo, AktG, § 15 Rn. 13; *Koppensteiner* in KK AktG § 15 Rn. 7; *Laule*, FS Semler, 541, 546; *Schlegelberger/Martens*, HGB Anh. § 105 Rn. 4; *Staub/Ulmer*, HGB, Anh. § 105 Rn. 24; *Windbichler*, Großkomm., AktG, § 15 Rn. 11.

[31] Nach herrschender Meinung kann der Unternehmensbegriff nicht einheitlich definiert werden, sondern ist anhand des jeweiligen Normzwecks auszulegen. Dies führt dazu, dass zwischen abhängigem und herrschendem „Unternehmen" differenziert wird. Siehe *Bayer*, MüKo, AktG, § 15 Rn. 10; *Hüffer*, AktG, § 15 Rn. 7; *Koppensteiner*, KK, AktG, § 15, Rn. 10; *K. Schmidt*, ZGR 1980, 277, 280 (zur Differenzierung gegenüber § 23 GWB); *Staub/Ulmer*, HGB, Anh. § 105 Rn. 24.

[32] *Bayer*, MüKo, AktG, § 15 Rn. 48; *Hüffer*, AktG, § 15 Rn. 14; *Koppensteiner*, KK, AktG, § 15 Rn. 53.

leute, Freiberufler[35] und auch juristische Personen des öffentlichen Rechts[36] als herrschende Unternehmen qualifiziert werden.[37] Bei den Personengesellschaften ist nicht nur an die Handelsgesellschaften zu denken, sondern auch an die Gesellschaft bürgerlichen Rechts, beispielsweise in der Form eines Stimmrechtskonsortiums.[38] Da der unmittelbare beherrschende Einfluss auf eine Personengesellschaft regelmäßig aufgrund einer Gesellschafterstellung ausgeübt wird, ist fraglich, ob hier nicht spezifische Einschränkungen zu machen sind. So ist beispielsweise umstritten, ob eine Gesellschaft bürgerlichen Rechts Gesellschafterin einer Personen*handels*gesellschaft sein kann.[39] Die wohl herrschende Meinung lehnt dies unter Hinweis auf die fehlende Registerpublizität ab.[40] Dem ist jedoch entgegen zu halten, dass auch die Gesellschafter der GbR in ihrer gesamthänderischen Verbundenheit gem. § 106 Abs. 2 HGB ins Handelsregister eingetragen werden können, so dass es den Gläubigern möglich ist, die notwendigen Informationen zu erlangen, um gegebenenfalls Ansprüche gegen die Gesellschafter gem. § 128 HGB geltend machen zu können.[41]

---

33 Bekanntes Beispiel ist der ADAC eV; BGHZ 85, 84, 90 f. „ADAC".

34 *Kohl,* NJW 1992, 1922; *Reuter,* MüKo, BGB, Vor § 80 Rn. 24 ff., 29; *Palandt/Heinrichs,* BGB, Vor § 80 Rn. 11; *Schwintowski,* NJW 1991, 2736; *Timm,* ZGR 1996, 247, 264 ff.

35 BGHZ 122, 123 = NJW 1993, 1200 „TBB"; NJW 1994, 3288; BGH NJW 1994, 3288; BGH NJW 1995, 1544; *Emmerich/Sonnenschein,* Konzernrecht, § 2 III 1. m.w.N.; *Windbichler,* Großkomm., AktG, § 15 Rn. 22 ff.

36 BGHZ 69, 334 (VEBA/Gelsenberg).

37 *Adler/Düring/Schmaltz,* § 15 AktG Rn. 9 f.; *Emmerich/Sonnenschein,* Konzernrecht, § 2.; *Koppensteiner,* KK, AktG, § 15 Rn. 31 ff.; *Scholz/Emmerich,* GmbHG, Anh. KonzR, Rn. 29; *Windbichler,* Großkomm., AktG, § 15 Rn. 16.

38 KG, AG 1980, 78 „Dresdner Bank"; *Geßler* in Geßler/Hefermehl/Eckhardt/Kropff, AktG § 15 Rn. 39 ff., 44 ff.

39 Nach der Ansicht von *U. Schneider* wird dieses Problem bereits im Ansatz abgeschnitten, da die Kaufmannseigenschaft einer herrschenden Personengesellschaft in einer Gesamtschau nach dem Unternehmen der abhängigen Gesellschaft beurteilt wird. Wird dies in kaufmännischer Weise geführt, betreibt auch die herrschende Gesellschaft ein Handelsgewerbe und ist daher OHG oder KG. Daher scheidet eine GbR als herrschendes Unternehmen über eine Personenhandelsgesellschaft aus. Siehe *U. Schneider,* Jhrb. d. Fachanwälte f. Steuerrecht 1980/81, 335, 339 f.; *ders.,* ZHR 143 (1979), 485, 492 ff., 496.

40 BGHZ 46, 291, 296; BGH WM 1966, 188, 190; 1986, 1280; *Baumbach/Hopt,* HGB, § 105 Rn. 29; *Flume,* Personengesellschaft, § 4 IV; *Heymann/Emmerich,* HGB, § 105 Rn. 46 (stellt auf das Fehlen zwingender Haftungsvorschriften ab); *Koller* in Koller/Roth/Morck, HGB, § 105 Rn. 19; *Ulmer,* MüKo, BGB, § 705 Rn. 67; *Staub/Ulmer,* HGB, § 105 Rn. 96.

41 So auch *Breuninger,* Die BGB-Gesellschaft als Rechtssubjekt im Wirtschaftsverkehr, 1991, S. 62 ff., 69; *Brodersen,* Die Beteiligung der BGB-Gesellschaft an den Personenhandelsgesellschaften, 1988, S. 85 ff.; *Klamroth,* BB 1983, 796, 799; *Schlegelberger/K. Schmidt,* HGB § 105 Rn. 68 ff.; *ders.,* Gesellschaftsrecht, § 45 I

Eine Diskussion mit den gleichen Argumenten wird auch für den nicht rechtsfähigen Verein geführt.[42] Nach der soeben dargestellten Ansicht gelangt man jedoch auch hier zu keiner Einschränkung des Kreises der möglichen herrschenden Unternehmen. Daher kann eine Personengesellschaft von jedem Unternehmen unabhängig von dessen Rechtsform beherrscht werden.

2. GmbH & Co KG

Einen besonderen Fall im Recht der Personengesellschaften stellt die Mischform der GmbH & Co KG dar. Aufgrund der gesetzlichen Ausgestaltung der Stellung des Komplementäres verfügt dieser bereits über beherrschenden Einfluss auf die KG. Unter welchen Umständen der Komplementär-GmbH Unternehmensqualität zukommt, wird unterschiedlich beurteilt.

Einigkeit besteht darüber, dass die Komplementär-GmbH dann als Unternehmen zu qualifizieren ist, wenn ihr Zweck nicht ausschließlich darin besteht, die Geschäfte der KG zu führen.[43] Dies ist beispielsweise dann der Fall, wenn die GmbH sternförmig an mehreren Gesellschaften maßgeblich beteiligt ist oder wenn sie selbst wiederum beherrscht wird. Denn in diesen Fällen treffen verschiedene unternehmerische Interessen aufeinander. Es besteht der konzernspezifische Konflikt.

Erschöpft sich die Betätigung der Komplementär-GmbH jedoch in der Geschäftsführung der KG[44], gehen die Meinungen auseinander. Nach einer Ansicht liege die am stärksten verdichtete Form des Vertragskonzerns vor, da es sich auch bei der typischen GmbH & Co KG um zwei Unternehmen im Rechtssinne handle.[45] Dem liegt der Gedanke zugrunde, dass eine GmbH als juristischer Person im Gegensatz zur natürlichen Person immer

---

2.; *Soergel-Hadding*, BGB, 11. Aufl., 718, Rn. 6; nunmehr offengelassen von BGH ZIP 1990, 505, 507.

42 *Baumbach/Hopt*, HGB, § 105 Rn. 29; *Heymann/Emmerich*, HGB § 105 Rn. 46; *Koller* in Koller/Roth/Morck, HGB, § 105 Rn. 19; *Staub/Ulmer*, HGB, § 105 Rn. 97; a. A. *Schlegelberger/K. Schmidt*, HGB, § 105 Rn. 76.

43 *Baumgartl*, Konzernbeherrschte Personengesellschaft, S. 24 f.; Bericht der Unternehmensrechtskommission, Tz. 1718 ff., 1722; *Schießl*, Beherrschte Personengesellschaft, S. 5; *Schlegelberger/Martens*, HGB, Anh. § 105 Rn. 6; *K. Schmidt*, ZGR 1981, 455, 478; *U. Schneider*, ZGR 1975, 253, 263; *ders.*, BB 1980, 1057; *G. Wiedemann*, ZHR 146 (1982), 296, 302.

44 In diesem Sinne wird auch im Bericht der Unternehmensrechtskommission in eine typische und untypische GmbH & Co KG differenziert; Tz. 1718 ff. Dieser Differenzierung hat sich *Staub/Ulmer*, HGB Anh. § 105 Rn. 4, 8 angeschlossen. *K. Schmidt*, ZGR 1981, 455, 478 kritisiert, das Problem sei falsch benannt. In Wahrheit gehe es darum, ob schon das Verhältnis der Komplementär-GmbH zu ihrer KG ein Konzernsachverhalt sei.

45 Bericht der Unternehmensrechtskommission Tz. 1720.

als Unternehmen zu qualifizieren sei. Hierbei wird allerdings der teleologische Ansatz des Unternehmensbegriffs außer Acht gelassen, weshalb dieser Ansicht nicht gefolgt werden kann. Der gleiche Einwand muss auch gegenüber denjenigen erhoben werden, die von der Kaufmannseigenschaft auf die Unternehmensqualität schließen. Die GmbH ist gem. § 13 Abs. 3 GmbHG, § 6 Abs. 2 HGB Formkaufmann. Unabhängig von dem Gegenstand und dem Umfang ihres Geschäftsbetriebes wird die GmbH in das Handelsrecht einbezogen. Hieraus müsse für das Gesellschaftsrecht einschließlich des Konzernrechts als Teil des Handelsrechts der Schluss gezogen werden, dass die Kapitalgesellschaften im Sinne des Konzernrechts als Unternehmen zu behandeln seien.[46]

Der Unternehmensbegriff des Konzernrechts stellt jedoch entscheidend auf den Interessenkonflikt der beteiligten Unternehmen ab. Allein die Rechtsform eines Unternehmens gibt auf diese Frage keine Antwort. Es kommt darauf an, ob das herrschende Unternehmen eigene unternehmerische Interessen verfolgt, die im Widerstreit zu denen des abhängigen Unternehmens stehen und damit die Gefahr begründet wird, das abhängige Unternehmen könne zu Gunsten fremder (unternehmerischer) Interessen geschädigt werden. Da die Komplementär-GmbH jedoch keine eigenen unternehmerischen Interessen verfolgt, sondern durch die ausschließliche Geschäftsführung der KG nur deren Interessen vertritt, besteht die Gefahr der Schädigung durch fremdunternehmerische Einflussnahme nicht.[47] Der konzernspezifische Interessenwiderstreit ist nicht gegeben. Eine rein formale Betrachtungsweise verbietet sich hier.

3. Mehrstufige Verbindungen

Die hier besonders zu betrachtenden mehrstufigen und mittelbaren Unternehmensverbindungen werfen die Frage auf, ob auf jeder Stufe der Verbin-

---

[46] *Emmerich/Sonnenschein,* Konzernrecht, § 2 III 2. c); *Hefermehl,* FS für Gessler, S. 203, 215; *Ochsenfeld,* Abschreibungs-KG, S. 48 (m. w. N.); *Scholz/Emmerich,* GmbHG, Anh. KonzR, Rn. 30a.

[47] So auch *Adler/Düring/Schmaltz,* AktG § 17 Rn. 48; *Baumgartl,* Konzernbeherrschte Personengesellschaft, S. 24; *Gekeler,* Personengesellschaftlicher Konzern, S. 128; *Heck,* Personengesellschaft im Konzern, S. 157; *Laule,* FS Semler, S. 541, 546 f., 549, für den herrschenden Kommanditisten, der an der Komplementär-GmbH mehrheitlich beteiligt ist; *Löffler,* Abhängige Personengesellschaft, S. 9; *Löw,* Abhängigkeit der Personengesellschaft, S. 36 ff.; *Schießl,* Beherrschte Personengesellschaft, S. 5 f.; *Schlegelberger/Martens,* HGB Anh. § 105 Rn. 6; *U. Schneider,* ZGR 1975, 253, 263; ders., BB 1980, 1057; *Staub/Ulmer,* HGB, Anh. § 105 Rn. 4 Fn. 3; *Stehle,* Gesellschafterschutz gegen fremdunternehmerischen Einfluß in der Personengesellschaft, S. 37 ff., 40; *G. Wiedemann,* ZHR 146, 296, 302.

dung ein Unternehmen im Sinne des Aktiengesetzes steht. Denn nur wenn das der Fall ist, können konzernrechtliche Rechtsfolgen angeknüpft werden.

a) Einsatz eines Treuhänders oder Repräsentanten

Die Möglichkeit der Einflussnahme auf ein Unternehmen kann nicht nur durch die unmittelbare Beteiligung an demselben begründet werden, sondern auch durch einen Treuhänder oder ein ähnliches Verhältnis vermittelt werden. So ist es beispielsweise denkbar, dass ein Unternehmen einen Arbeitnehmer als Gesellschafter in die abhängige Gesellschaft entsendet[48], um dort seine (des herrschenden Unternehmens) Interessen wahrzunehmen. Die Unternehmensqualität des „entsendenden" Unternehmens liegt darin begründet, dass es aufgrund des Weisungsrechts gegenüber dem Arbeitnehmer in der Lage ist, maßgeblichen Einfluss mittelbar auszuüben. Dadurch entsteht die konzernrelevante Interessenpluralität.[49]

Daneben stellt sich die Frage, ob auch der entsandte Arbeitnehmer selbst als Unternehmen zu qualifizieren ist. Nach der dargestellten Definition des „Unternehmens" ist dies danach zu beantworten, ob der konzernspezifische Interessenkonflikt in seiner Person auftritt. Zwar betreibt er selbst kein eigenes weiteres Unternehmen und ist auch an keinem solchen beteiligt. Er verfolgt daher keine eigenen unternehmerischen Interessen. Doch ändert dies nichts an der Tatsache, dass zum einen die Pflicht zu gesellschaftstreuem Verhalten besteht und er zum anderen gegenüber dem Arbeitgeber weisungsgebunden ist. In seiner Person realisiert sich die Gefahr des Eindringens gesellschaftsfremder Interessen. Er muss sich deshalb die Interessen seines Arbeitgebers aufgrund seiner arbeitsvertraglichen Bindung zurechnen lassen und wird so selbst zum Unternehmen im Sinne des Konzernrechts.[50]

b) Holding

Statt der Entsendung eines Arbeitnehmers kann die Beteiligung an einer Gesellschaft auch auf eine Holding übertragen werden. Hierbei können

---

[48] Zu personellen Verflechtungen durch Arbeitnehmer der Konzernspitze: *Friedländer,* Konzernrecht, S. 45, 152; *Ochsenfeld,* Abschreibungs-KG, S. 109; *Reinhardt/Schultz,* Gesellschaftsrecht, Rn. 636; *Schießl,* Beherrschte Personengesellschaft, S. 12; *K. Schmidt,* ZGR 1981, 455, 477; Unternehmensrechtskommission, Tz. 1714.

[49] *Koppensteiner,* KK, AktG § 15 Rn. 37; a.A. *Zöllner,* ZGR 1976, 1, 11 f., wonach nur der Unternehmer sei, wer Rechtsgeschäfte des wirtschaftlichen Verkehrs im eigenen Namen vornehme. Ähnlich *Leo,* AG 1965, 352, 353.

[50] So wohl auch *Gekeler,* Personengesellschaftlicher Konzern, S. 29; a.A. *Löw,* Abhängigkeit der Personengesellschaft, S. 25 ff.

mehrstufige Gebilde mit unterschiedlichem Gepräge entstehen. Für die Beurteilung der Unternehmensqualität der einzelnen beteiligten Subjekte kommt es auch hier entscheidend darauf an, ob ein Interessenwiderstreit besteht. Es muss danach differenziert werden, ob in dem Verbund verschiedene unternehmerische Interessen aufeinander stossen.

Beschränkt sich die Tätigkeit der herrschenden Gesellschaft in einer einstufigen Verbindung auf die Verwaltung der Beteiligung an lediglich einer Gesellschaft ohne eigene unternehmerische Ziele zu verfolgen (Holding), besteht kein Interessenkonflikt. Mangels Unternehmensqualität liegt kein Konzernrechtstatbestand vor.[51]

Nach einer anderen Ansicht soll jedoch auch in diesem Fall unter Hinweis auf § 6 Abs. 1 HGB die Unternehmensqualität gegeben sein, wenn die Holding in der Form einer Handelsgesellschaft organisiert sei. Jeder Formkaufmann sei Unternehmensträger und daher auch als Unternehmen im Sinne des Konzernrechts zu qualifizieren.[52] Dabei wird allerdings der Schutzzweck des Konzernrechts nicht berücksichtigt.[53] Durch § 6 Abs. 1 HGB wird zwar das Bestehen eines Gewerbebetriebes fingiert. Diese Fiktion ist aber nicht geeignet, die konzernrelevante Interessenpluralität zu begründen. Hierfür sind die tatsächlichen Gegebenheiten entscheidend.

Ähnlich verhält es sich bei einer mehrstufigen Verbindung, wenn auf jeder Stufe reine Holdingfunktionen hinsichtlich einer einzigen Beteiligung ausgeübt werden.[54] Da auf keiner Ebene unternehmerische Ziele verfolgt werden, sondern lediglich die Beteiligungsverwaltung betrieben wird, bestehen die einzigen unternehmerischen Interessen auf der untersten Stufe bei der operativen Gesellschaft. In einer solchen Verbindung ist ein Konzernkonflikt ausgeschlossen, da kein Eindringen fremder Interessen droht.

Anders verhält es sich jedoch, wenn mehrere Beteiligungen verwaltet werden, oder wenn die verwaltende Gesellschaft selbst unternehmerisch tätig ist.[55] Dies gilt sowohl bei einstufigen als auch bei mehrstufigen Verbindungen. Bei letzterer kommt es nicht darauf an, auf welcher Ebene weitere

---

[51] BGHZ 114, 203, 210; BGH AG 1980, 342; *Bayer,* MüKo, AktG, § 15 Rn. 26 f.; *Koppensteiner,* AktG § 15 Rn. 35; *Wiedemann/Martens,* AG 1976, 197, 201; *Würdinger,* FG Kunze, S. 177, 183.

[52] *Hefermehl,* FS Geßler, 1971, S. 203, 215 f.; *Schlegelberger/Martens,* HGB, Anh. § 105 Rn. 7; a.A. *Windbichler,* Großkomm, AktG, § 15 Rn. 19 f., die die Unternehmensqualität an die Rechtsform der Kapitalgesellschaften knüpft, da bei diesen die Gefahr der kapitalmäßigen und organisatorischen Verstrickung bestehe, unabhängig davon welche Beteiligungspolitik betrieben werde.

[53] Daher ablehnend *Bayer,* MüKo AktG, § 15 Rn. 16; *Hüffer,* AktG, § 15 Rn. 11; *Koppensteiner,* KK, § 15 Rn. 34; *Krieger,* MünchHdb AG § 68 Rn. 11; *Würdinger,* FG Kunze, S. 177, 182.

[54] *Bayer,* MüKo, AktG, § 15 Rn. 33.

unternehmerische Einflüsse hinzutreten. Auch wenn die Muttergesellschaft eine Zwischenholding zur Verwaltung mehrerer Beteiligungen einsetzt, führt dies nicht zum Entfallen der Unternehmenseigenschaft der Muttergesellschaft, weil diese nunmehr an lediglich einer Gesellschaft beteiligt ist; selbst dann nicht, wenn sich ihre Tätigkeit auf die Verwaltung beschränkt.[56] Denn auch dann besteht die Gefahr, dass die Geschäftsführung der Zwischenholding bei der Bewältigung des bestehenden Interessenwiderstreits die Interessen der herrschenden Muttergesellschaft zum Nachteil einer der Enkelgesellschaften berücksichtigt. Hinzu kommt, dass sonst die konzernrechtlichen Tatbestände auf diesem Weg umgangen werden könnten.[57] In diesen Fällen handelt es sich auf jeder Stufe um Unternehmen im Sinne von §§ 15 ff. AktG.

III. Mehrheitsbeteiligung

Die in § 16 AktG enthaltene Regelung zur Mehrheitsbeteiligung muss im Zusammenspiel mit den Vermutungen der §§ 17 Abs. 2, 18 Abs. 1 S. 3 AktG gesehen werden. Sie bildet den Ansatzpunkt der aus den Vermutungen resultierenden Beweislastumkehr.[58] Derjenige, der sich auf die Abhängigkeit oder den Konzerntatbestand beruft, muss lediglich den wesentlich einfacheren Nachweis der Mehrheitsbeteiligung führen, statt den beherrschenden Einfluss und die einheitliche Leitung beweisen zu müssen. Vorausgesetzt, dass die genannten Vermutungen auch im Konzernrecht der Personengesellschaft ihre Gültigkeit haben[59], kann diese Erleichterung jedoch nur dann auf das Personengesellschaftsrecht übertragen werden, wenn sich dort der Anteils- und Stimmrechtsmehrheit vergleichbare Kategorien finden.

1. Anteilsmehrheit

Im Personengesellschaftsrecht gibt es keine „Anteile" die formalrechtlich den einzelnen Gesellschaftern zugeordnet werden, wie dies beispielsweise im Aktien- und GmbH-Recht der Fall ist.[60] Mit dem Begriff der Anteils-

---

[55] *Bayer*, MüKo. AktG, § 15 Rn. 27; *Hüffer*, AktG, § 15 Rn. 9; *Koppensteiner*, KK, AktG, § 15 Rn. 35;

[56] So aber *Hüffer*, AktG, § 15 Rn. 9; *Krieger*, MünchHdb AG § 68 Rn. 9; *Ehlke* DB 1986, 523, 526; *W. Müller*, AG 1981, 306; *Priester*, ZIP 1986, 137, 141 ff.; *Stimpel*, ZGR 1991, 144, 156; *Ulmer*, NJW 1986, 1579, 1586.

[57] So auch *Bayer*, MüKo, AktG, § 15 Rn. 31 ff.; *Emmerich/Sonnenschein*, Konzernrecht, § 2 III d); *Geitzhaus*, GmbHR 1989, 455, 456 f.; *Koppensteiner*, KK, AktG Rn. 37; *Lutter*, FS Steindorff, S. 125, 130 f.

[58] *Bayer*, MüKo, AktG, § 16 Rn. 3; *Koppensteiner*, KK, AktG, § 16 Rn. 6.

[59] Dazu unten Kap. 1 IV. 3.

mehrheit in § 16 Abs. 1 AktG wird jedoch lediglich auf die relativen Beteiligungsverhältnisse im Hinblick auf das Grund- oder Stammkapital abgestellt.[61] Auf die rechtliche Zuweisung einzelner „Anteile" an die jeweiligen Gesellschafter kommt es nicht an. Der zugrunde liegende Gedanke der Verknüpfung von Kapitalmehrheit und Herrschaftsmacht ist an keine solche Zuordnung gebunden. Bei den Personengesellschaften wird die Kapitalbeteiligung der einzelnen Gesellschafter in sog. Kapitalkonten ausgedrückt. Nach der gesetzlichen Regelung handelt es sich um variable Buchposten, in denen in laufender Rechnung Gewinne, Verluste und Entnahmen verrechnet werden.[62] Diese stellen keinen Kapitalverteilungsschlüssel dar, der über die verhältnismäßige Beteiligung der einzelnen Gesellschafter am Gesellschaftsvermögen Auskunft gibt.[63] Es wird lediglich der absolute Wert der aktuellen Beteiligung am Gesellschaftsvermögen der einzelnen Gesellschafter ausgedrückt. Die Bestimmung der verhältnismäßigen Beteiligung ist nach der gesetzlichen Systematik auch nicht erforderlich, da sowohl für die Gewinnverteilung (§§ 120 ff., 121 Abs. 3 HGB)[64] und die Auseinandersetzung (§ 155 HGB)[65] als auch für Abstimmungen (§ 119 Abs. 2 HGB) eine Gewichtung nach Köpfen erfolgt. Diese Systematik der Entbehrlichkeit von Verhältnismäßigkeiten wird von jenen verkannt, die auch in variablen Kapitalkonten den Ausdruck einer Verhältnismäßigkeit im Hinblick auf das Gesellschaftsvermögen sehen und so zur Annahme einer Mehrheitsbeteiligung entsprechend § 16 Abs. 1 AktG gelangen.[66] Dem entgegen sind jedoch die

---

[60] *A. Hueck,* Das Recht der OHG, S. 218, 229; *v.Godin/Wilhelmi,* AktG, § 16 Anm. 3; *Koppensteiner,* KK AktG § 16 Rn. 10; *Reinhardt/Schultz,* Gesellschaftsrecht, Rn. 627.

[61] *Hüffer,* AktG, § 16 Rn. 2; *Koppensteiner,* KK AktG, § 16 Rn. 2; *Windbichler,* Großkomm AktG, § 16 Rn. 11.

[62] Zum Begriff der variablen Kapitalkonten siehe *A. Hueck,* Recht der OHG, S. 229 ff.; *U. Huber,* Vermögensanteil, S. 173 ff., 176; *Pauli,* Eigenkapital der Personengesellschaften, S. 132; *K. Schmidt,* Gesellschaftsrecht, § 47 III 2.; *Staub/Ulmer,* HGB, § 120 Rn. 46 ff., 47.

[63] *Flume,* Personengesellschaft, S. 148; *Gekeler,* Personengesellschaftlicher Konzern, S. 131; *U. Huber,* Vermögensanteil, S. 183; *ders.,* ZGR 1988, 1, 5 ff.; *K. Schmidt,* Gesellschaftsrecht, § 47 III 2. c) bb); a.A. *Sudhoff,* NJW 1956, 321; *Wiedemann,* Übertragung und Vererbung von Mitgliedschaftsrechten, S. 38, 308 f.; *Jahr/Stützel,* S. 23 mit Anm. 15; *Westermann,* Handbuch der Personengesellschaften, I Rn. 580.

[64] Bei der Gewinnverteilung ist die Höhe des Kapitalanteil lediglich für die „Verzinsung" gem. § 121 I HGB relevant.

[65] Die hier mißverständliche Ausdrucksweise der sich aus dem Verhältnis der Kapitalanteilen ergebenden Verteilung führt nicht zu einer Auskehrung in der Relation der Höhe der Kapitalkonten. Das Restvermögen wird im Rahmen der Erstellung der Schlussbilanz nach § 121 HGB aufgeteilt, so dass letztendlich auch hier eine Verteilung nach Köpfen gem. § 121 III HGB erfolgt. Ausführlich dazu *U. Huber,* Vermögensanteil, S. 180 f.

entsprechend der gesetzlichen Regelung geführten variablen Kapitalkonten nicht geeignet, Mehrheitsverhältnisse im Sinne von § 16 Abs. 1 AktG auszudrücken.[67] Dies ist vor allem vor dem Hintergrund sachgerecht, dass die einzelnen Gesellschafter die Höhe ihrer verhältnismäßigen Beteiligung durch die Entnahme von Gewinnen oder Einzahlung von Einlagen leicht beeinflussen könnten.[68]

In der Praxis wird die Problematik des fehlenden Kapitalverteilungsschlüssels durch die gesellschaftsvertragliche Errichtung sog. fester Kapitalkonten (meist Kapitalkonto I)[69] behoben. Diese bleiben unveränderlich und drücken die verhältnismäßige Beteiligung der Gesellschafter aus, während die variablen Posten wie Gewinne, Verluste, Abschreibungen und Entnahmen in einem zweiten variablen Konto (meist Kapitalkonto II)[70] verbucht werden. In diesem Fall ist es möglich, an Hand des festen Kapitalkontos eine Mehrheitsbeteiligung eines Gesellschafters festzustellen.[71] Daher kann eine Anteilsmehrheit im Sinne von § 16 I AktG nur auf der Basis des Gesellschaftsvertrages entstehen.[72]

2. Stimmrechtsmehrheit

Nach dem gesetzlichen Leitbild ist eine Stimmrechtsmehrheit im Personengesellschaftsrecht ausgeschlossen, da Beschlüsse gem. § 709 BGB,

---

[66] *Adler/Düring/Schmaltz*, AktG § 16 Rn. 13; *Bayer*, MüKo, AktG, § 16 Rn. 13; *v. Godin/Wilhelmi*, AktG, § 16 Anm. 3; *Hüffer*, AktG, § 16 Rn. 2; *Koppensteiner*, KK AktG, § 16 Rn. 10; *Löw*, Abhängigkeit der Personengesellschaft, S. 89 f.; *Schießl*, Beherrschte Personengesellschaft, S. 7; WP-Handbuch 1968, 1104; Windbichler, Großkomm AktG, § 16 Rn. 20.

[67] *Gekeler*, Personengesellschaftlicher Konzern, S. 130 ff. Im Ergebnis ebenso *Reinhardt/Schultz* Gesellschaftsrecht, Rn. 627, obwohl diese auch vom „Verhältnis der vermögenswerten Beteiligung an der Gesellschaft" sprechen.

[68] Die Problematik der leichten Beeinflussbarkeit der Beteiligungsverhältnisse durch die Gesellschafter wird in den verschiedenen Formen auch von *U. Huber*, ZGR 1988, 1, 5 ff. und *Pauli*, Eigenkapital der Personengesellschaften, S. 30 f. angeführt.

[69] Zum Begriff des „festen Kapitalanteils" *Westermann*, Handbuch der Personengesellschaften, I Rn. 584 ff., 585; *Pauli*, Eigenkapital der Personengesellschaften, S. 134 ff.

[70] Neben diesem variablen Konto können weitere Konten, wie Darlehens- oder Privatkonten errichtet werden. Ausführlich dazu *U. Huber*, Vermögensanteil, S. 240 ff.; *Westermann*, Handbuch der Personengesellschaften, I Rn. 586 ff.

[71] Einhellige Meinung: *Bayer*, MüKo, AktG, § 16 Rn. 13; *v. Godin/Wilhelmi*, AktG, § 16 Anm. 3; *Hüffer*, AktG, § 16 Rn. 2; *Koppensteiner*, KK AktG, § 16 Rn. 10; *Schießl*, Beherrschte Personengesellschaft, S. 7; *Windbichler*, Großkomm AktG, § 16 Rn. 20.

[72] So auch *Gekeler*, Personengesellschaftlicher Konzern, S. 131; die Anwendbarkeit von § 16 I AktG generell ablehnend, *Laule*, FS Semler, S. 541, 544.

§§ 119 I, 161 II HGB einstimmig nach Köpfen gefasst werden. Diese Regelung ist jedoch dispositiv, weshalb häufig Mehrheitsentscheidungen im Gesellschaftsvertrag vereinbart werden. Aufgrund der Stimmengleichheit (§ 119 II HGB) entsteht jedoch auch bei Abweichung vom Einstimmigkeitsprinzip keine Stimmrechtsmehrheit eines Gesellschafters. Daher ist eine weitere Abweichung von der gesetzlichen Regelung zu Gunsten eines anderen Abstimmungsmodus erforderlich. In Betracht kommt die Vereinbarung einer Stimmgewichtung nach Kapitalanteilen oder ein davon unabhängiges Mehrfachstimmrecht.[73]

In dem Sonderfall der Publikumsgesellschaft wird die Ansicht vertreten, eine Abweichung vom gesetzlichen Leitbild zu Gunsten eines kapitalistischen Mehrheitsprinzips ergebe sich regelmäßig im Wege der ergänzenden Vertragsauslegung[74] oder Inhaltskontrolle des Gesellschaftsvertrages[75]. Dem kann jedoch nicht gefolgt werden. Zwar ist es zutreffend, dass der BGH bezüglich der Publikumsgesellschaften den Bestimmtheitsgrundsatz zurückgedrängt hat und die Anforderungen an die Zulässigkeit von Mehrheitsentscheidungen verringert hat.[76] Dies macht jedoch die gesellschaftsvertragliche Vereinbarung eines kapitalistischen Mehrheitsprinzips nicht entbehrlich.[77] Der BGH hat auf die ergänzende Vertragsauslegung lediglich in dem Umfang zurückgegriffen, in dem die inhaltliche Ausgestaltung einer bestehenden Vereinbarung über Mehrheitsentscheidungen konkretisiert werden sollte.[78] Darüber hinaus wird es jedoch an dem erforderlichen hypothetischen Parteiwillen, gerade bei den Minderheitsgesellschaftern, fehlen.[79] Eine Inhaltskontrolle ist lediglich geeignet treuwidrige Regelungen zu beseitigen. Es ist jedoch nicht möglich, richterlich eine „fehlende" Vereinbarung aufzunehmen.[80] Daher ist auch bei den Publikumsgesellschaften darauf abzustellen, ob eine vertragliche Vereinbarung vorliegt, die von dem gesetzlichen Leitbild abweicht.

Diese sich letztlich aus dem Gesellschaftsvertrag ergebende Stimmrechtsmehrheit steht scheinbar im Widerspruch zu § 16 III S. 1 AktG, wonach

---

[73] *Adler/Düring/Schmaltz,* AktG § 16 Rn. 13; *Schießl,* Beherrschte Personengesellschaft, S. 7 f.

[74] Ausführlich *Gekeler,* Personengesellschaftlicher Konzern, S. 135 f.; *U. Schneider,* AG 1979, 61; *Wiedemann,* Gesellschaftsrecht, S. 503 f.

[75] So *U. Schneider,* ZGR 1978, 1; *Schulte,* ZGR 1976, 97; *Staub/Schilling,* HGB, Anh. § 161 Rn. 25; *Stimpel,* FS Fischer, S. 771, 775 ff.

[76] BGHZ 71, 53, 58 f.; BGH NJW 1982, 2495; BGH NJW 1985, 974.

[77] So auch *Hadding,* ZGR 1979, 636, 646; *U. Schneider,* AG 1979, 57, 61.

[78] BGHZ 69, 160, 166; BGHZ 66, 82; BGHZ 71, 53.

[79] So auch *Staub/Schilling,* HGB, Anh. § 161 Rn. 25, der jedoch im Einzelfall über eine Inhaltskontrolle zum Mehrheitsprinzip gelangen will.

[80] Diese Problematik wird auch von *Stimpel,* FS Fischer, S. 771, 775 angesprochen.

sich das Stimmrecht aus den bzw. dem Anteil ergibt.[81] Da diese Vorschrift jedoch auf Kapitalgesellschaften zugeschnitten ist, und deshalb hier nicht zur Anwendung kommt, löst sich der Widerspruch auf.[82]

3. Sonderfall der GmbH & Co KG

In einer GmbH & Co KG mit der GmbH als einziger Komplementärin werden die Beteiligungsverhältnisse in der GmbH auch im Hinblick auf die KG relevant. Zwar nehmen die Kommanditisten nach wie vor an Abstimmungen über Grundlagengeschäfte und außergewöhnliche Geschäftsführungsmaßnahmen teil (§§ 164, 119 HGB). Doch wird der im Hinblick auf den Abhängigkeitstatbestand relevante Bereich der gewöhnlichen Geschäftsführung[83] durch die Mehrheit in der Gesellschafterversammlung in der GmbH bestimmt, da diese über die Besetzung des Geschäftsführungsorgans entscheidet, welches letztlich auch die Geschäfte der KG führt. Zur Beurteilung der Beteiligungsverhältnisse ist daher auf die Gegebenheiten in der Komplementär-GmbH abzustellen.[84]

IV. Abhängigkeitsbegriff

Der Begriff der Abhängigkeit wird in § 17 I AktG definiert. Danach sind abhängige Unternehmen rechtlich selbständige Unternehmen, auf die ein anderes Unternehmen unmittelbar oder mittelbar einen beherrschenden Einfluss ausüben kann. Eine Unterwerfung in der Form, dass das herrschende Unternehmen in der Lage ist, dem abhängigen seinen Willen aufzuzwingen, ist nicht erforderlich.[85] Die Vermutung des § 17 II AktG zeigt, dass die Einflussmöglichkeiten, die in der AG mit einer Mehrheitsbeteiligung verbunden sind, ausreichen. Erforderlich ist jedoch eine gesellschaftsrechtlich vermittelte Einflussnahme.[86] Rein wirtschaftliche Abhängigkeit aufgrund

---

[81] So aber die frühere Meinung: *Würdinger*, Großkomm, AktG 3. Aufl., Rn. 11; *v. Godin/Wilhelmi*, AktG, Anm. 3.

[82] *Bayer*, MüKo AktG, § 16 Rn. 13; *Hüffer*, AktG, § 16 Rn. 5; *Koppensteiner*, KK AktG, § 16 Rn. 13; *Löw*, Abhängigkeit der Personengesellschaft, S. 90; *Schießl*, S. 8; *Windbichler*, Großkomm AktG, § 16 Rn. 45.

[83] Siehe zu den Anforderungen im Einzelnen unten Kap. 1 IV. 2. b).

[84] So auch *Gekeler*, Personengesellschaftlicher Konzern, S. 134 f.

[85] Diese Formulierung stammt noch aus einer Entscheidung des Reichsgerichts – RGZ 167, 40, 49 – und wird heute fast einhellig abgelehnt; siehe nur *Bayer*, MüKo AktG, § 17 Rn. 25; *Hüffer*, § 17 Rn. 5; *Koppensteiner*, KK AktG, § 17 Rn. 19; *Windbichler*, Großkomm AktG, § 17 Rn. 11, 20; a.A. *K. Schmidt*, ZGR 1980, 277, 285.

[86] Die gesellschaftsrechtlich vermittelte Einflussnahme kann durch einzelvertragliche Vereinbarung mit dem herrschenden Unternehmen verstärkt werden. So bei-

intensiver vertraglicher Beziehungen, wie beispielsweise zur finanzierenden Bank, zum Zulieferer oder Vertreiber, sind nicht ausreichend. Zwar kann hier eine ähnlich intensive Abhängigkeit begründet werden, deren rechtliche Regelung gehört jedoch nicht zu den Aufgaben des Konzernrechts.[87]

Der beherrschende Einfluss muss nicht durch einen Gesellschafter alleine erfolgen. Er kann auch durch das Zusammenwirken mehrerer Gesellschafter entstehen[88] oder kommt durch die Unterstützung eines „Nicht-Unternehmers" zu stande.[89] In beiden Fällen kommt es jedoch darauf an, dass es sich nicht um eine zufällige Verbindung handelt, sondern dass die gemeinsame Willensbetätigung von „vornherein und beständig gesichert ist".[90] Dabei können vertragliche oder organisatorische Bindungen oder rechtliche oder tatsächliche Umstände herangezogen werden.[91]

1. Mögliche Strukturen

Aufgrund der weitgehenden Dispositionsfreiheit im Personengesellschaftsrecht sind zahlreiche Konstellationen der Beherrschung denkbar. Von der Unternehmensrechtskommission wurden drei Grundformen herausgearbeitet:[92]

(1) Zunächst kann beherrschender Einfluss von einem persönlich haftenden – geschäftsführenden – Gesellschafter einer OHG oder KG ausgeübt werden. Diese Form der Beherrschung baut auf dem gesetzlichen Leitbild der personalistisch strukturierten Gesellschaft auf und basiert auf einer Ausdehnung der bereits bestehenden gesetzlichen Kompetenzen.[93]

---

spielsweise die im „Gervais-Urteil" (BGH WM 1979, 937 ff.) als „Beherrschungsvertrag" bezeichneten Vereinbarungen.

[87] Dagegen wurde früher die Ansicht vertreten, dass auch wirtschaftliche Beziehungen zur Abhängigkeit im Sinne von § 17 AktG führen können. Darstellung des Meinungsstandes bei *Martens,* Die existentielle Wirtschaftsabhängigkeit, 1978, S. 54 ff.; *Ulmer,* ZGR 1978, 457 ff.; heute aber: BGH NJW 1984, 1893; BGHZ 90, 381; *Laule,* FS Semler, S. 541, 548 f.

[88] Sog. Mehrmütterherrschaft, zur Frage ob zu jedem der Unternehmen ein Abhängigkeitsverhältnis besteht oder nur ein einziges Abhängigkeitsverhältnis zu den herrschenden Unternehmen in ihrer Verbundenheit siehe *Windbichler,* Großkomm AktG, § 17 Rn. 59 ff., 66.

[89] BGHZ 62, 193 „Seitz"; BGHZ 80, 69 „Süssen".

[90] So BGHZ 80, 69, 73 „Süssen".

[91] *Kropff,* BegrE AktG § 17 S. 31; BGHZ 62, 193 „Seitz"; BGHZ 80,69 „Süssen"; BGH NJW 1994, 3288, 3290; BAG NJW 1996, 1691 kritisch: *Ahrens,* AG 1975, 151; *Barz,* FS für Kaufmann, 1972, 59; *Boetius,* DB 1970, 1964; *Eder,* GmbHR 1974, 130; *Schweda* DB 1974, 1993.

[92] Vgl. Typisierung durch die Unternehmensrechtskommission Tz. 1709–1711; übernommen von *Staub/Ulmer,* HGB, Anh. § 105 Rn. 7 ff.; *Ulmer,* in: ders. (Hrsg.) Probleme des Konzernrechts, S. 26, 31.

(2) Zu einer mittelbaren Beherrschung eignet sich die GmbH & Co KG, indem der herrschende Gesellschafter seinen Einfluss über die von ihm abhängige Komplementär-GmbH ausübt. Dies kann mit einer gleichzeitigen Beteiligung als Kommanditist verbunden sein.[94]

(3) Durch besondere Vereinbarungen kann jedoch auch die Stellung eines Kommanditisten so verstärkt werden, dass er zur Beherrschung in der Lage ist.

Da in der letzten Konstellation zahlreiche Regelungen denkbar sind, sollen hier einige davon kurz angesprochen werden. So kann durch die Vereinbarung eines Weisungsrechts gegenüber dem geschäftsführenden Komplementär oder eines Zustimmungsvorbehalts für gewöhnliche Geschäftsführungsmaßnahmen (als Erweiterung von § 164 HGB) beherrschender Einfluss des Kommanditisten begründet werden, ohne dass dieser selbst Geschäftsführungsaufgaben wahrnimmt.[95] Diese Instrumente können durch das Recht zur jederzeitigen Abberufung der Geschäftsführer verstärkt werden. Dadurch wird die Einflussmöglichkeit mittelbar abgesichert – ähnlich wie es sich auch beim Mehrheitsaktionär verhält. Eine andere Möglichkeit besteht darin, die alleinige Geschäftsführungsbefugnis auf den Kommanditisten zu übertragen.[96] Die dagegen vorgebrachten rechtlichen Bedenken im Hinblick auf das Prinzip der Selbstorganschaft sind nicht stichhaltig und werden an anderer Stelle näher beleuchtet.[97]

Die Beherrschung durch einen Kommanditisten kann hauptsächlich dann entstehen, wenn in einer kapitalistischen KG ein Kommanditist über die Mehrheit des Kapitals verfügt, wodurch er die Mehrheit in Gesellschafterversammlungen und damit bei Gesellschafterbeschlüssen hat. Der Komplementär rückt dann in seiner Stellung in die Nähe eines Fremdgeschäftsführers. Gerade in der kapitalistisch strukturierten Publikumsgesellschaft ist die Position der Anleger mit der der Aktionäre vergleichbar. Häufig wird hier ein Treuhänder oder ein Vertretungsorgan eingesetzt, um die Rechte der Anleger zu bündeln.[98] Sowohl der Treuhänder, als auch das Vertretungsorgan, können Einfallstore fremdunternehmerischer Einflüsse sein, wenn sie

---

93 In welchem Umfang die bestehenden Befugnisse ausgedehnt sein müssen, um den Abhängigkeitstatbestand zu erfüllen, wird unter 2. dargestellt.

94 So beispielsweise in BGHZ 89, 162 „Heumann/Ogilvy".

95 *Adler/Düring/Schmaltz,* AktG § 17 Rn. 78; *U. Schneider,* ZGR 1977, 335, 348; *Wirth* in Münchener Handbuch des Gesellschaftsrecht Band 2, § 3 Rn. 78.

96 *Adler/Düring/Schmaltz,* AktG § 17 Rn. 78; *Baumgartl,* Konzernbeherrschte Personengesellschaft, S. 18; *Schießl,* Beherrschte Personengesellschaft, S. 11; *Westermann,* Vertragsfreiheit und Typengesetzlichkeit im Recht der Personengesellschaften, S. 258; *Wirth* in Münchener Handbuch des Gesellschaftsrechts Band 2, § 3 Rn. 76.

97 Siehe unten Kap. 2 II. 1.

in der Rechtsform einer Kapitalgesellschaft organisiert sind. Dabei ist, ähnlich wie in der GmbH & Co KG, sowohl die Abhängigkeit von einem dritten Unternehmen als auch die Wahrnehmung der gleichen Funktion in weiteren Publikumsgesellschaften denkbar.

Unter welchen Voraussetzungen im Einzelnen der Tatbestand der Abhängigkeit erfüllt ist, soll im Folgenden untersucht werden.

2. Beherrschender Einfluss

Auf welcher Grundlage beherrschender Einfluss erfolgt, wurde vom Gesetzgeber bewusst offen gelassen.[99] Wie sich aus der Vermutung gem. § 17 II AktG ergibt[100], ist es ausreichend, wenn durch die Möglichkeit der Einflussnahme auf die Personalpolitik mittelbar die Geschäftsführung beeinflusst werden kann.[101] Dabei ist es genügend, wenn zumindest einzelne zentrale unternehmerische Bereiche erfasst werden.[102] Im Personengesellschaftsrecht wird die Geschäftsführung nicht durch Fremdorgane wahrgenommen, sondern durch die Gesellschafter selbst, so dass beherrschender Einfluss unmittelbar durch den geschäftsführenden Gesellschafter ausgeübt werden kann. Ist der herrschende Gesellschafter von der Geschäftsführung ausgeschlossen, so kommt eine mittelbare Beherrschung durch die Möglichkeit der Einflussnahme auf die geschäftsführenden Gesellschafter in Betracht.

Unternehmerische Maßnahmen in der Personengesellschaft können qualitativ in drei wesentliche Ebenen unterteilt werden, nämlich gewöhnliche Geschäftsführungsmaßnahmen, außergewöhnliche Geschäftsführungsmaßnahmen und Grundlagengeschäfte. Wie weit die Möglichkeit der Einflussnahme im Einzelnen reichen muss, um den Abhängigkeitstatbestand zu begründen, soll im Folgenden untersucht werden.

---

98 Zu den Begriffen und der rechtlichen Ausgestaltung der einzelnen Verhältnisse siehe, *Bälz*, ZGR 1980, 1 ff., 13 ff., 34 ff.

99 Eine beispielhafte Aufzählung habe unmöglich erschienen und hätte möglicherweise zu falschen Schlussfolgerungen geführt. Siehe *Kropff*, AktG BegrRegE S. 31.

100 Ausführlicher dazu m.w.N. *Stehle*, Gesellschafterschutz gegen fremdunternehmerischen Einfluß in der Personengesellschaft, S. 52 f.

101 Durch die Möglichkeit den Aufsichtsrat – zumindest teilweise – zu besetzten, kann der Mehrheitsaktionär sicher stellen, dass dieser wiederum seine Vorstellungen und Wünsche bei der Wahl des Vorstandes berücksichtigt.

102 OLG Düsseldorf, AG 1994, 36; *Bayer*, MüKo AktG, § 17 Rn. 24; *Emmerich/Sonnenschein*, Konzernrecht, § 3 II 1. b); *Hüffer*, AktG, § 17 Rn. 7; *Koppensteiner*, KK AktG, § 17 Rn. 68; *Löffler*, Abhängige Personengesellschaft, S. 10; *Schlegelberger/Martens*, HGB, Anh. § 105 Rn. 8; *Staub/Ulmer*, HGB, Anh. § 105 Rn. 27; *Windbichler*, Großkomm AktG, § 17 Rn. 11.

a) Grundlagengeschäfte

Der Bereich der Grundlagengeschäfte zählt nicht zur Geschäftsführung. Es handelt sich vielmehr um Maßnahmen, die über die Geschäftsführung hinausgehen und den Inhalt und die Ausgestaltung des Verhältnisses der Gesellschafter und der Gesellschaft betreffen, wie die Änderung des Gesellschaftsvertrages oder wesentliche Struktur-, Organisations- oder Zweckänderungen.[103]

Die Beherrschung von Entscheidungen in diesem Bereich ist zur Begründung der Abhängigkeit im Sinne von § 17 I AktG nicht erforderlich. Die vom Konzernrecht zu regelnden Gefährdungstatbestände treten bereits ein, wenn die Herrschaftsmacht diesen Bereich noch nicht erfasst. Dies wird auch durch einen Vergleich mit den aktienrechtlichen Regelungen bestätigt. Als wesentlicher Aspekt der Abhängigkeit knüpft der Gesetzgeber an die Mehrheitsbeteiligung. Dieser Mehrheitsbesitz ermöglicht aber keinen Einfluss auf Grundlagenentscheidungen in der AG, da diese einer qualifizierten Mehrheit bedürfen.[104]

b) Gewöhnliche Geschäftsführungsmaßnahmen

Für gewöhnliche Geschäftsführungsmaßnahmen hat der Gesetzgeber für alle persönlich haftenden Gesellschafter Einzelgeschäftsführung (§§ 115 I, 161 II HGB) vorgesehen. Ist der herrschende Gesellschafter nicht der einzige Geschäftsführer, müssen abweichende Regelungen getroffen werden, aufgrund derer er die Geschäftsführung der anderen Gesellschafter kontrollieren kann. Zu diesem Zweck kann das Widerspruchsrecht gem. § 115 I 2. HS HGB zu einem umfassenden Zustimmungskatalog ausgedehnt werden.[105] Die negative Einflussmöglichkeit nach dem gesetzlichen Umfang ist dagegen nicht ausreichend.[106] Umgekehrt dürfen die Kompetenzen des herrschenden Gesellschafters nicht durch das Widerspruchsrecht der Mitgeschäftsführer begrenzt sein, so dass es insofern auszuschließen ist.[107] Sieht der Gesellschaftsvertrag die Möglichkeit einer Mehrheitsentscheidung über

---

[103] *v. Ditfurth,* Münchener Handbuch des Gesellschaftsrechts Band 1, § 7 Rn. 5, § 23 Rn. 27, § 47 Rn. 7; ausführlich *Schlegelberger/Martens,* HGB, § 114 Rn. 5 ff.

[104] Wie bspw. Satzungsänderungen § 179 II AktG, Kapitalerhöhung und -herabsetzung §§ 182 I, 193 I, 202 II, 207 II, 222 I AktG, ausführlicher dazu *K. Schmidt,* Gesellschaftsrecht, § 28 IV 4. a).

[105] *Staub/Ulmer,* HGB, Anh. § 105 Rn. 27.

[106] *Adler/Düring/Schmaltz,* AktG, § 17 Rn. 75; anders wohl *Burbach,* Konzernabhängige Personengesellschaft, S. 104 f.

[107] *Adler/Düring/Schmaltz,* AktG, § 17 Rn. 72; weitergehend *Burbach,* Konzernabhängige Personengesellschaft, S. 101 und *Schießl,* Beherrschte Personengesellschaft, S. 10.

den Gegenstand des Widerspruchs vor, kann der herrschende Gesellschafter – sofern er über die erforderliche Mehrheit verfügt – den Widerspruch auch auf diesem Wege ausräumen.

Beherrschender Einfluss kann jedoch auch von einem von der Geschäftsführung ausgeschlossenen Gesellschafter ausgeübt werden, in dem die geschäftsführenden Gesellschafter an dessen Weisungen gebunden sind, oder durch die jederzeitige Abberufbarkeit von ihm abhängig sind.[108]

c) Außergewöhnliche Geschäftsführungsmaßnahmen

Der Gesetzgeber hat die organschaftliche Geschäftsführungskompetenz gem. § 114 HGB für den Bereich der außergewöhnlichen Maßnahmen eingeschränkt und das Erfordernis eines Beschlusses aller Gesellschafter normiert (§§ 116 II, 164 2. HS HGB). Daher bedürfen die geschäftsführenden Gesellschafter für Maßnahmen, die über den gewöhnlichen Geschäftsbetrieb hinausgehen, der Zustimmung ihrer Mitgesellschafter – auch der nichtgeschäftsführenden. Allein die Möglichkeit, solche Maßnahmen zu blockieren, ist jedoch nicht ausreichend, beherrschenden Einfluss zu begründen.[109] Es ist vielmehr erforderlich, dass positiver Einfluss ausgeübt werden kann.

Vielfach wird gefordert, der beherrschende Einfluss müsse sich auch auf den Bereich der außergewöhnlichen Geschäftsführungsmaßnahmen erstrecken.[110] Die Leitungsmacht müsse mit der in der beherrschten Kapitalgesellschaft vergleichbar sein, wo der über Aufsichtsrat und Vorstand vermittelte bzw. gesicherte Einfluss im Bereich der Geschäftsführung keine Einschränkung erfahre. Zur Begründung der Abhängigkeit sei daher erforderlich, dass der beherrschende Unternehmer auch ungewöhnliche Geschäfte ohne Zustimmung der Mitgesellschafter vornehmen könne.

Dem ist jedoch nicht zuzustimmen. Das Aktienrecht kann hier als Auslegungshilfe nicht herangezogen werden, da dort eine vergleichbare Differenzierung von Geschäftsführungsmaßnahmen nicht erfolgt. Vielmehr ist nach dem Sinn und Zweck zu ermitteln, welchen Umfang die Einflussmöglichkeit aufweisen muss, um konzernrechtliche Konsequenzen zu erfordern. Ziel des Konzernrechts ist es, der besonderen Gefährdungslage zu begegnen, die dadurch entsteht, dass fremdunternehmerische Interessen aufgrund

---

[108] Ausführlicher dazu oben unter 1. in der vergleichbaren Situation der Beherrschung durch einen Kommanditisten.

[109] *Adler/Düring/Schmaltz*, AktG, § 17 Rn. 75; *Koppensteiner*, KK AktG, § 17 Rn. 22 m.w.N.; *Schlegelberger/Martens*, HGB, Anh. § 105 Rn. 11; *Staub/Ulmer*, HGB, Anh. § 105 Rn. 27.

[110] *Liebscher*, Konzernbildungskontrolle, S.304 f.; *Schlegelberger/Martens*, HGB, Anh. § 105 Rn. 11; *Stehle*, Gesellschafterschutz gegen fremdunternehmerischen Einfluß in der Personengesellschaft, S. 59 f.; *Zöllner*, ZGR 1977, 319, 334.

einer vorherrschenden Stellung in die Gesellschaft Eingang finden können. Dieser Gefährdungszustand wird durch den Begriff der Abhängigkeit umschrieben. In der Personengesellschaft tritt die durch die Abhängigkeit bezeichnete Gefährdungslage jedoch schon dann ein, wenn das herrschende Unternehmen den Bereich der gewöhnlichen Geschäftsführungsmaßnahmen bestimmen kann.[111] Bereits in diesem Bereich werden wesentliche unternehmerische Entscheidungen getroffen, bei denen sich der beherrschende Unternehmer in einem Interessenwiderstreit befindet und die zu massiven Nachteilen in der beherrschten Gesellschaft führen können. Zur laufenden Geschäftsführung gehören u. a. Fragen des Ein- und Verkaufs, der Produktion, Finanzierung und des Personalwesens.[112] In all diesen Bereichen können der abhängigen Gesellschaft auch bei „alltäglichen Geschäften" Nachteile entstehen, wenn der herrschende Gesellschafter beispielsweise die Marktsituation nicht berücksichtigt, sondern zu Gunsten seiner anderweitigen unternehmerischen Betätigung Sonderkonditionen vereinbart oder Geschäftschancen nicht wahrnimmt[113].

Daher steht der Annahme von Abhängigkeit im Sinne von § 17 I AktG nicht entgegen, dass die Einflussmöglichkeiten des herrschenden Unternehmens im Bereich der außergewöhnlichen Geschäftsführungsmaßnahmen durch den Zustimmungsvorbehalt gem. § 116 II HGB begrenzt sind.[114]

3. Keine Verknüpfung von Beteiligungsmehrheit und Herrschaftsmacht – Vermutung des § 17 II AktG

Im Kapitalgesellschaftsrecht ist eine Beteiligungsmehrheit in der Regel mit Herrschaftsmacht verbunden. Daher knüpft der Gesetzgeber in § 17 II AktG an eine solche Mehrheit die Vermutung der Abhängigkeit. Grundlage dessen ist die Überlegung, dass der Mehrheitsaktionär die Besetzung des Aufsichtsrates, zumindest des Anteilseigneranteils, bestimmen kann (§§ 119 I Nr. 1, 133 I AktG) und damit mittelbar auch Einfluss auf die Besetzung des Vorstandes (§ 84 AktG) hat. Auf diesem Weg ist es dem Mehrheitsaktionär möglich, die Personalpolitik zu lenken und die entscheidenden Or-

---

[111] Zum Begriff der gewöhnlichen Geschäftsführungsmaßnahmen in Abgrenzung zu den außergewöhnlichen siehe *Staub/Ulmer,* HGB, § 116 Rn. 9 ff., 11 ff.

[112] Einzelne Beispiele bei *Schlegelberger/Martens* HGB, § 116 Rn. 10, *Staub/Ulmer,* HGB, § 116 Rn. 9 f.

[113] Zur sog. Geschäftschancenlehre (corporate opportunities) siehe *K. Schmidt,* Gesellschaftsrecht, § 20 V 3. m.w.N., § 47 II b).

[114] So auch *Adler/Düring/Schmaltz,* AktG, § 17 Rn. 73; *Baumgartl,* Die konzernbeherrschte Personengesellschaft, S. 16; *Gekeler,* Personengesellschaftlicher Konzern, S. 139 f.; *Schießl,* Beherrschte Personengesellschaft, S. 11; *U. Schneider,* ZGR 1977, 335, 347.

gane mit „seinen Leuten“ zu besetzen. Auch wenn er über kein unmittelbares Weisungsrecht gegenüber der Geschäftsleitung verfügt (§ 76 AktG), so ist doch davon auszugehen, dass seine Vorstellungen bei unternehmerischen Entscheidungen berücksichtigt werden. Der Mehrheitsaktionär kann daher – in der Regel – beherrschenden Einfluss im Sinne von § 17 I AktG ausüben. Anders gelagerte Fälle sind zwar denkbar[115], stellen aber doch die Ausnahme dar. Diese Regelmäßigkeit rechtfertigt die in § 17 II AktG enthaltene Vermutung und führt zu einer Beweislastumkehr.[116]

a) Gesetzliche Regelung

Im Personengesellschaftsrecht besteht nach der gesetzlichen Regelung keine Verknüpfung von Mehrheitsbeteiligung und Entscheidungsmacht. Es ist weder mit einer Kapitalmehrheit noch mit einer Stimmehrheit ein regelmäßiger Einfluss auf die Geschäftsführung verbunden. Die gesetzliche Regelung sieht Einzelgeschäftsführungsbefugnis vor (§§ 115 I, 161 II, 164 HGB) und legt das Konsensprinzip (§ 119 I HGB) zugrunde. Alleine die Möglichkeit zur Blockade durch das Widerspruchsrecht gem. § 115 I HGB und den Zustimmungsvorbehalt gem. § 116 II HGB sind nicht ausreichend, um beherrschenden Einfluss zu begründen.[117] Daher beruht die Beherrschung nicht allein auf der Mehrheitsbeteiligung, sondern es sind zusätzliche besondere Vereinbarungen im Gesellschaftsvertrag erforderlich. Eine generelle Aussage zu Regelmäßigkeiten – wie im Aktienrecht –, die eine solche Beweislastregelung rechtfertigen würde, ist daher nicht möglich.[118]

---

[115] So z.B., wenn die Kapitalmehrheit keine Stimmenmehrheit begründet, beispielsweise weil ein erheblicher Teil des Kapitals aus Vorzugsaktien ohne Stimmrecht besteht; oder für die Wahl der Aufsichtsratsmitglieder eine qualifizierte Mehrheit in der Satzung vorgesehen ist (str.). Der Mehrheitsgesellschafter kann sich auch durch einen Stimmbindungsvertrag verpflichten, auf das Stimmrecht eines Teils seiner Aktien zu verzichten, oder er hat sich an die Zustimmung eines anderen Aktionärs gebunden.

[116] Es handelt sich um eine widerlegliche Vermutung, die dem mit Mehrheit Beteiligten die Möglichkeit eröffnet nachzuweisen, dass er keinen beherrschenden Einfluss ausübt. In der Fassung des Regierungsentwurfs war diese Möglichkeit nicht vorgesehen. Danach wurde für den Fall der Kapital- oder Stimmehrheit die Abhängigkeit unwiderleglich vermutet. Siehe *Kropff*, AktG, § 16 S. 28.

[117] *Laule*, FS Semler, S. 541, 548; *Schlegelberger/Martens*, HGB, Anh. § 105 Rn. 11; *Staub/Ulmer*, HGB Anh. §105 Rn. 27.

[118] So aber *Koppensteiner*, KK AktG, § 17 Rn. 79, der zu einer teleologischen Reduktion keine Veranlassung sieht, da die Widerlegung der Vermutung leicht möglich sei. Ebenso *Adler/Düring/Schmaltz*, § 17 Rn. 124 f.

b) Mehrheitsentscheidungen

Teilweise wird die Ansicht vertreten, die Vermutung des § 17 II AktG sei bei kapitalistisch strukturierten Personengesellschaften gerechtfertigt, wenn die Mehrheitsbeteiligung durch die Vereinbarung eines kapitalistischen Mehrheitsprinzips ergänzt werde.[119] Beherrschender Einfluss liegt in diesem Fall jedoch nur dann vor, wenn der herrschende Gesellschafter alleiniger Geschäftsführer ist. Anderenfalls wäre seine Kompetenz durch das Widerspruchsrecht gem. § 115 I HGB beschränkt.[120] Ist der beherrschende Gesellschafter von der Geschäftsführung ausgeschlossen, verleiht ihm seine Mehrheitsbeteiligung alleine keine Möglichkeit, auf die laufende Geschäftsführung einzuwirken. Beschlüsse durch die Gesellschaftergesamtheit werden nur für außergewöhnliche Maßnahmen nach § 116 II HGB gefasst. Darüber hinaus sind Gesellschafterbeschlüsse in gewöhnlichen Geschäftsführungsangelegenheiten nur möglich, wenn dies im Gesellschaftsvertrag vorgesehen ist[121] oder der Gesellschaftsvertrag durch Mehrheitsentscheidung geändert werden kann.[122] Daneben kann beherrschender Einfluss auch dadurch entstehen, dass die Geschäftsführung jederzeit – d.h. unabhängig von einem wichtigen Grund[123] – mehrheitlich abberufen werden kann[124], oder an mehrheitlich beschlossene Weisungen gebunden ist. Im Ergebnis sind daher in jedem Fall neben dem kapitalistischen Mehrheitsprinzip weitere Regelungen erforderlich, um beherrschenden Einfluss zu begründen.[125] Daher kann allein der Vereinbarung des Mehrheitsprinzips keine indizielle Wirkung beigemessen werden.[126]

---

[119] *Gekeler,* Personengesellschaftlicher Konzern, S. 137 ff., *Koppensteiner,* KK AktG, § 17 Rn. 79; *Löffler,* Abhängige Personengesellschaft, S. 19; a.A. *Schlegelberger/Martens,* HGB Anh. § 105 Rn. 11.

[120] Der Widerspruch kann durch einen Mehrheitsbeschluss nur beseitigt werden, wenn dies im Gesellschaftsvertrag vorgesehen ist. Siehe oben Kap. 1 IV. 2. b).

[121] *Adler/Düring/Schmaltz,* AktG § 17 Rn. 76; *v. Ditfurth,* Münchener Handbuch des Gesellschaftsrechts Band 1, § 47 Rn. 20; *Schlegelberger/Martens,* HGB, § 119 Rn. 3; a.A. *A. Hueck,* Das Recht der OHG S. 162; *Stehle,* Gesellschafterschutz gegen fremdunternehmerischen Einfluß in der Personengesellschaft, S. 58 f.

[122] *Adler/Düring/Schmaltz,* AktG, § 17 Rn. 76; *Burbach,* Konzernbeherrschte Personengesellschaft, S. 111 f.

[123] Nach allgemeiner Ansicht kann von § 117 HGB in dieser Form abgewichen werden: *Baumbach/Hopt,* HGB, § 117 Rn. 12; *Schlegelberger/Martens,* HGB, § 117 Rn. 53; *Staub/Ulmer,* HGB, § 117 Rn. 69.

[124] Dabei wird im Gesellschaftsvertrag statt des Klageverfahrens die Möglichkeit der Beschlussfassung vereinbart, *Staub/Ulmer,* HGB, § 117 Rn. 69 m.w.N.

[125] A.A. *Stehle,* Gesellschafterschutz gegen fremdunternehmerischen Einfluß in der Personengesellschaft, S. 58 f., der in der Beherrschung der Gesellschafterversammlung das wichtigste Mittel des beherrschenden Einflusses sieht. Ähnlich *Gekeler,* Personengesellschaftlicher Konzern, S. 144, für die Publikumsgesellschaft.

Für die Publikumsgesellschaft gilt entgegen der Ansicht von *Gekeler* nichts anderes.[127] Auf das Erfordernis der vertraglichen Vereinbarung eines kapitalistischen Mehrheitsprinzips kann nicht verzichtet werden. Der von Gekeler postulierten Ansicht, das Mehrheitsprinzip erlange in der Publikumsgesellschaft bereits im Wege der ergänzenden Vertragsauslegung Geltung, kann nicht zugestimmt werden, da es an dem hypothetischen Parteiwillen fehlt.[128] Wurde das Mehrheitsprinzip vereinbart, gilt die Besonderheit, dass der Bestimmtheitsgrundsatz hier nicht anwendbar ist, so dass auch Beschlüsse über Grundlagengeschäfte und Änderungen des Gesellschaftsvertrages ohne weiteres mehrheitlich gefasst werden können. Zwar führt dies nicht zu einem Weisungsrecht der Gesellschafterversammlung gegenüber der Geschäftsführung vergleichbar dem in der GmbH.[129] Doch kann nun der Geschäftsführer – bei einer GmbH & Co KG auch unmittelbar der Geschäftsführer der GmbH[130] – durch Mehrheitsbeschluss gem. § 117 HGB abberufen und neu besetzt werden. Der so vermittelte Einfluss ist dem einer Hauptversammlungsmehrheit in der AG vergleichbar. Allerdings besteht hier die Einschränkung, dass die Abberufung nicht jeder Zeit erfolgen kann, sondern an das Vorliegen eines wichtigen Grundes gebunden ist – sofern keine andere Regelung im Gesellschaftsvertrag getroffen wurde. Hierin liegt eine Beschränkung der Befugnisse des herrschenden Gesellschafters, weshalb auch in der Publikumsgesellschaft allein die Vereinbarung des Mehrheitsprinzips keinen beherrschenden Einfluss vermittelt.

Daher kommt es wesentlich darauf an, welche Regelungen im Einzelnen im Gesellschaftsvertrag getroffen sind. Eine allgemeingültige Aussage, die eine Beweislastumkehr rechtfertigen könnte, kann nicht getroffen werden. § 17 II AktG findet keine Anwendung.[131]

In der GmbH & Co KG ist die Kategorie der Mehrheitsbeteiligung ebenfalls nicht entscheidend. Die GmbH als einzige Komplementärin ist bereits

---

[126] So aber *Löffler,* Die abhängige Personengesellschaft, S. 19, *ders.,* NJW 1986, S. 223, 226.

[127] *Gekeler,* Personengesellschaftlicher Konzern, S. 144.

[128] Ausführlicher dazu siehe bereits oben Kap 1 III. 2.

[129] *Heymann/Horn,* HGB, § 161 Rn. 188; a.A. *Heid,* DB Beil. 4/1985, 8.

[130] *Hopt,* ZGR 1979, 1, 16 ff., 25.

[131] So auch *Baumgartl,* Konzernbeherrschte Personengesellschaft, S. 6; *Bayer,* MüKo AktG, § 17 Rn. 117; *Gekeler,* Personengesellschaftlicher Konzern, S. 137 ff., 141; *Großmann,* BB 1976, 1391, 1395; *Heck,* Personengesellschaften im Konzern, S. 110 ff.; *Hölters* RdA 1979, 335, 337; *Kleindiek,* Strukturvielfalt im Personengesellschafts-Konzern, S. 5; *Laule,* FS Semler, S. 541, 548; *Löw,* Abhängigkeit der Personengesellschaft, S. 91 ff.; *Schießl,* Beherrschte Personengesellschaft, S. 9; *Schlegelberger/Martens,* HGB, Anh. § 105 Rn. 11; *Staub/Ulmer,* HGB Anh. § 105, Rn. 28; *Ulmer,* in: ders. (Hrsg.): Probleme des Konzernrechts, S. 26, 34 f.; *Wiedemann,* ZHR 146 (1982), 296, 301.

aufgrund ihrer gesetzlichen Befugnisse zur Beherrschung in der Lage.[132] Sie ist alleinige Geschäftsführerin, während die Kommanditisten gem. § 164 HGB von der Geschäftsführung ausgeschlossen sind. Die Tatsache, dass diese bezüglich außergewöhnlicher Maßnahmen über ein Zustimmungsrecht verfügen, ist nicht schädlich, da es auf die Beherrschung dieses Bereiches – wie gezeigt[133] – nicht ankommt. Der beherrschende Einfluss der Komplementär-GmbH beruht jedoch nicht auf einer Mehrheitsbeteiligung, weshalb auch hier die Vermutung von § 17 II AktG nicht zum Zuge kommt.[134]

4. Mehrstufige Verbindungen

Da Unternehmensverbindungen meist nicht auf eine bzw. zwei Ebenen begrenzt sind, sondern mehrstufige und verschachtelte Strukturen aufweisen, stellt sich die Frage, in welchen Relationen hier Abhängigkeitsverhältnisse bestehen. Eine mehrstufige Verbindung kann dadurch entstehen, dass die an der Personengesellschaft – meist einer Kommanditgesellschaft – beteiligte Kapitalgesellschaft selbst von einem dritten Unternehmen abhängig ist. Es handelt sich um eine mittelbare Beherrschung, die vom Gesetz der unmittelbaren Beherrschung ausdrücklich gleichgesetzt ist, § 17 I AktG. Die so beherrschte Kommanditgesellschaft ist dann von der den Komplementär beherrschenden „Obergesellschaft" mittelbar abhängig.[135] Dies führt dazu, dass das (mittelbar) herrschende Unternehmen nicht selbst Gesellschafter der abhängigen Personengesellschaft ist. Es handelt sich dennoch um eine gesellschaftsrechtlich vermittelte Einflussnahme, da ein Gesellschafter der abhängigen Gesellschaft zu diesem Zweck dienstbar gemacht wurde.

In der Praxis werden Kapitalgesellschaften in der Kommanditgesellschaften sowohl als Komplementäre eingesetzt als auch als Kommanditisten, so beispielsweise in den Publikumsgesellschaften, um die Rechte der Anleger zu bündeln.

---

[132] *Adler/Düring/Schmaltz,* AktG § 17 Rn. 77.

[133] Siehe oben 2. c).

[134] So auch *Gekeler,* Personengesellschaftlicher Konzern, S. 142 ff., der jedoch für die „atypische" GmbH & Co zu einem anderen Ergebnis kommt. Dazu unten unter 4.

[135] Unternehmensrechtskommission Tz. 1710; *Schießl,* Beherrschte Personengesellschaft, S. 12.

a) GmbH & Co KG

Die Frage der Abhängigkeit der Komplementär-GmbH ist wiederum an Hand der aktienrechtlichen Definitionsnormen zu prüfen.[136] Da im GmbH-Recht eine Verbindung zwischen Mehrheitsbeteiligung und Herrschaftsmacht besteht, kommt die Vermutung des § 17 II AktG zum Tragen.[137] In der typischen GmbH & Co KG ist die GmbH regelmäßig der einzige Komplementär und verfügt daher bereits nach der gesetzlichen Regelung über beherrschenden Einfluss. In jedem Fall der Abhängigkeit der Komplementär-GmbH ist die Kommanditgesellschaft ebenfalls – mittelbar – abhängig. Diese Regelmäßigkeit rechtfertigt die Ausdehnung der im Hinblick auf die Obergesellschaft geltenden Abhängigkeitsvermutung gem. § 17 II AktG.[138]

Es entsteht eine mehrfache Abhängigkeit.[139] Die Kommanditgesellschaft ist sowohl von der Komplementär-GmbH als auch von der Obergesellschaft abhängig. Die Komplementär-GmbH ist in diesem Fall selbst dann als Unternehmen zu qualifizieren, wenn sich ihr Unternehmensgegenstand auf die Geschäftsführung und Beteiligung an der KG beschränkt.[140] Der konzernrelevante Interessenkonflikt besteht darin, dass eine unternehmerische Interessenbindung gegenüber der Obergesellschaft besteht und dadurch deren fremdunternehmerische Interessen in die „Enkel-KG" eindringen können.

b) Publikums-KG

Die große Anzahl von Kommanditisten wirft in der Publikums-KG das Problem auf, dass die auf eine personalistische Struktur ausgelegten gesetzlichen Regeln nicht geeignet sind. Eine Lösung besteht darin, eine Mittelsperson einzusetzen. Häufig handelt es sich dabei um eine GmbH, in der die Rechte der Anleger gebündelt werden. Durch diese GmbH können fremde Unternehmensinteressen Eingang finden, wodurch eine mehrstufige Unternehmensverbindung entstehen kann. In der Praxis haben sich zwei Gestaltungsformen herausgebildet:

---

136 Diese finden auch im GmbH-Konzernrecht zumindest analog Anwendung. Siehe dazu: *Emmerich/Scholz*, GmbHG, Anhang Konzernrecht, Rn. 12, 17 ff., 23 ff.

137 *Emmerich/Scholz*, GmbHG, Anhang Konzernrecht Rn. 25.

138 So auch *Gekeler*, Personengesellschaftlicher Konzern, S. 143.

139 KG, AG 1979, S. 158, 159; *Bernwald*, Mehrstufige Unternehmensverbindungen, S. 37 f.; Emmerich/Sonnenschein, Konzernrecht, § 3 II 3. b); *Löw*, Abhängigkeit der Personengesellschaft, S. 22 ff., 25.

140 Für diesen Fall war oben festgestellt worden, dass die GmbH mangels Interessenkonflikt nicht als Unternehmen zu qualifizieren ist. Siehe Kap. 1 II. 2.

aa) Vertreter

Zum einen kommt der Einsatz eines Vertreters in Betracht. In diesem Fall sind die Anleger unmittelbar an der KG beteiligt und werden bei der Ausübung ihrer Rechte vertreten.[141] Dabei handelt es sich meist nicht um ein eigentliches Vertretungsverhältnis[142], sondern es wird ein besonderes Organ gebildet, welches eigenständig die Interessen der Anleger wahrnimmt. Eine hierfür eingesetzte GmbH vertritt im Ergebnis das gesamte Kapital der KG und verfügt bei Bestehen ergänzender Regelungen[143] über einen beherrschenden Einfluss in der Gesellschaft. Auch wenn die GmbH selbst nicht Gesellschafterin ist, begründet ihre besondere Organstellung die gesellschaftlich vermittelte Quelle ihrer Einflussmöglichkeit. Eine andere Beurteilung ist lediglich dann angezeigt, wenn die GmbH als Organwalter jederzeit von den Anlegern abberufen werden kann, da dann die übertragenen Kompetenzen immer entzogen werden können.

Nimmt die „Vertreter-GmbH" eine solche Stellung in mehreren Publikumsgesellschaften ein, verfolgt eigene unternehmerische Ziele oder ist selbst von einem anderen Unternehmen abhängig, begründet dies die Unternehmenseigenschaft und damit den Abhängigkeitstatbestand.[144] Da die Anleger die Stellung von Kommanditisten inne haben, befinden sie sich im Schutzbereich des Konzernrechts.[145]

bb) Treuhänder

Werden die Anteile der Anleger durch einen Treuhänder verwaltet, ist alleine dieser Kommanditist. Die Anleger selbst stehen lediglich in einem schuldrechtlichen Verhältnis zu dem Treuhänder.[146] Auch hier bietet die Position des Treuhänders die Möglichkeit, durch den Einsatz einer Kapitalgesellschaft eine mehrstufige Abhängigkeit zu begründen. Da die Anleger jedoch weder Gesellschafter der KG noch des Treuhänders sind, fehlt es an einer gesellschaftsrechtlichen Verbindung, die konzernrechtlichen Minderheitenschutz gewähren würde. Hier ist im Rahmen der einzelnen Schutz-

---

[141] Ausführlich dazu *Bälz*, ZGR 1980, 1 ff.

[142] Zur Leistungsfähigkeit einer reinen Vertreterklausel in der Publikummsgesellschaft *K. Schmidt*, Gesellschaftsrecht, § 21 II 5.; *ders.*, ZHR 146 (1982), 525, 529. Zur Auslegung einer Vertreterklausel als Organklausel, *Bälz*, ZGR 1980, 1, 59.

[143] Die Kompetenzen der Kommanditisten müssen natürlich so erweitert sein, dass sie beherrschenden Einfluss begründen. Siehe dazu oben Kap. 1 IV. 1.

[144] *Gekeler*, Personengesellschaftlicher Konzern, S. 149.

[145] *Bälz*, ZGR 1980, 1, 53 f., 81; *Gekeler*, Personengesellschaftlicher Konzern, S. 149.

[146] Umfassend *Bälz*, ZGR 1980, 1.

mechanismen zu prüfen, ob die Anleger dennoch in den Schutzbereich einbezogen werden können.[147]

V. Konzernbegriff

Nach § 18 I S. 1 AktG bilden das herrschende und abhängige Unternehmen einen Konzern, wenn sie unter der einheitlichen Leitung des herrschenden Unternehmens zusammengefasst sind. Dies erfordert, dass die Geschäftspolitik der Konzerngesellschaften zumindest in einem Funktionsbereich durch die Konzernleitung abgestimmt wird[148], dass eine gemeinsame Planung für den Gesamtkonzern konzipiert wird und so eine Wirtschaftseinheit entsteht.[149]

Die einheitliche Leitung führt dazu, dass das konzernabhängige Unternehmen nach einem übergeordneten Gesamtinteresse, dem Konzerninteresse, geführt wird.[150] Das eigene Gesellschaftsinteresse bildet nicht mehr den Maßstab für den Bereich der Geschäftsführungsentscheidungen, so dass wesentliche Entscheidungen, beispielsweise im Personal- und Finanzbereich, unter Berücksichtigung der Gesamtkonzerninteressen getroffen werden.[151] Dies schließt jedoch nicht aus, dass sich das Eigeninteresse der abhängigen Gesellschaft mit dem Konzerninteresse deckt.[152]

Um den häufig schwierigen Nachweis einheitlicher Leitung zu erleichtern, hat der Gesetzgeber in § 18 I AktG zwei Vermutungen verankert.

---

[147] Generell ablehnend: *Bälz,* ZGR 1980, 1, 95, 96; *Gekeler,* Personengesellschaftlicher Konzern, S. 146.

[148] Als entscheidender Bereich wird hier der Finanzsektor angesehen, da dies dem Verständnis des Konzerns als wirtschaftlicher Einheit entspricht. Siehe zum engen und weiten Konzernbegriff *Emmerich/Sonnenschein,* Konzernrecht, § 4 II 1.

[149] *Staub/Ulmer,* HGB, Anh. § 105 Rn. 32; *U. Schneider,* Beitrag im Diskussionsforum: Jahrbuch der Fachanwälte für Steuerrecht 1980/81, 399, 423;

[150] *Burbach,* Konzernabhängige Personenhandelsgesellschaft, S. 482; *Laule,* FS Semler, S. 541, 552 f.; *Löffler,* Abhängige Personengesellschaft, S. 17; *Mestmäcker,* FS Kronstein, S. 129, 139 ff.; *Reuter,* ZHR 146 (1982), 1, 9; *Staub/Ulmer,* HGB, Anh. § 105 Rn. 29, 33, 36, 59; *Ulmer,* in: ders. (Hrsg.): Probleme des Konzernrechts, S. 26, 32 f., 50; a. A.: *Heck,* Personengesellschaften im Konzern, S. 143 ff.; *Kleindiek,* Strukturvielfalt im Personengesellschafts-Konzern, S. 37 ff. m. w. N. u. a. in Fn. 7–9.

[151] *Laule,* FS Semler, S. 541, 552 f.; *Schlegelberger/Martens,* HGB, Anh. § 105 Rn. 12 ff.; *Staub/Ulmer,* HGB, Anh. § 105 Rn. 29, 32 ff., 58 ff.

[152] Klarstellend *Ulmer,* in: ders. (Hrsg.) Probleme des Konzernrechts, S. 63, 64; häufig aber mißverstanden, siehe im Diskussionsbericht zu den Referaten *Stimpel* und *Ulmer,* in: ders. (Hrsg.), Probleme des Konzernrechts, S. 63.

1. Unwiderlegliche Vermutung gem. § 18 I S. 2 AktG

Im Falle des Bestehens eines Beherrschungsvertrages oder der Eingliederung sind die beteiligten Unternehmen als unter einheitlicher Leitung zusammengefasst anzusehen. Nach der aktiengesetzlichen Lage wird in beiden Fällen ein Weisungsrecht gem. § 308 AktG begründet. Die Unternehmensleitung des abhängigen Unternehmens wird auf das Konzerninteresse verpflichtet, hinter welchem das ursprünglich verbindliche Gesellschaftsinteresse zurücktritt. Dadurch wird die Ausübung von Leitungsmacht rechtlich anerkannt. Der Gesetzgeber geht hier von einer unwiderleglichen Vermutung aus, da zum einen regelmäßig die strukturelle Veränderung der Interessenausrichtung gegeben ist und zum anderen derartige Einwirkungsmöglichkeiten nur vereinbart werden, um sie letztendlich auch zu nutzen.[153]

Die gleichen Überlegungen gelten auch im Personengesellschaftsrecht. Wird dort der Vorrang des Konzerninteresses vereinbart und damit die Ausübung einheitlicher Leitung legalisiert, ist auch hier das Vorliegen eines Konzerns anzunehmen.[154] Dabei ist es unerheblich, ob ein Beherrschungsvertrag abgeschlossen wird, oder mittels gesellschaftsvertraglicher Regelungen auf der Basis eines Konzernierungsbeschlusses rechtmäßige einheitliche Leitung hergestellt wird.[155]

2. Widerlegliche Vermutung gem. § 18 I S. 3 AktG

Der Gesetzgeber hat in § 18 I S. 3 AktG bereits an den Tatbestand der Abhängigkeit die Vermutung geknüpft, dass das abhängige Unternehmen mit dem herrschenden einen Konzern bildet. Dem liegt die Erfahrung zu Grunde, dass bestehende Herrschaftsmacht in der Regel auch zu einheitlicher Leitung genutzt wird.[156] Dieser Erfahrungssatz ist auch im Hinblick auf Personengesellschaften zutreffend.[157] Die strukturellen Unterschiede zu den Kapitalgesellschaften begründen keine andere Beurteilung.

---

[153] *Bayer*, MüKo AktG, § 18 Rn. 44; *Hüffer*, AktG, § 18 Rn. 17; *Koppensteiner*, KK AktG, § 18 Rn. 30; *Kropff*, BegrRegE AktG, S. 33.

[154] *Baumbach/Hopt*, HGB, § 105 Rn. 101; *Baumgartl*, Konzernbeherrschte Personengesellschaft, S. 80 f.; wohl auch *Gekeler*, Personengesellschaftlicher Konzern, S. 152 unter der Voraussetzung, dass ein Beherrschungsvertrag mit den organisationsrechtlichen Grundsätzen der Personengesellschaft in Einklang steht; einschränkend *Löffler*, Abhängige Personengesellschaft, S. 20 f.; *Schießl*, Beherrschte Personengesellschaft, S. 13 f.; *Staub/Ulmer*, HGB, Anh. § 105 Rn. 30, *Ulmer*, in: ders.: Probleme des Konzernrechts, S. 26, 35; wohl auch *Schlegelberger/Martens*, HGB, Anh. § 105 Rn. 13.

[155] So auch *Staub/Ulmer*, HGB, Anh. § 105 Rn. 30.

[156] *Emmerich/Sonnenschein*, Konzernrecht, § 4 V; *Kropff*, BergRegE AktG, S. 33.

Allerdings ist im Personengesellschaftsrecht die Besonderheit zu berücksichtigen, dass eine faktische Konzernierung, also die Unterstellung unter einheitliche Leitung ohne Konzernierungsbeschluss, einen Unrechtstatbestand darstellt, an den Schadensersatz- und Unterlassungsansprüche anknüpfen.[158] Unter Berücksichtigung dieser weitreichenden Rechtsfolgen, erlangt diese Vermutung eine andere Tragweite als dies im Aktienrecht der Fall ist, weshalb deren Anwendung teilweise abgelehnt wird.[159]

Dem ist jedoch entgegenzuhalten, dass Hintergrund einer widerleglichen Vermutung nicht nur ein Erfahrungssatz ist, sondern auch eine Beweislastregelung. Der von der Vermutung Begünstigte soll geschützt werden und die Beweislast seinem Gegner auferlegt werden, weil diesem die Widerlegung des vermuteten Tatbestandes leichter fällt.

Zum einen besteht ein besonderes Schutzbedürfnis der außenstehenden Gesellschafter, da deren Engagement in der Gesellschaft zumindest bei Bestehen personalistischer Strukturen über die reine Kapitalanlage in der Regel weit hinausgeht.

Viel entscheidender ist jedoch die größere Beweisnähe des herrschenden Unternehmens. Ihm ist es viel leichter möglich, die Leitungs- und Entscheidungsstrukturen darzulegen und damit die einheitliche Leitung zu widerlegen, als dies einem außenstehenden Gesellschafter möglich wäre[160], dessen mitgliedschaftliche Rechte – wie meist in der Publikumsgesellschaft – auf schlichte Informations- und Kontrollrechte beschränkt sind.

Nach der Ansicht von *Martens* könne § 18 I S. 3 AktG nicht angewendet werden, da zur Begründung von Konzernabhängigkeit zusätzlich ein Konzernierungsbeschluss erforderlich sei.[161] Dem ist jedoch entgegen zu halten, dass der Konzerntatbestand einen tatsächlichen Zustand beschreibt, nämlich die Ausübung einheitlicher Leitung. Ob die einheitliche Leitung rechtmäßiger Weise aufgrund eines Konzernierungsbeschlusses ausgeübt wird oder

---

157 BGHZ 89, 162, 167 „Heumann/Ogilvy"; *Baumgartl,* Konzernbeherrschte Personengesellschaft, S. 62 ff.; *Gekeler,* Personengesellschaftlicher Konzern, S. 152; *Kleindiek,* Strukturvielfalt im Personengesellschafts-Konzern, S. 4; *Koller/Roth/Morck,* HGB, § 105 Rn. 36; *Löffler,* Abhängige Personengesellschaft, S. 19; *Schießl,* Beherrschte Personengesellschaft, S. 13; *Staub/Ulmer,* HGB, Anh. § 105 Rn. 31; *Ulmer,* in: ders. (Hrsg.), Probleme des Konzernrechts, S. 26, 35 f.; a.A. *Laule,* FS Semler, S. 541, 553 f.; *Schlegelberger/Martens,* HGB, Anh. § 105 Rn. 8, 13.

158 Siehe Kap. 7 III.

159 So *Schilling* in FS Hefermehl, 1976, S. 383, 403 für die GmbH; ähnlich *Laule,* FS Semler, S. 541, 554 mit einer Einschränkung für die Einheits-GmbH & Co KG.

160 *Ulmer,* in: ders.: Probleme des Konzernrechts, S. 28, 35 f.

161 *Schlegelberger/Martens,* HGB, Anh. § 105 Rn. 8, 13.

widerrechtlich ohne entsprechende Legitimation erfolgt, ist für die Erfüllung des Tatbestandes unerheblich.[162] Der Gesetzgeber hat keine Wertung vorgenommen, wonach nur rechtmäßig ausgeübte einheitliche Leitung zum Konzern nach § 18 I AktG führt.

Daher ist die widerlegliche Vermutung von § 18 I S. 3 AktG auch im Konzernrecht der Personengesellschaften einschlägig.

VI. Zusammenfassung

Die aktienrechtlichen Begriffe der §§ 15 ff. AktG lassen sich in wesentlichen Zügen auf das Personengesellschaftsrecht übertragen. Dabei erfolgt eine analoge Anwendung dann, wenn die Personengesellschaft nicht von einer AG abhängig ist. Im Einzelnen gelten folgende Besonderheiten:

1. Der Unternehmensbegriff zeichnet sich, wie im Aktienrecht auch, durch die beim herrschenden Unternehmen bestehende Interessenpluralität aus. Dem entsprechend kann die Komplementär-GmbH einer GmbH & Co KG nur dann als Unternehmen qualifiziert werden, wenn sie eigene unternehmerische Interessen verfolgt oder von einem dritten Unternehmen abhängig ist.

2. Die Kategorien der Anteils- und Stimmrechtsmehrheit können zwar auch im Personengesellschaftsrecht gebildet werden, doch kann an die Mehrheitsbeteiligung nicht die Vermutung der Abhängigkeit gem. § 17 II AktG geknüpft werden. Es fehlt an der regelmäßigen Verknüpfung von Beteiligungsmehrheit und Herrschaftsmacht. Die Begründung beherrschenden Einflusses hängt von den gesellschaftsvertraglichen Regelungen ab. Dies gilt selbst dann, wenn eine weitgehend kapitalistische Struktur wie bei der Publikumsgesellschaft zu Grunde gelegt werden kann.

3. Beherrschender Einfluss im Sinne von § 17 I AktG muss sich nicht auch auf den Bereich der betriebsungewöhnlichen Maßnahmen gem. § 116 II HGB erstrecken. In mehrstufigen Verbindungen ist das abhängige Unternehmen sowohl von dem unmittelbar als auch von dem mittelbar herrschenden Unternehmen abhängig. Dies führt dazu, dass die mittelbare Abhängigkeit von dem die Komplementär-GmbH beherrschenden Unternehmen gem. § 17 II AktG vermutet werden kann.

4. Der Konzerntatbestand kann sowohl auf dem Einzelnachweis einheitlicher Leitung beruhen, als auch auf den Vermutungen gem. § 18 I S. 2 und 3 AktG.

---

[162] *Gekeler,* Personengesellschaftlicher Konzern, S. 152; *Staub/Ulmer,* HGB, Anh. § 105 Rn. 36, 59.

Kapitel 2

Konzernstrukturen der abhängigen Personengesellschaft

Nach dem aktienrechtlichen Modell kann Konzernabhängigkeit in zwei Formen begründet werden.[1] Zum einen besteht die Möglichkeit, einen Unternehmensvertrag gem. §§ 291 ff. AktG abzuschließen und damit einen Vertragskonzern zu gründen. Zum anderen kann ein Konzern auch ohne entsprechende vertragliche Abrede entstehen, indem das herrschende Unternehmen einheitliche Leitung faktisch ausübt.[2] In diesem Fall handelt es sich um einen sogenannten einfachen oder qualifizierten faktischen Konzern[3].

Inwiefern diese Art der Differenzierung im Personengesellschaftsrecht aufrecht erhalten werden kann oder welche Abweichungen geboten sind, soll im Folgenden dargestellt werden. Des Weiteren stellt sich die Frage, ob die Konzernierung einer Personengesellschaft – durch Abschluss eines Beherrschungsvertrages oder auf andere Weise – rechtlich zulässig und mit den Grundsätzen des Personengesellschaftrechts vereinbar ist.

I. Faktizitätsprinzip und Vertragsprinzip

Das Konzernrecht wird wesentlich durch zwei sich gegenüberstehende Prinzipien geprägt: Das Vertrags- und das Faktizitätsprinzip.[4] Nach dem Vertragsprinzip darf Konzernleitungsmacht nur auf der Basis einer entsprechenden vertraglichen Legitimation ausgeübt werden. Denn nur so könnten Weisungsrechte und Befolgungspflichten begründet werden.[5] Die Sanktionen für Verstösse reichen von einem unmittelbaren Anspruch des Geschäfts-

---

[1] Die unterschiedlichen Ansätze wurden von *Schilling,* FS Hefermehl, S. 383, 391, mit den Begriffen Faktizitätsprinzip und Vertragsprinzip umschrieben.

[2] Die Zulässigkeit eines qualifizierten faktischen Aktienkonzerns ist umstritten. Mit unterschiedlichen Ansätzen stehen sich das Sanktions- und Legitimationsmodell gegenüber. Ausführlicher dazu siehe *Emmerich/Sonnenschein,* Konzernrecht, § 20a IV.

[3] Der Begriff des qualifizierten faktischen Konzerns stammt ursprünglich aus dem GmbH-Konzernrecht und wurde erstmals vom Arbeitskreis GmbH-Reform, Thesen und Vorschläge Bd. 2 S. 49 ff., 53 ff., 59 f., 66 ff. verwendet.

[4] Diese Begriffe wurden von *Schilling,* FS Hefermehl, S. 383 ff., geprägt; *ders.,* ZHR 140 (1978), 528, 532.

gegners gegen das herrschende Unternehmen auf Ausgleich veranlasster Geschäfte, über eine verschuldensunabhängige Erfolgshaftung gegenüber der abhängigen Gesellschaft[6], bis hin zum Anspruch auf Abschluss eines Beherrschungsvertrages[7]. Diese als deutsche Besonderheit des Konzernrechts verstandene Ansicht[8] steht im Gegensatz zur Systematik anderer europäischer Konzernrechtssysteme. Gerade auf europäischer Ebene steht das Faktizitätsprinzip im Vordergrund.[9] Es beruht auf der Realität des Konzerns. Die mit einer herrschenden Stellung verbundenen tatsächlichen Einflussmöglichkeiten lösen konzernrechtliche Konsequenzen aus. Auf den Abschluss eines Beherrschungsvertrages komme es nicht an. Insbesondere, weil es anderenfalls das herrschende Unternehmen in der Hand hätte, durch den Nichtabschluss eines Beherrschungsvertrages die Bestimmungen zum Schutz der Gläubiger und außenstehenden Gesellschafter zu umgehen. Eine solche Einflussnahme könne praktisch nicht verboten werden, da die Erteilung von Weisungen tatsächlich möglich sei, einzelne Maßnahmen unter Umständen nicht isolierbar seien und deren Nachteilhaftigkeit schwer nachweisbar sei.[10]

Die unterschiedlichen Argumente können vielleicht zu einer Lösung des Konzernkonflikts in der Personengesellschaft beitragen. Dabei soll zunächst untersucht werden, welchen Weg das Aktien- und GmbH-Konzernrecht gegangen sind.

1. Die aktienrechtliche Systematik

Die Systematik des Aktienkonzernrechts wird durch das Nebeneinander von Vertragskonzern und faktischem Konzern geprägt.[11]

Im Vertragskonzern wird die Ausübung einheitlicher Leitung und damit die Überordnung des Konzerninteresses durch den Abschluss eines Beherrschungsvertrages legitimiert.[12] Dies hat zur Folge, dass das herrschende

---

[5] *Geßler,* FS W. Schmidt (1959), S. 247, 251; *Martens,* DB 1970, 813, 865, 867; *Schilling,* FS Hefermehl, 383, 391 ff.; *Würdinger,* DB 1973, 45.

[6] So auch in § 284 des Referentenentwurfs zum AktG 1965, Bundesverband der Deutschen Industrie (u.a., Hrsg.); *Schilling,* FS Hefermehl, S. 383, 392.

[7] *Martens,* DB 1970, 813, 865, 868 f.

[8] *K. Schmidt,* JZ 1992, 855, 857.

[9] So das SE Statut, Vorentwurf der EU-Kommission einer Richtlinie zur Angleichung des Konzernrechts, abgedruckt in: *Lutter,* Europäisches Unternehmensrecht, S. 278 ff.

[10] Arbeitskreis GmbH-Reform, Band II, S. 49 ff., 59 f., 66 ff.; *Emmerich,* AG 1975, 253, 285, 288; *Koppensteiner,* ZGR 1973, 1, 19 ff.

[11] Grundlegend *Mestmäcker,* FS Kronstein, S. 129; *K. Schmidt,* Gesellschaftsrecht, § 31 II 4., § 17 I 3; siehe auch *Schilling,* FS Hefermehl, 383 für das GmbH-Konzernrecht.

Unternehmen zu einem verschuldensunabhängigen Verlustausgleich gem. § 302 AktG verpflichtet ist. Das Unternehmensrisiko der abhängigen Gesellschaft wird auf das herrschenden Unternehmen übertragen. Daneben stehen den außenstehenden Aktionären Rechte auf angemessenen Ausgleich und Abfindung gem. §§ 304 f. AktG zu.

Im faktischen Konzern[13] dagegen erfolgt die Einflussnahme auf tatsächlicher Basis ohne Abschluss eines Unternehmensvertrages. Hier ist lediglich ein punktueller Nachteilsausgleich gem. §§ 311 ff. AktG vorgesehen.[14] Für die abhängige Gesellschaft nachteilige Maßnahmen muss das herrschende Unternehmen ausgleichen. Diese Verpflichtung bezieht sich jedoch nur auf Maßnahmen, die von dem herrschenden Unternehmen veranlasst wurden. Damit verbleibt das Unternehmensrisiko beim abhängigen Unternehmen.

Die Systematik des punktuellen Nachteilsausgleichs stösst dann an seine Grenzen, wenn einzelne Maßnahmen nicht mehr isolierbar sind und deren Auswirkungen auf die abhängige Gesellschaft nicht mehr beurteilt werden können, da ein Vergleich mit der hypothetischen Lage der Gesellschaft in der Situation der Unabhängigkeit nicht möglich ist. Aus dieser Not heraus wurde die Figur des qualifizierten faktischen Konzerns entwickelt.[15] Ein solcher soll dann vorliegen, wenn ein Einzelausgleich ausscheidet und das herrschende Unternehmen nachteiligen Einfluss auf die abhängige Gesellschaft genommenen hat, der einen objektiven Missbrauch der Herrschaftsmacht darstellt, weil nicht in der gebotenen Weise auf die Belange der ab-

---

[12] *K. Schmidt,* Gesellschaftsrecht, § 17 I sieht in der Frage der Legitimation von Unternehmensbeherrschung den entscheidenden Ansatzpunkt. Es gehe um die Frage, ob der faktische Konzern als Instrument legaler Unternehmensbeherrschung ausgestaltet werden solle oder ob legale Beherrschung einen Unternehmensvertrag voraussetze.

[13] Der Begriff des faktischen Konzerns wird in der Regel nicht im technischen Sinne des § 18 I AktG verwendet, sondern umschreibt alle sonstigen Abhängigkeitsverhältnisse bei Fehlen eines Unternehmensvertrages. Zu diesen zählen die einfachen Abhängigkeitsverhältnisse, sowie der einfache und qualifizierte faktische Konzern. Anschaulich bei *Emmerich/Sonnenschein,* Konzernrecht, § 19 I.

[14] Ob die Verpflichtung zum Nachteilsausgleich ausreichenden Schutz für außenstehende Aktionäre darstellt, wurde seit In-Kraft-Treten des AktG 1965 kontrovers diskutiert. Für deren Unzulänglichkeit: *Bälz,* AG 1992, 277, 283, 291, 304; *Emmerich,* AG 1987, 1, 3; *ders.,* GmbHR 1987, 213, 216; *Geßler,* ZHR 145 (1981), 457, 459; *Henze,* BB 1996, 489, 498 f.; *Immenga,* ZGR 1978, 269, 272 ff.; *Mestmäcker* in FS f. Kronstein, S. 129 ff.; *K. Schmidt,* ZGR 1981, 455, 463; *Theisen,* Der Konzern, S. 86 ff.; Unternehmensrechtskommission, Tz. 1379 ff.; a.A.: *Altmeppen,* ZIP 1996, 693; *Hommelhoff,* ZHR 156 (1992), 295; *Lutter,* ZHR 151 (1987), 444, 460; *Rittner,* ZGR 1990, 203, 214, 218; *K. Schmidt,* JZ 1992, 856, 859.

[15] Diese wurde zunächst im Rahmen des GmbH-Konzernrechts entwickelt, siehe Arbeitskreis GmbH-Reform, Band 2, S. 45 ff. Es handelt sich jedoch inzwischen um einen allgemein anerkannten Haftungstatbestand, der zumindest in der Literatur auch auf die AG übertragen wird. *Emmerich/Sonnenschein* § 20a m.w.N.

hängigen Gesellschaft Rücksicht genommen wurde.[16] Als Rechtsfolge wird an das Vorliegen eines qualifizierten faktischen Konzerns die Haftung gem. §§ 302, 303 AktG geknüpft.[17]

2. Konzernrecht der GmbH

Zwischen der körperschaftlich strukturierten Aktiengesellschaft und den personalistischen Personenhandelsgesellschaften[18] bildet die GmbH eine Mischform, die sowohl körperschaftliche als auch personalistische Elemente auf sich vereinigt. Die gerade im Hinblick auf die personalistische Struktur der GmbH entwickelten Modifikationen zum Aktienkonzernrecht müssen erst recht für die Personenhandelsgesellschaften gelten, so dass die Untersuchung des GmbH-Konzernrechts eine Hilfestellung bei der Entwicklung des Konzernrechts der Personengesellschaften sein kann.[19]

Auch im GmbH-Konzernrecht erfolgt eine Unterscheidung in Vertragskonzern, einfachen und qualifizierten faktischen Konzern.

Im Vertragskonzern, der durch den Abschluss eines Beherrschungsvertrages gebildet werden kann, gilt das gleiche Haftungssystem wie auch im Aktienkonzernrecht: Das herrschende Unternehmen ist zum Verlustausgleich gem. §§ 302, 303 AktG analog verpflichtet.

Im einfachen faktischen Konzern werden dagegen die Regelungen der §§ 311 ff. AktG nicht übernommen.[20] Aus der im Abhängigkeitsverhältnis gesteigerten Treuepflicht wird ein umfassendes Schädigungsverbot abgeleitet, das mit der Struktur des Nachteilsausgleichs nicht vereinbar ist.[21] Daher

---

[16] Mit diesen Merkmalen hat der BGH in BGHZ 122, 123 „TBB" den Tatbestand des qualifizierten faktischen Konzerns umschrieben. Mit umfangreichen Nachweisen zur Entwicklung des Begriffs und der Meinungsvielfalt siehe *Emmerich/ Sonnenschein,* Konzernrecht, § 20a II.

[17] *Emmerich/Sonnenschein,* Konzernrecht, § 20a III spricht hier von einer durch Elemente der Strukturhaftung modifizierten Verhaltenshaftung.

[18] Das gesetzliche Leitbild geht von einer Haftungs- und Arbeitsgemeinschaft aus. Hiervon wird in der Praxis jedoch vielfach zu Gunsten kapitalistischer und körperschaftlicher Strukturen abgewichen.

[19] Diesen Erst-recht-Schluss zieht auch *Reuter,* AG 1986, 130, 133 hinsichtlich der Verdrängung der §§ 311 ff. AktG durch die Treuepflicht.

[20] BGHZ 95, 330, 340 „Autokran"; *Scholz/Emmerich,* GmbHG, Anh. KonzR, Rn. 68; *Hommelhoff,* Konzernleitungspflicht, S. 252; *Rowedder/Koppensteiner,* GmbHG, Anh. § 52, Rn. 53; *Lutter/Hommelhoff,* Anh. § 13 Rn. 11; *Schilling,* FS Hefermehl, S. 383, 390; *Baumbach/Hueck/Zöllner,* GmbHG, Schlußanh. I Rn. 56; a.A. *Bälz,* AG 1992, 277, 294; *Rowedder,* in: Hommelhoff (Hrsg., u.a.), Entwicklungen im GmbH-Konzernrecht, S 20 ff.

[21] Daneben stützt *Hommelhoff,* Konzernleitungspflicht, S. 252, diese Ansicht auf das Fehlen organisationsrechtlicher Voraussetzungen: es fehle an dem zur Prüfung

führen nachteilige Maßnahmen zu einer Schadensersatzpflicht des herrschenden Unternehmens.[22] Ist die Intensität der Einflussnahme des herrschenden Unternehmens jedoch gesteigert, gelangt man zu einem Punkt, an dem einzelne Maßnahmen weder isoliert, noch deren schädigende Auswirkungen beurteilt werden können. Daher wird an das Bestehen eines qualifizierten faktischen Konzerns die haftungsrechtliche Folge der §§ 302, 303 AktG analog geknüpft.[23] In der jüngsten Rechtsprechung des BGH wird jedoch von einer entsprechenden Anwendung aktienrechtlicher Normen (§§ 291 ff. AktG) zu Gunsten der Heranziehung der Kapitalerhaltungsvorschriften der §§ 30 ff. GmbHG abgerückt.[24]

Ein reines Vertrags- oder Faktizitätsprinzip wird auch hier nicht verwirklicht. Zwar kann rechtmäßige einheitliche Leitung nur auf der Grundlage eines Vertrages ausgeübt werden, doch sollen die Gläubiger und außenstehenden Gesellschafter nicht schutzlos gestellt sein, wenn das herrschende Unternehmen auch ohne Legitimationsgrundlage einheitliche Leitung ausübt. Daher werden die Folgen des Vertragskonzerns auch an den (qualifizierten) faktischen Konzern geknüpft. Wie Schilling treffend ausführt, „wird das Vertragsprinzip vom Faktizitätsprinzip überholt“.[25]

3. Systematik eines Personengesellschaftskonzernrechts

Bei der Entwicklung eines Konzernrechts der Personengesellschaften ist die bereits aufgezeigte Differenzierung in Abhängigkeit, einfachen faktischen und qualifizierten faktischen Konzern und Vertragskonzern beizubehalten. Diese Kategorien markieren Stufen bzw. Formen der Einflussnahme, deren rechtliche Behandlung jeweils gesondert untersucht werden muss.[26]

---

der Nachteiligkeit berufenen Geschäftsleiter. Der Geschäftsführer sei hierzu nicht geeignet, da er nicht eigenverantwortlich handele.

[22] Zu den verschiedenen Ansätzen dieser Haftung siehe *Emmerich/Sonnenschein*, Konzernrecht, § 24 II 1. m.w.N.

[23] *Scholz/Emmerich*, GmbHG, Anh. KonzR, Rn. 125; *Emmerich/Sonnenschein*, Konzernrecht, § 24a I mit zahlreichen Literaturangaben; *Lutter/Hommelhoff*, GmbHG, Anh. § 13 Rn. 24 ff

[24] BGH WM 2001, S. 2062, 2063 f. „Bremer Vulkan“; ob die Literatur dieser Richtungsänderung folgt, bleibt abzuwarten.

[25] FS Hefermehl, S. 383, 398.

[26] Für diese Drei- bzw. Vierteilung auch *Emmerich*, FS Stimpel S. 743, 750; *Liebscher*, Konzernbildungskontrolle, S. 308 ff.; *Kleindiek*, Strukturvielfalt im Personengesellschafts-Konzern, S. 17 ff., 67 ff., 315 ff.; a.A. *Staub/Ulmer*, HGB, Anh. § 105 Rn. 36, wonach eine Unterscheidung zwischen einfachem und qualifiziertem Konzern ohne Interesse sei. So auch *Reuter*, ZHR 146 (1982), 1, 12 f.; *Baumgartl*, Die konzernbeherrschte Personengesellschaft, S. 73; *Löffler*, Die abhängige Personengesellschaft, S. 17 ff., 52 ff.

Im Ergebnis nimmt auch Kleindiek keine andere Einteilung vor, wenn er von dem qualifizierten Konzern spricht und auf den Begriff des „faktischen" Konzerns verzichtet.[27] Eine solche teminologische Abweichung erscheint jedoch nicht notwendig. Zwar beruht die Abhängigkeit regelmäßig auf Regelungen des Gesellschaftsvertrages und ist daher nicht faktischer Natur. Entscheidend ist jedoch, dass die Ausübung einheitlicher Leitung nicht vertraglich legitimiert ist, sondern eben faktisch ausgeübt wird. In diesem Sinne werden im Aktien- und GmbH-Konzernrecht all jene Unternehmensverbindungen als faktische Konzerne bezeichnet, denen kein Unternehmensvertrag zugrunde liegt.

a) Abhängigkeit

In der abhängigen Gesellschaft wird die Unternehmensführung uneingeschränkt am Eigeninteresse ausgerichtet. Fremdunternehmerische Gesichtspunkte finden keinen Eingang. Es erfolgt weder eine gemeinsame Planung noch eine punktuelle Koordination von Geschäftsabläufen. Das herrschende Unternehmen macht sich schadensersatzpflichtig, wenn es sich über das Interesse der abhängigen Gesellschaft hinwegsetzt.

Die Situation der schlichten Abhängigkeit kann dann entstehen, wenn die multiple unternehmerische Betätigung durch eine mehrfache Finanzbeteiligung entsteht. Das herrschende Unternehmen, beispielsweise ein Venture-Capital-Unternehmen, hält maßgebliche Anteile an mehreren Beteiligungsunternehmen zu Investitionszwecken, eine unternehmerische Verknüpfung dieser Unternehmen erfolgt jedoch nicht.

Es kann sich aber auch um die erste Stufe eines Integrationsprozesse handeln, an dessen Ende die Fusion oder Eingliederung stehen soll.

b) Einfacher faktischer Konzern

Im Gegensatz zur Abhängigkeit finden im einfachen faktischen Konzern in beschränktem Umfang eine einheitliche Planung und die Koordination von Geschäftsabläufen statt. Es handelt sich um einzelne isolierbare Maßnahmen. Das herrschende Unternehmen orientiert sich dabei am Konzerninteresse, was jedoch nicht in einem zwingenden Widerspruch zum Eigeninteresse der abhängigen Gesellschaft stehen muss. Eine Einkaufs- oder Vertriebskooperation kann für alle Beteiligten vorteilhaft sein. Solche Maßnahmen gehen in der abhängigen Gesellschaft jedoch über den Bereich der Geschäftsführung hinaus und bedürfen daher eines Konzernierungsbeschlus-

---

[27] Strukturvielfalt im Personengesellschafts-Konzern, S. 68, 266 ff.; so auch *Liebscher,* Konzernbildungskontrolle, S. 308 f.; *Limmer,* GmbHR 1992, S. 265, 270.

ses. Diesem Beschluss ist der Umfang der zulässigen Konzernleitung zu entnehmen. Dabei ist von besonderer Bedeutung, ob eine Aussage über den Vorrang des Konzerninteresses getroffen wird. Kann dem Beschluss eine solche Änderung der Interessenausrichtung nicht entnommen werden, ist verbindlicher Maßstab für die Beurteilung von Geschäftsführungsmaßnahmen nach wie vor das Eigeninteresse.[28]

Neben den angesprochenen begrifflichen Differenzen wird teilweise die Ansicht vertreten, eine Differenzierung zwischen einfachem und qualifiziertem faktischem Konzern wie im GmbH-Konzernrecht sei für die beherrschte Personengesellschaft ohne Interesse, da schon die einfache Konzernierung einen Unrechtstatbestand darstelle.[29] Es ist zwar zutreffend, dass bereits die einfache faktische Konzernierung einen rechtswidrigen Zustand beschreibt. Doch ist dieser Zustand wie auch im GmbH-Konzernrecht durch eine geringere Intensität der einheitlichen Leitung geprägt und zieht daher andere Rechtsfolgen nach sich. Anhand der Breite der Einflussnahme ist zu beurteilen, ob eine qualifizierte faktische Konzernierung mit der Folge der Verlustübernahmeverpflichtung besteht.[30]

Beschränkt sich die Ausübung einheitlicher Leitung auf einzelne isolierbare Maßnahmen oder auf die Vorgabe grober Ziele und Richtlinien, kann eine Verletzung der Treuepflicht festgestellt und im Schadensersatzwege kompensiert werden. Die praktische Durchsetzbarkeit eines solchen Schadensersatzanspruches steht in diesem Stadium nicht in Frage, da es sich um vereinzelte Maßnahmen handelt, deren schädigende Wirkung noch beurteilt werden kann.

Das in der Treuepflicht begründete absolute Schädigungsverbot schließt – wie im GmbH-Konzernrecht – einen Nachteilsausgleich im Sinne von §§ 311 ff. AktG aus.[31]

c) Qualifizierter faktischer Konzern

Gegenüber dem einfachen faktischen Konzern ist der qualifizierte faktische Personengesellschaftskonzern durch ein gesteigertes Maß an Einfluss-

---

[28] So auch *Liebscher,* Konzernbildungskontrolle, S. 308 ff., *Kleindiek,* Strukturvielfalt im Personengesellschafts-Konzern, S. 252 ff.

[29] *Baumgartl,* Konzernbeherrschte Personengesellschaft, S. 61 ff.; *Emmerich/Sonnenschein,* Konzernrecht, § 27 II 1. c), 2.; *Schlegelberger/Martens,* HGB, Anh. § 105 Rn. 23, 31 ff.; *Reuter,* ZHR 142 (1982) 1, 12; *Staub/Ulmer,* HGB Anh. § 105 Rn. 36.

[30] So auch *Limmer,* GmbHR 1992, 165, 270.

[31] *Baumgartl,* Konzernbeherrschte Personengesellschaft, S. 61 ff.; *Kleindiek,* Strukturvielfalt im Personengesellschafts-Konzern, S. 253; *Schießl,* Beherrschte Personengesellschaft, S. 61 f.

nahme gekennzeichnet. Der entscheidende Wendepunkt ist auf der Rechtsfolgenseite zu sehen. Während bisher zugefügte Nachteile mit Hilfe von Schadensersatz- und Unterlassungsansprüchen bewältigt werden konnten, stösst dieses System bei einer qualifizierten Konzernierung an seine Grenzen. Die ausgeübte einheitliche Leitung ist so intensiv, dass einzelne Handlungen und deren schädigende Wirkung nicht isoliert und als schädigend qualifiziert werden können. Nicht nur der Nachweis eines kausalen Schadens bereitet Probleme, sondern bereits die Darlegung einer schädigenden Handlung als solche ist praktisch unmöglich. Die Effizienz der bei einfacher Konzernierung ausreichenden Sanktionen scheitert bei qualifizierte Konzernierung an der praktischen Unmöglichkeit ihrer Geltendmachung. Aus diesem Grund tritt neben den Schadensersatzanspruch eine pauschale Verlustübernahmeverpflichtung.[32] Die nähere Begründung und inhaltliche Ausgestaltung dieser Ansprüche wird unten dargestellt.[33]

Zur Legitimation dieses Zustandes ist ein Konzernierungsbeschluss erforderlich. Dabei ist jedoch im Unterschied zur einfachen faktischen Konzernierung erforderlich, dass dem Konzerninteresse der Vorrang eingeräumt wird.[34] Die Berücksichtigung des Eigeninteresses der abhängigen Gesellschaft ist in diesem Stadium aufgrund der Leitungsdichte praktisch nicht mehr möglich.[35] Da weder einzelne Maßnahmen isoliert noch deren Auswirkungen beurteilt werden können, ist strukturbedingt eine Berücksichtigung des Eigeninteresses nicht mehr möglich. Die Unternehmensleitung wird de facto am Konzerninteresse ausgerichtet. Nur wenn eine vom Willen der Gesellschafter getragene Änderung der Interessenausrichtung vorliegt, sind diese Konsequenzen der qualifizierten faktischen Konzernierung zu billigen.

d) *Vertragskonzern*

Im Gegensatz zum qualifiziert faktischen Konzern begründet der Vertragskonzern die rechtmäßige Form der Ausübung einheitlicher Leitung. Durch eine Konzernierungsvereinbarung wird das Gesellschaftsinteresse geändert und auf das Konzerninteresse ausgerichtet. Die Konzernierungsvereinbarung kann auf einer Änderung des Gesellschaftsvertrages beruhen oder in dem Abschluss eines gesonderten Beherrschungsvertrages bestehen. Auf diesem Weg ist es zulässig, auch für die abhängige Gesellschaft nachteilige Maßnahmen zu veranlassen, solange diese durch das Konzerninteresse ge-

[32] So auch BGH NJW 1980, 231, Gervais; *Kleindiek*, Strukturvielfalt im Personengesellschafts-Konzern, S. 284 ff.

[33] Siehe Kap. 7 II. und III.

[34] *Kleindiek*, Strukturvielfalt im Personengesellschafts-Konzern, S. 68.

[35] *Reuter*, ZHR 146 (1982), 1, 9.

deckt sind. In der Konsequenz besteht die Verpflichtung zur Verlustübernahme, wie auch im Aktien- und GmbH-Konzernrecht.

4. Zwischenergebnis

Letztendlich kommt man auch im Konzernrecht der Personengesellschaften mit dem reinen Vertragsprinzip nicht aus. Auch wenn die Ausübung einheitlicher Leitung unter Missachtung des Eigeninteresses nur auf der Grundlage eines Vertrages zulässig ist, darf man die Realität faktischer Konzernierung nicht ignorieren. Gerade dann müssen dem Vertragskonzern vergleichbare Schutzmechanismen bereitgestellt werden.

Die aktienrechtliche Systematik kann insbesondere im Hinblick auf die Behandlung der faktischen Konzerne nach §§ 311 ff. AktG nicht übernommen werden. Dagegen sind die im GmbH-Recht entwickelten Grundsätze, namentlich die Figur des qualifizierten faktischen Konzerns, auf die Personengesellschaft übertragbar. Folglich ist auch im Konzernrecht der Personengesellschaften neben der einfachen Abhängigkeit in den einfachen faktischen, den qualifizierten faktischen und den Vertragskonzern zu unterscheiden. Das sich daraus ergebende Haftungssystem wird im Einzelnen in Kapitel 6 und 7 dargestellt.

II. Vereinbarkeit der Konzernierung mit grundsätzlichen Rechtsprinzipien

Die Unterstellung einer Personengesellschaft unter die einheitliche Leitung des herrschenden Unternehmens führt zu einer neuen Interessenausrichtung und damit einer Fremdbestimmung. Die personalistische Struktur, die Gemeinsamkeit des Zwecks, das Wesen der Gesamthandsgemeinschaft und die unbeschränkte persönliche Haftung in der Personengesellschaft werden immer wieder als Hemmnisse der Konzernierung ins Feld geführt.[36]

1. Prinzip der Selbstorganschaft, Abspaltungsverbot

Nach dem Grundsatz der Selbstorganschaft sind die organschaftlichen Befugnisse, wie Geschäftsführungsbefugnis und Vertretungsmacht, den Gesellschaftern vorbehalten. Als Mindestgehalt der Selbstorganschaft müsse

---

[36] So beispielsweise *U. Schneider*, ZGR 1975, 253, 266 ff.; *ders.*, ZGR 1980, 511, 517; *ders.*, BB 1980, 1057, 1062, der die Zulässigkeit von Beherrschungsverträgen mit einer abhängigen Personengesellschaft generell ablehnt. Ebenso *Flume*, Die Personengesellschaft, S. 255 f.; *Ochsenfeld*, Abschreibungs-KG, S. 159; *Reuter*, ZHR 146 (1982), 1, 15 f.

wenigstens einem Gesellschafter die organschaftliche Vertretungsbefugnis verbleiben, während der Ausschluss der anderen Gesellschafter von allen weiteren organschaftlichen Befugnissen möglich sei.[37] Der Ausschluss aller Gesellschafter von diesen Befugnissen und deren Übertragung auf einen Dritten führe zur Fremdorganschaft, die mit der gesellschaftlichen Selbstbestimmung nicht zu vereinbaren sei.

Wird eine Gesellschaft durch den Abschluss eines Beherrschungsvertrages unter die einheitliche Leitung des herrschenden Unternehmens gestellt, kommen diesem organschaftliche Leitungs- und Weisungsbefugnisse zu. Diese Konsequenz ist unerheblich, wenn das herrschende Unternehmen Gesellschafter der abhängigen Gesellschaft ist. Als einen Verstoss gegen den Grundsatz der Selbstorganschaft wird jedoch der Abschluss eines Beherrschungsvertrages mit einem Dritten, einem Nichtgesellschafter, beurteilt.[38] In der Praxis ist diese Frage insbesondere dann relevant, wenn der Beherrschungsvertrag nicht mit dem unmittelbar herrschenden Unternehmensgesellschafter geschlossen werden soll, sondern wenn es sich um eine mehrstufige Verbindung handelt und die übergeordnete Konzernspitze auf diesem Weg unmittelbaren Einfluss erlangen will.

Ob in dem Selbstorganschaftsprinzip tatsächlich ein Hinderungsgrund für den Abschluss eines Beherrschungsvertrages mit einem Nichtgesellschafter besteht, ist fraglich.

Als Folgerung aus dem Abspaltungsverbot beinhaltet das Prinzip der Selbstorganschaft, dass die mitgliedschaftlichen Organfunktionen nicht auf einen Dritten übertragen, also nicht abgespalten von der Mitgliedschaft, ausgeübt werden dürfen.[39] Hintergrund ist eine doppelte Schutzrichtung. Zum einen sollen die unbeschränkt haftenden Gesellschafter die Unterneh-

---

[37] *A. Hueck*, OHG, S. 119 f.; m.w.N. siehe auch *Werra*, Zum Stand der Diskussion um die Selbstorganschaft, S. 46 Fn. 136; *Zinn*, Abschied vom Grundsatz der Selbstorganschaft bei Personengesellschaften, S. 10 Fn. 46.

[38] *Heck*, Personengesellschaft, S. 119 ff., 123; *Jäger*, DStR 1997, 1813, 1814; *Löffler*, Abhängige Personengesellschaft, S. 29 ff.; *Schlegelberger/Martens*, HGB, Anh. § 105 Rn. 34; *Reuter*, ZHR 146 (1982), 1, 16; *Staub/Ulmer*, HGB, Anh. § 105 Rn. 13; *Stimpel*, in: Ulmer (Hrsg.), Probleme des Konzernrechts, S. 11, 18; *Ulmer*, in: ders. (Hrsg.), Probleme des Konzernrechts, 26, 48; a.A.: *Gekeler*, Personengesellschaftlicher Konzern, S. 174 ff.; *Schießl*, Beherrschte Personengesellschaft, S. 48; *Kleindiek*, Strukturvielfalt im Personengesellschafts-Konzern, S. 98 ff., 103, sieht zwar auch einen Verstoss gegen den Grundsatz der Selbstorganschaft, hält eine Durchbrechung dieses Prinzips hier aber für gerechtfertigt.

[39] BGHZ 26, 330, 332; 33, 105, 108; 41, 367, 369; 51, 198, 200; BGH NJW-RR 94, 98; BGH NJW 1998, 1226; *Flume*, Die Personengesellschaft, S. 240; *Staub/Habersack*, HGB, § 125 Rn. 5 ff.; *Hueck*, OHG, S. 277 ff., 281 ff.; *Jeaniche*, Die Dritteinflussnahme bei Personengesellschaften, S. 146 ff.; *Wiedemann*, Die Übertragung und Vererbung von Mitgliedschaftsrechten bei Handelsgesellschaften, S. 369 ff.

mensleitung selbst in der Hand haben, um sich vor einer unberechenbaren und unbeeinflussbaren persönlichen Haftung zu schützen. Zum anderen gewährleistet das Zusammentreffen von Unternehmensleitung und Haftung gegenüber dem Rechtsverkehr eine verantwortungsbewusste Unternehmensführung.[40] Da jedoch die Vertragsfreiheit eine vielfältige Ausgestaltung der gesellschaftlichen Verhältnisse ermöglicht, können die Rechte einzelner Gesellschafter so stark verkürzt sein, dass sie auch ohne Verletzung der Selbstorganschaft unüberschaubaren Haftungsrisiken gegenüberstehen.[41] Für den Rechtsverkehr mag zwar die Verknüpfung von Unternehmensleitung und Haftung eine gewisse Risikoabsicherung bewirken, sie ist jedoch kein Garant für ein erfolgreiches Management.

Vor diesem teleologischen Hintergrund wird deutlich, dass die Selbstorganschaft nur einen begrenzten Schutz zu leisten vermag. Besonders der Gesichtspunkt der Umgehung der Selbstorganschaft durch entsprechende Vertragsgestaltungen und das wirtschaftliche Bedürfnis nach kompetentem Management veranlasst viele Autoren zu dem Schluss, den Grundsatz der Selbstorganschaft in wesentlichen Bereichen aufzugeben.[42]

Eine der Umgehungsmöglichkeiten wird am Beispiel der GmbH & Co KG als Fall der mittelbaren Fremdorganschaft deutlich.[43] Die organschaftlichen Funktionen werden zwar durch den persönlich haftendend Gesellschafter wahrgenommen. Da dieser jedoch als GmbH durch seine fremdorganschftlich bestellten Geschäftsführer handelt, liegt eine mittelbare Drittorganschaft vor.[44] Dieses Beispiel zeigt, dass dem Selbstorganschaftsprinzip keine uneingeschränkte Geltung zukommt.[45]

---

[40] *K. Schmidt*, Gesellschaftsrecht, § 14 II c); *ders.*, Gedächtnisschrift für Brigitte Knobbe-Keuk, S. 307, 315; *Staub/Ulmer*, Komm HGB, § 114 Rn. 9; *Wiedemann*, Gesellschaftsrecht, § 6 IV 1. a).

[41] So kann beispielsweise einem Kommanditisten die alleinige Geschäftsführung unter Ausschluss des oder der Komplementäre übertragen und mit einer rechtsgeschäftlichen Vertretungsmacht verbunden werden. So BGHZ 51, 198.

[42] *Teichmann*, Gestaltungsfreiheit in Gesellschaftsverträgen, S. 116 ff.; *Westermann*, Vertragsfreiheit und Typengesetzlichkeit im Recht der Personengesellschaften, S. 148 ff., 153 ff.; *Zinn*, Abschied vom Grundsatz der Selbstorganschaft bei Personengesellschaften, S. 12 ff., 148; a.A. *Werra*, Zum Stand der Diskussion um die Selbstorganschaft, S. 115.

[43] Dazu ausführlich bei *Zinn*, Abschied vom Grundsatz der Selbstorganschaft bei Personengesellschaften S. 148 ff.

[44] Ausführlich dazu *Stimpel*, in: Ulmer (Hrsg.), Probleme des Konzernrechts, S. 11, 16 f.

[45] Als weiteres Beispiel für die eingeschränkte Geltung des Selbstorganschaftsprinzips wird häufig die Aufgabe der Selbstorganschaft im Liquidationsstadium gem. § 146 II 1HGB angeführt. So zum Beispiel, *Löffler*, Abhängige Personengesellschaft, S. 30. Dies erscheint jedoch nicht stichhaltig, da die Situation einer Gesellschaft in Liquidation mit der einer werbenden nicht vergleichbar ist. Der ent-

Die Einflussnahme auf die Leitung der Gesellschaft durch Dritte kann auch darauf beruhen, dass der herrschende Gesellschafter von den Weisungen eines Außenstehenden abhängt.[46] Doch auch dies führt zu keiner Kollision mit der Selbstorganschaft, da die Weisungsfreiheit des Organwalters nicht erforderlich ist.[47]

Die durch den Abschluss eines Beherrschungsvertrages mit einem Dritten begründeten organschaftlichen Rechte führen zu keiner anderen Bewertung. Formal gesehen verbleiben die organschaftlichen Befugnisse bei den Gesellschaftern, da ein Beherrschungsvertrag keine organschaftliche Vertretungsbefugnis des herrschenden Unternehmens begründet.[48] Das eingeräumte Weisungsrecht ermöglicht zwar einen weitreichenden Einfluss auf die Geschäftsführung der Gesellschaft, führt jedoch nicht zum Verstoss gegen die Selbstorganschaft.[49] Dieser eher formal verstandene Grundsatz wird durch eine solche Sichtweise auch nicht seines Sinngehalts entleert.[50] Zum einen kann der bezweckte Schutz, wie bereits dargestellt, nur begrenzt durch die Selbstorganschaft erreicht werden. Zum anderen steht es im Ermessen der Gesellschafter, den jenseits der formalen Schranken bestehenden Schutz aufzugeben oder einzuschränken.[51] Letztlich stellt sich die Frage, ob durch den Abschluss eines Beherrschungsvertrages der Schutz nicht eher ausge-

---

scheidende Unterschied liegt in der Zielrichtung. In der Liquidation soll eine möglichst schnelle Lösung der gesellschaftlichen Verhältnisse herbeigeführt werden. Durch die Aufgabe, einen gemeinschaftlichen dauerhaften wirtschaftlichen Erfolg herbeizuführen, entfällt die Grundlage für die Richtigkeitsgewähr gesellschaftlicher Entscheidungen. Das Individualinteresse steht im Vordergrund. Damit können die vom Selbstorganschaftsprinzip bezweckten Schutzrichtungen nicht mehr abgedeckt werden. Die Selbstorganschaft ist daher entbehrlich. Dies kann auf die Konzernlage nicht übertragen werden. Zwar wird die Gesellschaft auch in ihrer Struktur verändert. Doch führt die Veränderung nicht dazu, dass die auf der Selbstorganschaft beruhenden Schutzmechanismen nicht mehr funktionieren. Das Erfordernis einer Einschränkung der Selbstorganschaft ist daher unter Verweis auf die § 149 HGB nicht gerechtfertigt. Siehe dazu auch BGHZ 33, 105, 109 f.

[46] So beispielsweise, wenn das herrschende Unternehmen einen Mitarbeiter als Gesellschafter in die abhängige Gesellschaft entsendet, um dort die Geschäftsführung und Vertretung zu übernehmen. Dazu Bericht der Unternehmensrechtskommission, Tz. 1714.

[47] *Schießl*, Beherrschte Personengesellschaft, S. 46 ff.; *U. Schneider*, ZGR 1975, 253, 268 f.; *Staub/Ulmer*, Komm HGB, Anh. § 105 Rn. 13.

[48] So auch *Schießl*, Beherrschte Personengesellschaft, S. 46 ff.; *U. Schneider*, ZGR 1975, S. 253, 268 f.

[49] Ähnlich schon *Martens*, ZHR 138 (1974), 179, 186, Fn. 14; a.A. *Löffler*, Abhängige Personengesellschaft, S. 29 ff., der in dem Weisungsrecht eine „Mehrorganschaft" sieht, die einer Übertragung der Geschäftsführungs- und Vertretungsbefugnis gleichzustellen sei.

[50] So aber *Kleindiek*, Strukturvielfalt im Personengesellschafts-Konzern, S. 99 f.; a.A. *U. Schneider*, ZGR 1975, 253, 268 f.

dehnt wird. Durch den Beherrschungsvertrag entsteht eine beiderseitige Interessenbindung, sowie die haftungsrechtliche Verantwortlichkeit des herrschenden Unternehmens in Form des Verlustausgleichs.[52]

Dieses Ergebnis stimmt auch mit der gesetzlichen Wertung überein. § 291 AktG zeigt, dass auch eine KGaA einen Beherrschungsvertrag abschließen kann, obwohl für diese gem. § 278 II AktG ebenfalls der Grundsatz der Selbstorganschaft zum Tragen kommt.

2. Gemeinsamer Zweck

Mit dem Abschluss des Gesellschaftsvertrages verpflichten sich die Gesellschafter den gemeinsamen Zweck zu fördern. Durch die Konzernierung der abhängigen Gesellschaft wird das Interesse der Gesellschaft auf einen Gesellschafter ausgerichtet. Einige Autoren ziehen daraus den Schluss, dass dadurch die Gemeinsamkeit des Zwecks entfiele und mit dem Wegfall dieses konstitutiven Merkmals die Gesellschaft aufgelöst werde.[53]

Namentlich *Reuter*[54] führt dazu aus, dass hier ein durchschlagender Unterschied zwischen der Gesamthandsgemeinschaft und der juristischen Person bestehe. Anders als bei den juristischen Personen gründe sich die Verselbständigung der Gesamthandssphäre gegenüber den Rechtskreisen ihrer Mitglieder ausschließlich darauf, dass die zugehörigen Rechte und Pflichten dem gemeinsamen Interesse zugeordnet seien. Das gemeinsame Interesse führe zu einem reflexartigen Gläubigerschutz, da es einen Vorbehalt der Gesellschafter gegen die Aushöhlung des Gesellschaftsvermögens begründe.

Danach bezieht Reuter die Gemeinsamkeit des Zwecks zwingend auch auf die von jedem einzelnen Gesellschafter verfolgten Interessen. Ein sol-

---

[51] Im Ergebnis ebenso *Kleindiek,* Strukturvielfalt im Personengesellschafts-Konzern, S. 98 ff., der jedoch eine Durchbrechung des Grundsatzes der Selbstorganschaft sieht.

[52] Die Aspekte des geänderten gemeinsamen Interesses und der haftungsrechtlichen Verantwortlichkeit des herrschenden Unternehmens veranlassen *Gekeler,* Personengesellschaftlicher Konzern, S. 174, 179, zu der Folgerung, dass die Personengesellschaft Mitglied eines polykorporativen Unternehmens mit eigener Organisationsstruktur und eigenen Leitungsorganen sei. Die organschaftlichen Befugnisse des herrschenden Unternehmens bestünden innerhalb diese Unternehmens, weshalb nicht von einer Preisgabe mitgliedschaftlicher Rechte nach außen die Rede sein könne. Der Standort der Selbstorganschaft sei in diesem Sinne neu zu bestimmen.

[53] *Heck,* Personengesellschaften im Konzern, S 132 ff.; *Heymann/Emmerrich,* HGB, § 105 Rn. 121; *U. Lenz,* Personenverbände, S. 36 ff., 39 ff.; *Löffler,* Abhängige Personengesellschaft, S. 33 ff.; *Reuter,* ZHR 146 (1982), 1, 15 f.; *ders.,* AG 1986, 130, 136; *ders.,* GmbHR 1981, 129, 137; *U. Schneider,* ZGR 1975, 253, 271 f.

[54] ZHR 146 (1982), 1, 15 f.; ähnlich *Löffler,* Abhängige Personengesellschaft, S. 33 ff.

ches Erfordernis lässt sich jedoch weder dem Gesetz noch dem Wesen der Gesamthandsgemeinschaft entnehmen. Der gemeinsame Zweck gem. § 105 I HGB bezieht sich auf den Betrieb eines Handelsgewerbes. Dass der Betrieb im Interesse der Gesellschaft erfolgen muss, ist dem Gesetz nicht zu entnehmen. Die Zweckförderung muss nicht auf eine selbständige wirtschaftliche Existenz gerichtet sein.[55] Es handelt sich vielmehr um einen überindividuellen Verbandszweck, der von der Sphäre der Gesellschafter abgekoppelt ist.[56] Die Gemeinsamkeit besteht darin, dass dieser Zweck von allen Gesellschaftern gefördert wird.[57] Nicht dagegen, wie *Ballerstedt*[58] es fordert, ist der Zweck dann gemeinsam, „wenn jeder Partner ihn ebensowohl als den eigenen, wie als den Zweck des anderen zu fördern verspricht". Die Autonomie des Verbandes erfordert eine Trennung der Sphären des Verbandes und seiner Mitglieder. Dies gilt für die Personengesellschaften ebenso wie für die Kapitalgesellschaften.[59]

Auch das Wesen der Gesamthandsgemeinschaft rechtfertigt keine Differenzierung zur juristischen Person.[60] Die Verselbständigung des Verbandes von dem Rechtskreis seiner Mitglieder beruht sowohl bei der juristischen Person, als auch bei der Gesamthand, auf der Bildung eines überindividuellen Verbandszwecks. Dieser führt zu der erforderlichen Zweckbindung des Sondervermögens.

Der Hinweis auf den Verlust des Gläubigerschutzes ist ebenfalls nicht stichhaltig.[61] Unabhängig von der Frage, ob die Gesellschafter auch bei der Verfolgung unterschiedlicher persönlicher Interessen einen Vorbehalt gegen die Aushöhlung des Gesellschaftsvermögens haben, wird dieser vermeintliche Verlust an Haftungsmasse durch die Haftung des herrschenden Unternehmens ausgeglichen. Damit steht ein finanziell potenter Schuldner zur

---

[55] *Kleindiek*, Strukturvielfalt im Personengesellschafts-Konzern, S. 92; sogar *Reuter*, ZHR 146 (1982), 1, 16; *Schlegelberger/Martens*, HGB, Anh. § 105 Rn. 34.

[56] *Gekeler*, Personengesellschaftlicher Konzern, S. 186; *Kleindiek*, Strukturvielfalt im Personengesellschafts-Konzern, S. 89; *K. Schmidt*, Gesellschaftsrecht, § 4 II 1. a); *Ulmer*, in: ders. (Hrsg.), Probleme des Konzernrechts, S. 26, 48; *Staub/ders.*, HGB, Anh. § 105 Rn. 14.

[57] *Kleindiek*, Strukturvielfalt im Personengesellschafts-Konzern, S. 89 sieht die Gemeinsamkeit des Zwecks in einem Zusammenwirken der Gesellschafter bei der Zwecksetzung und Zweckverfolgung.

[58] JuS 1963, 255; ebenso *Schulze-Osterloh*, Der gemeinsame Zweck, S. 21 ff.

[59] *Hommelhoff*, Die Konzernleitungspflicht, S. 55; *Lutter*, AcP 180 (1980), 84, 90, 95; *Kleindiek*, Strukturvielfalt im Personengesellschafts-Konzern, S. 88 f.; *K. Schmidt*, Gesellschaftsrecht, § 4 I f.; *Wiedemann*, Gesellschaftsrecht I, § 1 I b).

[60] So auch *Raiser*, ZGR 1980, 558, 563.

[61] Im Ergebnis ebenso *Schießl*, Beherrschte Personengesellschaft, S. 46, der jedoch in dem gemeinsamen Zweck kein Gläubiger- sondern einen Gesellschafterschutz sieht.

Verfügung, der den berechtigten Haftungsinteressen der Gläubiger gerecht wird.[62]

In der unabhängigen bzw. nicht konzernierten Personengesellschaft ist davon auszugehen, dass das Handelsgewerbe im Interesse der Gesellschaft betrieben wird. Der gemeinsame Zweck wird daher durchaus durch eine Interessenausrichtung gekennzeichnet. Diese Interessenausrichtung ist jedoch eine solche der Gesellschaft und von den Individualinteressen der Gesellschafter zu trennen. Wird sie geändert und auf den Gesamtkonzern bezogen, ist zur Erhaltung der Gemeinsamkeit, wie bei jeder Änderung des Gesellschaftszwecks, die Zustimmung sämtlicher Gesellschafter erforderlich. Darüber hinaus ist für die Gemeinsamkeit des Zwecks nicht maßgeblich, ob die individuellen Interessen der Gesellschafter gleichgerichtet sind.[63] Insbesondere ist es nicht erforderlich, dass die Individualinteressen aller Gesellschafter auf Gewinnerzielung gerichtet sind. Die Erträge aus der Zweckförderung – also der Gewinn – müssen den Gesellschaftern nicht in gleichem Maße zugute kommen. Die Gewinnbeteiligung ist kein konstitutives Element.[64]

Wird jedoch ein Gesellschafter gänzlich vom Gewinn ausgeschlossen, aber die volle Verlustbeteiligung beibehalten, stellt sich die Frage, ob der Einwand der Sittenwidrigkeit, bzw. der societas leonina[65] nicht zu Recht erhoben wird.[66]

Ob hier die Figur der societas leonina aus dem römischen Recht auf die heutige Gesellschaft im Sinne von § 705 BGB übertragen werden kann, ist fraglich, da der römischen societas das organschaftliche Element fehlte. Sie basierte auf einer rein schuldrechtlichen Ebene[67], so dass dieses Wesensmerkmal eine Übertragung ausschließt.[68]

---

[62] Im Ergebnis ebenso *Baumgartl,* Die konzernbeherrschte Personengesellschaft, S. 44 ff.

[63] *Kleindiek,* Strukturvielfalt im Personengesellschafts-Konzern, S. 89.

[64] BGH NJW 1987, 3124, 3125; *Baumgartl,* Die konzernbeherrschte Personengesellschaft, S. 44; *Burbach,* Das Recht der konzernabhängigen Personenhandelsgesellschaften, S. 236 ff.; *Flume,* Die Personengesellschaft, S. 39 ff.; *Gekeler,* Personengesellschaftlicher Konzern, S. 186; *A. Hueck,* Das Recht der OHG, § 1 I 1 b); *Heymann/Emmerich,* HGB, § 105 Rn. 23, 28; *Kleindiek,* Strukturvielfalt im Personengesellschafts-Konzern, S. 89 f.; *Schlegelberger/Martens,* HGB, Anh. § 105 Rn. 34, § 121 Rn. 11; *Schießl,* Beherrschte Personengesellschaft, S. 45 f.; demgegenüber wurde früher in der Gewinnbeteiligung ein konstitutives Element gesehen: *Ballerstedt,* JuS 1963, 253, 255; *Schulze-Osterloh,* Der gemeinsame Zweck der Personengesellschaften, S. 25.

[65] Näheres zum Begriff der societas leonina bei *Flume,* Personengesellschaft, S. 48 ff.; *K. Schmidt,* Gesellschaftsrecht, § 4 I 1.

[66] So z.B. von *U. Huber,* ZHR 152 (1988), 1, 21; *Lenz,* Personenverbände, S. 36; *Reuter,* AG 1986, 130, 136; *U. Schneider,* ZGR 1975, 253, 272.

Nicht von der Hand zu weisen, ist jedoch der Einwand der Sittenwidrigkeit. Durch die Regelungen der Konzernierungsvereinbarung und des Gesellschaftsvertrags kann ein außenstehender Gesellschafter so stark übervorteilt werden, dass die Grenze zur Sittenwidrigkeit überschritten wird.[69] Dies ist jedoch anhand einer Einzelfallprüfung festzustellen und kann nicht als genereller Einwand der Konzernierung einer Personengesellschaft entgegengehalten werden.

Demnach führt die Ausrichtung auf das Konzerninteresse nicht zum Wegfall des gemeinsamen Zwecks und zur Auflösung der Gesellschaft.[70] Eine andere Beurteilung erfolgt auch dann nicht, wenn der Beherrschungsvertrag mit der mittelbar herrschenden Konzernspitze – also einem Nichtgesellschafter – geschlossen wird. Der gemeinsame Zweck besteht auch dann in der Förderung und dem Betrieb „des Handelsgewerbes" im Interesse des Gesamtkonzerns.[71]

3. Grundsatz der Verbandssouveränität

Ähnlich wie das Prinzip der Selbstorganschaft dient auch der Grundsatz der Verbandssouveränität dazu, den Einfluss Dritter auf die Gesellschaft zu regulieren. Mit den Worten von Wiedemann besagt er „in einer sehr allgemeinen Formulierung, dass das Schicksal der Gesellschaft nicht Dritten überlassen werden darf."[72] Vielmehr bleiben Entscheidungen über die Grundlagen des Verbandes ausschließlich seinen Mitgliedern vorbehalten.[73]

---

[67] *Flume,* Die Personengesellschaft, S. 39 ff. 48 ff.; *K. Schmidt,* Gesellschaftsrecht, S. 62.

[68] Im Ergebnis ebenso, *Flume,* Die Personengesellschaft, § 3 V.; *Kleindiek,* Strukturvielfalt im Personengesellschafts-Konzern, S. 90 ff.

[69] *Kleindiek,* Strukturvielfalt im Personengesellschafts-Konzern, S. 91 f.; *Ulmer,* in: ders. (Hrsg.), Probleme des Konzernrechts, S. 26, 48 f.; *Staub/ders.,* HGB, Anh. § 105 Rn. 14.

[70] *Gekeler,* Personengesellschaftlicher Konzern, S. 185 ff.; *Kleindiek,* Strukturvielfalt im Personengesellschafts-Konzern, S. 86 ff.; *Raiser,* ZGR 1980, 558, 564; *Schießl,* Beherrschte Personengesellschaft, S. 45 f.; *Schlegelberger/Martens,* HGB, Anh. § 105 Rn. 34; *Stimpel,* in: Ulmer (Hrsg.), Probleme des Konzernrechts, S. 11, 16; *Ulmer,* in: ders. (Hrsg.), Probleme des Konzernrechts, S. 26, 48; *Staub/ders.,* HGB, Anh. §105 Rn. 14; a. A. *Heck,* Personengesellschaften im Konzern, S. 132 ff.; *Heymann/Emmerich,* HGB, § 105 Rn. 121; *Löffler,* Abhängige Personengesellschaft, S. 33 ff.; *Reuter,* ZHR 146 (1982), 1, 15 f.; *ders.,* AG 1986, 130, 136; *U. Schneider,* ZGR 1975, 253, 271.

[71] *Gekeler,* Personengesellschaftlicher Konzern, S. 174 ff., 186, 189, beschreibt das Konzerninteresse als jenes eines polykorporativen Unternehmens.

[72] *Wiedemann,* Festschrift für Schilling, 1973, S. 105, 111.

[73] *Loritz,* ZGR 1986, 310, 317 ff., 325; *Schlegelberger/Martens,* HGB, § 109 Rn. 9 ff.; *Staub/Ulmer,* HGB, § 109 Rn. 31 ff. sieht den zentralen Aspekt der Ver-

Welche Konsequenzen aus diesem Grundsatz für die Zulässigkeit der Konzernierung einer Personengesellschaft zu ziehen sind, wird unterschiedlich beurteilt.

Da die Verbandssouveränität Ausdruck der gesellschaftlichen Selbstbestimmung ist und vor einem interessenwidrigen Dritteinfluss schützen soll, wird teilweise die Ansicht vertreten, die Konzernierung einer Personengesellschaft sei dann unproblematisch, wenn die Gesellschaft unter die einheitliche Leitung eines Mitgesellschafters gestellt werde.[74]

Dem hält namentlich Kleindiek[75] entgegen, dass auch durch einen Mitgesellschafter gesellschaftsfremde Interessen in der Gesellschaft verfolgt werden können, wie dies gerade bei der Konzernierung der Fall sei. Deshalb bestünde auch bei der Konzernierung durch einen Mitgesellschafter ein Konflikt mit dem Grundsatz der Verbandssouveränität.

Auch U. Schneider sieht in dieser Konstellation einen Verstoss.[76] Die Konzernierung einer Personengesellschaft führe zur Aufgabe der gesellschaftlichen Selbstbestimmung, da die Gesellschaft durch die Gesellschafter selbst gebildet werde und diese sich durch die Unterstellung des Gesellschaftsinteresses unter das Konzerninteresse bis zur Willensunfähigkeit unterwürfen. Seinem Einwand liegt eine Differenzierung zwischen Personen- und Kapitalgesellschaften unter Berufung auf das Wesen der Gesamthand zu Grunde.[77] Die Gesamthand werde durch die gemeinsame Zweckverfolgung konstituiert. Dabei entspreche das Interesse der Gesellschaft der Summe der Interessen der einzelnen Gesellschafter, weshalb eine Unterstellung des Gesellschaftsinteresses einer Unterstellung der Gesellschaft*er*interessen gleich käme. Dies ist jedoch nicht zutreffend. Bei den Personengesellschaften ist, wie bei den Kapitalgesellschaften, zwischen dem Interesse der Gesellschaft, also einem überindividuellen Verbandsinteresse, und den

---

bandssouveränität in der Alleinzuständigkeit der Gesellschafter für Änderungen des Gesellschaftsvertrages; *Teubner,* ZGR 1986, S. 565, 567 ff.

[74] *Löffler,* Abhängige Personengesellschaft, S. 28 f.; *Schlegelberger/Martens,* HGB, Anh. § 105 Rn. 34; *Staub/Ulmer,* HGB, Anh. § 105 Rn. 13.

[75] Strukturvielfalt im Personengesellschafts-Konzern, S. 94 ff.; so auch *U. Schneider,* ZGR 1975, 253, 269.

[76] ZGR 1975, 253, 269 f.; *ders.,* ZGR 1980, 511, 518; *ders.,* BB 1980, 1057, 10622.

[77] Auch *Löffler,* Abhängige Personengesellschaft, S. 28 f., hält eine Differenzierung für erforderlich, allerdings stützt er sich darauf, dass das „weitgehende Fehlen gesetzlicher Minderheitsrechte nur durch den Selbstschutz der Gesellschafter gerechtfertigt werden könne". A.A. *Kleindiek,* Strukturvielfalt im Personengesellschafts-Konzern, S. 96 ff.; *Schießl,* Beherrschte Personengesellschaft, S. 49: „Zwischen Kapital- und Personengesellschaft bestehe kein Unterschied. Der Grundsatz der Verbandssouveränität besitze bei der Personengesellschaft keinen höheren Stellenwert, der ihnen eine Ausrichtung auf ein höherangiges Konzerninteresse verbiete".

Interessen der Gesellschafter, also den individuell verfolgten Motiven, zu unterscheiden. Wird das Gesellschaftsinteresse auf das Konzerninteresse ausgerichtet, so hat dies nicht zur Folge, dass sich jeder einzelne Gesellschafter in seinen persönlichen Motiven diesem Interesse unterwirft. Alleine aus der Struktur der Gesamthand ergibt sich kein Verstoss gegen den Grundsatz der Verbandssouveränität.

Die aufgeworfenen Probleme werden dann verstärkt, wenn die einheitliche Leitung durch einen dritten Nichtgesellschafter ausgeübt wird. Diese Konstellation wird in der Praxis beispielsweise dann relevant, wenn das die Komplementär-GmbH (einer GmbH & Co KG) beherrschende Unternehmen die abhängige KG durch den Abschluss eines Beherrschungsvertrages unter seine unmittelbare einheitliche Leitung stellt. Das dadurch begründete umfassende organisatorische Weisungsrecht durch einen außenstehenden Dritten führe nach der Ansicht einiger Autoren zu einem Souveränitätsverlust, der mit dem Prinzip der gesellschaftlichen Selbstbestimmung unvereinbar sei.[78]

Bei näherer Betrachtung von Inhalt und Schutzzweck der Verbandssouveränität verlieren die vorgebrachten Bedenken jedoch ihr Gewicht.

Der Grundsatz der Verbandssouveränität dient dem Selbstschutz des Verbandes. Durch die Bildung von Sondervermögen, entweder bei der juristischen Person oder in gesamthänderischer Bindung, und einer eigenen Organisation entsteht der Verband als gesondertes Zurechnungssubjekt (sog. Abschichtungseffekt).[79] Um die so entstandene Subjektivität des Verbandes zu gewährleisten, muss dessen Organisation so ausgestaltet sein, dass es ihr möglich ist, die eigenen Interessen, das Verbandsinteresse zu definieren und zu wahren.[80] Daraus resultiert das Erfordernis der Entscheidungssouveränität des Verbandes durch seine Mitglieder. Die Verpflichtung jedes Mitglieds auf das Verbandsinteresse im Rahmen der Treuepflicht und dessen Einbindung in das Kompetenzgefüge und den Verantwortlichkeits- und Haftungszusammenhang gewährleisten den bezweckten Interessensschutz.[81] Werden

---

78 So namentlich *Löffler*, Abhängige Personengesellschaft, S. 28 f.. *Staub/Ulmer*, HGB, Anh. § 105 Rn. 13 sieht in diesem Fall den Grundsatz der Selbstorganschaft, nur dann berührt, wenn dem herrschenden Unternehmen ein unmittelbares Mitspracherecht bei der Änderung des Gesellschaftsvertrages eingeräumt sein sollte.

79 *Teubner*, ZGR 1986, 565, 568; *Wiedemann*, Festschrift für Schilling, S. 105, 114.

80 Hiervon abweichend stellt *Wiedemann*, aaO, S. 111, auf die gleichgerichteten Interessen der Gesellschafter ab. Er differenziert nicht zwischen dem individuellen Gesellschafterinteresse (Motiv) und dem überindividuellen Verbandsinteresse. Wie hier *Teubner*, ZGR 1986, 565, 568 f.

81 Dies wird von *Teubner*, ZGR 1986, 565 ff., am Beispiel der Besetzung von Beiräten mit Nichtgesellschaftern dargestellt.

Leitungskompetenzen auf einen Dritten übertragen, ohne ihn in dieses Beziehungsgeflecht mit der Konsequenz organschaftlicher und haftungsrechtlicher Folgen einzubinden, fehlt es an der Gewährleistung der Interessenwahrung.[82] Vor diesem Hintergrund lässt sich zunächst feststellen, dass dem Abschluss eines Beherrschungsvertrages mit einem Mitgesellschafter der Gesichtspunkt der Verbandssouveränität nicht entgegensteht, da der herrschende Unternehmensgesellschafter bereits aufgrund seiner Verbandszugehörigkeit in das Verantwortungs- und Haftungsgefüge eingebunden ist.[83]

Doch auch für Fälle der Konzernierung durch einen Dritten bestehen keine nachhaltigen Hinderungsgründe. Das herrschende Unternehmen wird durch die organschaftliche Bindung einer Konzernierungsvereinbarung in das Haftungsgefüge der abhängigen Gesellschaft eingebunden. Es ist zur Interessenwahrung – nämlich des Konzerninteresses – verpflichtet. Wird dies bei der Konzernleitung nicht berücksichtigt, besteht ein Schadensersatzanspruch. Die daneben bestehende Pflicht zum Verlustausgleich verstärkt die haftungsmäßige Bindung. Stimmt die Gesellschaft der Konzernierung und damit der Änderung der Interessenausrichtung zu, wird sie autonom tätig und schränkt selbst ihre Souveränität ein.[84] Es steht ihr frei, ihren Zweck und die Ausrichtung ihres Interesses zu ändern. Mit der Änderung der Interessenausrichtung erfährt auch der Schutzbereich der Verbandssouveränität eine Modifikation. Der ursprünglich verfolgte Schutz der Gesellschaftsinteressen wird durch den Schutz des Konzerninteresses ersetzt und damit der veränderten Situation angepasst. Hinzu kommt, dass die durch die Konzernierung begründeten Einflussmöglichkeiten nicht unbeschränkt sind. Die Kompetenz zu Grundlagenentscheidungen und Änderungen des Gesellschaftsvertrages bleiben bei der Gesellschaftergesamtheit, so dass die abhängige Gesellschaft in diesem Bereich ihre volle Souveränität behält.[85] Im Rahmen des Weisungsrechts ist das herrschende Unternehmen zur Substanzerhaltung verpflichtet, so dass die Souveränität der abhängigen Gesell-

---

[82] Diese Problematik wird häufig anhand von Beiräten diskutiert, die mit gesellschaftsfremden Personen besetzt sind. Ausführlich dazu: *Loritz*, ZGR 1986, 310 ff.; *Teichmann*, Gestaltungsfreiheit in Gesellschaftsverträgen, S. 189 ff.; *Teubner*, ZGR 1986, 565; *Wiedemann*, Die Übertragung und Vererbung von Mitgliedschaftsrechten bei Handelsgesellschaften, S. 265 ff.

[83] Im Ergebnis so auch *Löffler*, Abhängige Personengesellschaft, S.29; a.A. *Kleindiek*, Strukturvielfalt im Personengesellschafts-Konzern, S. 95, der hierin den „materialen Schutz von Gesellschaft und Gesellschaftern" sieht.

[84] *Kleindiek*, Strukturvielfalt im Personengesellschafts-Konzern, S. 97; *Schießl*, Beherrschte Personengesellschaft, S. 48 f.; *Voormann*, Der Beirat im Gesellschaftsrecht 2. Aufl., S. 113; *Wiedemann*, Festschrift für Schilling, S. 105, 118.

[85] So zutreffend *Staub/Ulmer*, HGB, Anh. § 105 Rn. 13, der eine Verletzung des Grundsatzes der Verbandssouveränität dann annimmt, wenn dem herrschenden Unternehmen ein unmittelbares Mitspracherecht bei der Änderung des Gesellschaftsvertrages eingeräumt wird.

schaft auch nicht „tatsächlich" durch Auszehrung des Gesellschaftsvermögens beseitigt werden kann.

Daher ist ein Beherrschungsvertrag auch mit einem gesellschaftsfremden Dritten zulässig.[86] Die Verbandssouveränität steht der Konzernierung einer Personengesellschaft nicht entgegen.

4. Unvereinbarkeit von Fremdbestimmung und persönlicher Haftung

Eines der Wesensmerkmale der Personengesellschaft ist die unbeschränkte persönliche Haftung zumindest eines Gesellschafters. Wird die Personengesellschaft unter die einheitliche Leitung des herrschenden Unternehmens gestellt, werden dort die wesentlichen unternehmerischen Entscheidungen getroffen. Der persönlich haftende Gesellschafter sieht sich Haftungsrisiken gegenüber, die er nicht steuern kann und auf deren Begründung oder Abwendung er keinen Einfluss hat. Der Gleichlauf von Haftung und Herrschaft ist aufgehoben.[87] Nach dem gesetzlichen Leitbild der Personengesellschaft stehen dem persönlich haftenden Gesellschafter die Leitungsbefugnisse der Geschäftsführung und Vertretung der Gesellschaft zu. Damit liegt es in seiner Hand, das Risiko seiner persönlichen Haftung zu begrenzen. Dieses gesetzliche Leitbild ist jedoch nicht zwingend (§ 109 HGB). Im Gesellschaftsvertrag können davon abweichende Vereinbarungen getroffen werden, die es ermöglichen, einen persönlich haftenden Gesellschafter sowohl von der Geschäftsführung[88] als auch von der Vertretung auszuschließen.[89] Einziges Erfordernis ist, dass wenigstens ein Gesellschafter Vertretungsmacht besitzt (Grundsatz der Selbstorganschaft).[90] Daraus wird deutlich, dass auch der Gesetzgeber in dem Gleichklang von Herrschaft und Haftung kein zwingendes Prinzip gesehen hat.[91]

---

[86] Im Ergebnis ebenso *Kleindiek*, Strukturvielfalt im Personengesellschaftskonzern, S. 94 ff.; *Koller/Roth/Morck*, HGB, § 105 Rn. 4, der den wesentlichen Aspekt in der Wahrung des Bestandsinteresses sieht; *Raiser*, ZGR 1980, 558, 563; *Schießl*, Beherrschte Personengesellschaft, S. 48 f.; *Teichmann*, Gestaltungsfreiheit in Gesellschaftsverträgen, S. 194.

[87] Es stellt sich nicht nur die Frage, ob umfassende Herrschaft eine entsprechende Haftung erfordert, sondern auch, ob eine unbeschränkte Haftung korrespondierende Herrschaftsbefugnisse voraussetzt.

[88] *Schlegelberger/Martens*, HGB, § 114 Rn. 2; *Staub/Ulmer*, HGB, § 114 Rn. 8 ff.

[89] *Schlegelberger/K. Schmidt*, HGB, § 125 Rn. 15; *Staub/Habersack*, HGB, § 125 Rn. 32.

[90] Nähere Ausführungen dazu oben unter II. 1.

[91] Auch in der Rechtsprechung wird die Geltung dieses Prinzips abgelehnt. Siehe BGHZ 45, 204, 205 ff. („Rektor-Fall"); ausführlich dazu m. w. N. *Baumgartl*, Die

Ein anderer Gesichtspunkt der „Fremdsteuerung“ ist im Hinblick auf § 138 BGB zu hinterfragen. Teilweise wird darauf hingewiesen, dass eine derartige „persönliche Entmachtung für die Dauer der Gesellschaft eine unzulässige Knebelung darstelle“.[92] Die dadurch entstehende wirtschaftliche Selbstentmündigung verstoße gegen § 138 BGB.[93]

Dieser Ansatz kommt jedoch nur dann zum Tragen, wenn eine natürliche Person unbeschränkt persönlich haftet. In der Konstellation der typischen GmbH & Co KG mit nur einem Komplementär, nämlich der GmbH, besteht eine umfassende Haftungsbegrenzung.[94] Der sowohl bei der Komplementär-GmbH als auch bei den Kommanditisten begrenzte Kapitalverlust macht den Einwand der wirtschaftlichen Selbstentmündigung hinfällig.

Ist eine unbeschränkt haftende natürliche Person an der konzernierten Gesellschaft beteiligt, ist zu deren Schutz ein Freistellungsanspruch gegen das herrschende Unternehmen zu fordern, um den berechtigten Einwand der Sittenwidrigkeit zu beseitigen.[95]

Der von U. Schneider vorgebrachte Vergleich zur Situation des Bürgen, der wie der persönlich haftende Gesellschafter dem Rückgriff ausgesetzt sei[96], ist nicht haltbar. Das Risiko des Bürgen einer Inanspruchnahme besteht in der Insolvenz des Schuldners. Der persönlich haftende Gesellschafter dagegen muss letztendlich nur dann einstehen, wenn sowohl die Gesell-

---

konzernbeherrschte Personengesellschaft, S. 46 f.; *Kleindiek,* Strukturvielfalt im Personengesellschafts-Konzern, S. 110 ff.; *Schießl,* Beherrschte Personengesellschaft, S. 52.

[92] Bericht der Unternehmensrechtskommission, Tz. 1715; *Heymann/Emmerich,* HGB, § 105 Rn. 121; *U. Schneider,* ZGR 1975, 253, 270; *ders.,* BB 1980, S. 1057, 1062.

[93] Dieser Ansatz wird wohl auch von *Flume,* Die Personengesellschaft, S. 255 verfolgt, wenn er ausführt, „eine Personengruppe könne aber wie die natürlichen Einzelpersonen weder wirtschaftlich noch sonst zu existieren aufhören, indem sie sich einer anderen natürlichen oder juristischen Person unterwirft.“.

[94] BayOblG, AG 1993, 177; *Emmerich/Sonnenschein,* Konzernrecht, § 27 III 1. a); *Jäger,* DStR 1997, S. 1813, 1814; *Kleindiek,* Strukturvielfalt im Personengesellschafts-Konzern, S. 104 ff., 117; *Löffler,* Abhängige Personengesellschaft, S. 32; *Schießl,* Beherrschte Personengesellschaft, S. 49 ff., 51; *Staub/Ulmer,* HGB, Anh. § 105 Rn. 15; *Ulmer,* in: ders. (Hrsg.). Probleme des Konzernrechts, S. 26, 49; a. A. wohl *Schlegelberger/Martens,* HGB, Anh. § 105 Rn. 34, der auch für den Kommanditisten in der Ausübung konzernrechtlicher Leitungsmacht ein unzumutbares Haftungsrisiko sieht. Einen ähnliche Ansatz wählt *Flume,* Personengesellschaft, § 14 X. wenn er einen Beherrschungsvertrag mit einer abhängigen Gesellschaft dann für zulässig hält, wenn ausschließlich juristische Personen an ihr beteiligt sind.

[95] *Emmerich/Sonnenschein,* Konzernrecht, § 27 III 1. b); *Jäger,* DStR 1997, S. 1813, 1814; *Kleindiek,* Strukturvielfalt im Personengesellschafts-Konzern, S. 104 ff., 123 f.; *Raiser,* ZGR 1980, S. 558, 563; *Schlegelberger/Martens,* HGB, Anh. § 105 Rn. 34; *Staub/Ulmer,* HGB, Anh. § 105 Rn. 15, 65.

[96] *U. Schneider,* ZGR 1975, 253, 270; *ders.,* ZGR 1980, S 511, 519 f.

schaft als auch das herrschende Unternehmen nicht in der Lage sind, die Verbindlichkeiten zu erfüllen. Das verbleibende Risiko des Gesellschafters ist damit so gering zu bewerten, dass die Schlussfolgerung der Sittenwidrigkeit nicht mehr gerechtfertigt ist.[97]

Kleindiek[98] diskutiert ferner den Vergleich zur Unzulässigkeit der Testamentsvollstreckung an Anteilen eines unbeschränkt haftenden Gesellschafters[99] und der Übertragung der Rechte an einem solchen Anteil auf einen Treuhänder auf Lebenszeit[100]. Doch in beiden Fällen fehlt es an dem entscheidenden Gesichtspunkt der Haftungsfreistellung durch den „Handelnden"[101], so dass auch hieraus nicht auf die Sittenwidrigkeit geschlossen werden kann.

Dieses Ergebnis entspricht auch der Wertung des Gesetzgebers, wonach die Konzernierung einer KGaA, deren persönlich haftender Gesellschafter auch eine natürliche Person sein kann, zulässig ist.[102]

Eine weitere Abschwächung des Haftungsrisikos kann dadurch erzielt werden, dass den Minderheitsgesellschaftern neben dem Freistellungsanspruch das Recht eingeräumt wird, das Konzernrechtsverhältnis durch einseitige Erklärung zu beenden, wenn Grund für die Annahme ungesicherter Zahlungsfähigkeit des herrschenden Unternehmens besteht.[103] Damit kann die Werthaltigkeit des Freistellungsanspruchs gesichert werden. Im Ergebnis kann so eine Verlagerung des Insolvenzrisikos auf das herrschenden Unternehmen erzielt werden.

Die Verknüpfung von unbeschränkter persönlicher Haftung und Fremdsteuerung steht daher der Konzernierung einer Personengesellschaft unter der Prämisse der Haftungsfreistellung der außenstehenden Gesellschafter nicht entgegen.

---

97 Mit anderer Argumentation aber gleichem Ergebnis *Baumgartl,* Die konzernbeherrschte Personengesellschaft, S. 48 ff.

98 Strukturvielfalt im Personengesellschafts-Konzern, S. 113 ff.

99 BGHZ 24, 106, 113; 68, 225, 239; 108, 187, 195.

100 BGHZ 44, 158, 161; ähnlich OLG Karlsruhe WM 1982, 340, 342.

101 Der Begriff des „Handelnden" wird hier untechnisch verwendet, und bezieht sich auf den Treuhänder bzw. Testamentsvollstrecker, der in der Lage ist die Erben bzw. den Treugeber zu verpflichten.

102 Teilweise wird die Ansicht vertreten, dass der persönlich haftende Gesellschafter wegen § 76 III AktG eine natürliche Person sein muss, so z.B. *Elschenbroich,* Die Kommanditgesellschaft auf Aktien, S. 130; *Geßler,* BB 1973, 1080; *Pflug,* NJW 1971, 345; *Rasch,* NJW 1962, 1242; *Semler* in Geßler/Hefermhel/Eckardt/Kropff, AktG, § 278 Rn. 14 m.w.N.; a.A. OLG Hamburg, NJW 1969, 1030; *Henn,* Handbuch des Aktienrechts, § 4 Rn.127; *Hesselmann,* GmbHR 1969, S. 141.

103 *Jäger,* DStR 1997, 1813, 1814; *Schlegelberger/Martens,* HGB, Anh. § 105 Rn. 34; zum Austrittsrecht des außenstehenden Gesellschafter bei der Begründung der Konzernierung siehe Kap. 4 I.

5. Zwischenergebnis

Der Konzernierung einer Personengesellschaft, auch durch einen gesellschaftsfremden Dritten in mehrstufigen Verbindungen, stehen allgemeine Prinzipien des Personengesellschaftsrechts nicht entgegen.[104] Der eher formal verstandene Grundsatz der Selbstorganschaft wird nicht berührt, da das beherrschungsvertragliche Weisungsrecht keine organschaftliche Vertretungsmacht verleiht. Im Übrigen kann dem Gehalt dieses Grundsatzes aufgrund der privatautonomen Umgehungsmöglichkeiten kein besonderes Gewicht beigemessen werden. Der gemeinsame Zweck der Gesellschaft wird durch die Ausrichtung auf das Konzerninteresse nicht hinfällig, sondern modifiziert. Die Verbandssouveränität der abhängigen Gesellschaft bleibt in ihrem wesentlichen Gehalt – der Verbandskompetenz zur Änderung des Gesellschaftsvertrages – erhalten. Der darüber hinausgehende Souveränitätsverlust steht zur freien Disposition des Verbandes im Rahmen dessen autonomer Willensbildung. Der Konflikt der unbeschränkten persönlichen Haftung und der Fremdsteuerung tritt nur dann auf, wenn einer der außenstehenden Gesellschafter eine in der Haftung nicht beschränkte natürliche Person ist. In diesem Fall kann der Einwand der Sittenwidrigkeit durch einen Freistellungsanspruch ausgeräumt werden.

III. Beherrschungsvertrag

Nachdem nun festgestellt wurde, dass der Konzernierung einer Personengesellschaft weder grundlegenden Prinzipien des Gesellschaftsrechts noch geltendes Recht entgegenstehen, stellt sich die Frage nach der näheren Ausgestaltung entsprechender Konzernierungsvereinbarungen. Als solche kommen der Gesellschaftsvertrag oder ein gesonderter Beherrschungsvertrag in Betracht. Ein Beherrschungsvertrag erlangt vor allem dann eigenständige Bedeutung, wenn er nicht mit einem Mitgesellschafter, sondern innerhalb einer mehrstufigen Unternehmensverbindung mit der übergeordneten Konzernspitze abgeschlossen wird.

Nach der Rechtsprechung des BGH[105] ist der Beherrschungsvertrag ein gesellschaftsrechtlicher Organisationsvertrag, der satzungsgleich den rechtlichen Status der beherrschten Gesellschaft ändert. Diese Änderung besteht insbesondere darin, dass dem herrschenden Unternehmen die Weisungskompetenz übertragen wird und der Gesellschaftszweck am Konzerninte-

---

[104] *Adler/Düring/Schmaltz,* AktG § 17 Rn. 82; *Baumbach/Hopt,* HGB, § 105 Rn. 105; a. A. *Heymann/Emmerich,* HGB, § 105 Rn. 121.

[105] BGHZ 105, 324, 331, „Supermarkt"; unter Hinweis auf BGH WM 1988, 258 bezüglich einer abhängigen GmbH.

resse ausgerichtet wird. Auf die einzelnen Merkmale soll im Folgenden eingegangen werden.

1. Wesen des Beherrschungsvertrages

Im Aktienkonzernrecht, kommt dem Beherrschungsvertrag die wesentliche Funktion zu, durch die Überlagerung der Satzung die zwingende Zuständigkeitsordnung des AktG zu durchbrechen. Den Aktionären ist es nicht möglich, durch einen satzungsändernden Hauptversammlungsbeschluss organschaftliche Kompetenzen auf Dritte zu übertragen. Im Personengesellschaftsrecht gibt es keine gesetzlich zwingende Zuständigkeitsordnung. Die Gesellschafter können weitgehend autonome Regelungen über die Kompetenzverteilung treffen. Daher ist der Aspekt der Überlagerung zwingender Kompetenznormen unerheblich. Die wesentliche Funktion besteht hier vielmehr darin, die Interessenausrichtung der Gesellschaft zu ändern.[106] Die damit einhergehende Änderung des Gesellschaftszwecks erfordert eine Regelung auf gesellschaftsvertraglicher Ebene. Wird der Beherrschungsvertrag mit einem Mitgesellschafter geschlossen, ist dieser unabhängig von dessen Bezeichnung als Gesellschaftsvertrag zu qualifizieren.[107] Ist die Änderung der Interessenausrichtung bereits im Gesellschaftsvertrag enthalten, so ist dieser gleichzeitig als Beherrschungsvertrag zu qualifizieren mit der Konsequenz, dass die Vermutung von § 18 I S. 2 AktG greift.[108]

Dieser Ansatz wird auch von Baumgartl verfolgt, der in dem Gesellschaftsvertrag einer Personengesellschaft mit einem herrschenden Unternehmensgesellschafter nach Funktion und Charakter einen organisationsrechtlichen Beherrschungsvertrag sieht.[109] Allerdings wird von Löffler die berechtigte Kritik vorgetragen, dass ein solches Vorgehen zu einer Einebnung von Abhängigkeit und Konzern führe, was nicht durch personengesellschaftliche Besonderheiten zu rechtfertigen sei.[110] Als entscheidender Wendepunkt von der einfachen Abhängigkeit zum Konzern ist auf die Änderung der Interes-

---

[106] *Kleindiek*, Strukturvielfalt im Personengesellschafts-Konzern, S. 69; *Schlegelberger/Martens*, HGB, Anh. § 105 Rn. 37.

[107] So auch *Schlegelberger/Martens*, HG, Anh. § 105 Rn. 37, der dem Beherrschungsvertrag keine eigenständige Bedeutung beimisst. Siehe auch *Stimpel*, in Ulmer (Hrsg.), Probleme des Konzernrechts, S. 11, 18. A.A. *Flume*, Die Personengesellschaft, S. 255, der die Einordnung des Beherrschungsvertrages als Gesellschaftsvertrag ablehnt.

[108] *Baumgartl*, Konzernbeherrschte Personengesellschaft, S. 59 ff., 75 ff., 153; *Hüffer* in Koller/Roth/Morck, HGB, § 109 Rn. 4; *Raiser*, ZGR 1980, 558, 562; *Schlegelberger/Martens*, HGB, Anh. § 105 Rn. 37 f.; *Staub/Ulmer*, HGB, Anh. § 105 Rn. 68; a.A. *Flume*, Die Personengesellschaft, S. 255, krit. *Laule*, FS Semler, 1993, S. 541, 549 f.

[109] Die konzernbeherrschte Personengesellschaft, S. 59 ff., 75 ff., 153.

senausrichtung abzustellen.[111] Nur wenn der Vorrang des Konzerninteresses im Gesellschaftsvertrag vereinbart ist, ist dieser auch als Beherrschungsvertrag zu qualifizieren.

Dem steht auch nicht der zeitabhängige Charakter eines Beherrschungsvertrages entgegen, wie dies namentlich von Kleindiek angeführt wird.[112] Ein Gesellschaftsvertrag kann ebenso wie ein Beherrschungsvertrag befristet und unbefristet abgeschlossen werden.[113] Im Falle einer unbefristeten Vereinbarung kann der Beherrschungsvertrag durch eine Teilkündigung beendet werden. Kleindiek stellt bereits die rechtliche Zulässigkeit einer solchen Teilkündigung in Frage.[114] Hinzu käme, dass zwischen den Gesellschaftern leicht Streit über die Frage entstehen würde, welche Bestandteile des Gesellschaftsvertrags nur unter den Bedingungen des Vertragskonzerns und welche auch außerhalb eines solchen gelten sollen. Die Zulässigkeit einer Teilkündigung hängt davon ab, ob der Regelungsgegenstand inhaltlich teilbar ist. Die Änderung der Interessenausrichtung kann in jedem Fall von den übrigen Vertragsvereinbarungen getrennt und damit teilweise gekündigt werden. Ob darüber hinausgehende beherrschungsvertragliche Elemente, wie Weisungsrechte, Gewinnverteilung, Abfindungs- und Ausgleichsansprüche u.ä. aufgehoben werden sollen, ist im Wege der Vertragsauslegung zu ermitteln. Durchgreifende rechtliche Bedenken gegen eine Teilkündigung bestehen aber nicht, so dass beherrschungsvertragliche Regelungen in den Gesellschaftsvertrag aufgenommen werden können.

Von dieser Konstellation unterscheidet sich der Abschluss eines Beherrschungsvertrages mit einem Dritten. Auf gesellschaftsvertraglicher Ebene ist auch hier eine Änderung des Zwecks und der Interessenausrichtung mithin ein Konzernierungsbeschluss erforderlich. Darüber hinaus wird dem herrschenden Unternehmen im Beherrschungsvertrag ein organschaftliches Weisungsrecht eingeräumt. Die Vereinbarkeit eines solchen Weisungsrechts mit dem Grundsatz der Selbstorganschaft wurde bereits an anderer Stelle untersucht und bejaht.[115] In diesem Fall handelt es sich um einen neben

---

[110] Abhängige Personengesellschaft, S. 59, 20; so auch *Laule*, FS Semler, S. 541, 549.

[111] *Kleindiek*, Strukturvielfalt im Personengesellschafts-Konzern, S. 68; *Schlegelberger/Martens*, HGB, Anh. § 105 Rn. 12; *Ulmer*, in: ders. (Hrsg.), Probleme des Konzernrechts, S. 26, 32 f.

[112] Strukturvielfalt im Personengesellschafts-Konzern, S. 72 ff.; unter Hinweis auf BGHZ 105, 324, 339 Supermarkt (für die GmbH); *Timm*, BB 1981, 1491; *Rix*, MittRhNotK 1986, 29, 35; so auch *Emmerich/Sonnenschein*, Konzernrecht, S. 440 f.

[113] Die Möglichkeit der Befristung von Gesellschaftsverträgen ergibt sich bereits aus § 131 I Nr. 1 HGB. Für Unternehmensverträge kann diese Schlussfolgerung aus § 297 II AktG geschlossen werden. Siehe *Emmerich/Sonnenschein*, Konzernrecht, § 15 III 2.

[114] Strukturvielfalt im Personengesellschafts-Konzern, S. 73.

dem Gesellschaftsvertrag bestehenden organisationsrechtlichen Vertrag zwischen dem abhängigen und herrschenden Unternehmen.[116]

2. Weisungsrecht

Nach § 308 I S.1 AktG ist das herrschende Unternehmen berechtigt, dem Vorstand der Gesellschaft hinsichtlich der Leitung der Gesellschaft Weisungen zu erteilen. Dem ist zu entnehmen, dass dem herrschenden Unternehmen ein umfassendes Weisungsrecht in Geschäftsführungsangelegenheit zusteht. Im Personengesellschaftsrecht scheint ein solches Recht entbehrlich, wenn das herrschende Unternehmen geschäftsführender Gesellschafter der abhängigen Gesellschaft ist. Doch auch in diesem Fall ist die Geschäftsführungsbefugnis auf gewöhnliche Geschäfte beschränkt, § 116 II HGB und darüber hinaus gegebenenfalls durch das Widerspruchsrecht geschäftsführender Mitgesellschafter begrenzt, § 116 I HGB. Daher ist das Weisungsrecht selbst in dem Fall, dass das herrschende Unternehmen bereits auf Grund seiner Stellung als Gesellschafter über weitreichende Kompetenzen verfügt, nicht bedeutungslos.[117]

Wird die einheitliche Leitung durch einen Kommanditisten oder einen Dritten ausgeübt, werden originäre organschaftliche Rechte begründet. Solange dabei die organschaftliche Vertretungsbefugnis bei einem der Gesellschafter der abhängigen Gesellschaft verbleibt und das Recht zur außerordentlichen Kündigung des Beherrschungsvertrages nicht ausgeschlossen ist[118], besteht kein Konflikt mit dem Grundsatz der Selbstorganschaft.[119]

3. Form

Während der aktienrechtliche Beherrschungsvertrag der Schriftform bedarf, braucht ein solches Erfordernis für die Personengesellschaft nicht aufgestellt zu werden. Wird der Beherrschungsvertrag mit einem Mitgesellschafter abgeschlossen, steht einer analogen Anwendung des § 293 III S. 1

---

[115] Siehe oben Kap. 2 II. 1.

[116] Auch *Flume*, Die Personengesellschaft, S. 255, spricht von einem „Organisationsvertrag“, lehnt dessen Zulässigkeit im Ergebnis jedoch ab.

[117] So auch *Kleindiek*, Strukturvielfalt im Personengesellschafts-Konzern, S. 29 ff., 31 f.; a.A. *Baumgartl*, Konzernbeherrschte Personengesellschaft, S. 53 ff., 81.

[118] Eine Klausel, wonach das Recht zur Kündigung aus wichtigem Grund ausgeschlossen wird, würde in jedem Fall einen Verstoss gegen die guten Sitten darstellen und wäre nichtig. Im Ergebnis läge daher kein Konflikt mit den Prinzipien der Selbstorganschaft und Verbandssouveränität vor.

[119] Siehe oben Kap. 2 II. 1. und 3.

AktG die Formfreiheit von Gesellschaftsverträgen im Personengesellschaftsrecht entgegen.[120] Der Vertrag wird auf der Ebene der Gesellschafter geschlossen. Ist das herrschende Unternehmen selbst eine Gesellschaft, bedarf es zur Wirksamkeit der Zustimmung deren Gesellschaftergesamtheit.[121]

Auch beim Abschluss eines Beherrschungsvertrages mit einem Dritten bedarf es aufgrund der generellen Formfreiheit im Personengesellschaftsrechts keiner besonderen Form.[122] Allerdings müssen sowohl auf Seiten der herrschenden als auch des abhängigen Unternehmens die Gesellschafter zustimmen.[123]

4. Publizität

Die weitreichenden Folgen der Konzernierung erfordern unter Verkehrsschutzgesichtspunkten die Publizität des Konzernierungsbeschlusses im Handelsregister.[124] Sowohl die Gläubiger als auch die Öffentlichkeit müssen die Möglichkeit haben, sich über die veränderte Verfassung der Gesellschaft zu informieren. Im Aktienrecht soll namentlich den künftigen Aktionären Gelegenheit zur Kenntnisnahme gegeben werden.[125] Während dieser Gedanke für die Aufnahme neuer Gesellschafter in eine typische Personengesellschaft von geringer Bedeutung ist, kann er durchaus auf die Publikums-KG übertragen werden.[126] In der typischen Personengesellschaft ist zur Aufnahme neuer Gesellschafter eine Änderung des Gesellschaftsvertrages unter Beteiligung des neuen Gesellschafters erforderlich. Dieser erlangt Kenntnis von dem Gesellschaftsvertrag und damit auch von den Einzelheiten der Konzernierungsvereinbarung, insbesondere der spezifischen Interes-

---

120 *Schlegelberger/Martens*, HGB, Anh. § 105 Rn. 37; *Staub/Ulmer*, HGB, Anh. § 105 Rn. 61.

121 Für die AG ergibt sich das aus § 293 II AktG. Obwohl diese Norm auf den Fall zugeschnitten ist, dass eine AG durch eine AG beherrscht wird, hat die Konzernierung die gleichen weitreichenden Folgen, wenn das abhängige Unternehmen keine AG ist, weshalb auch dann die Zustimmung der Hauptversammlung der herrschenden AG erforderlich ist. Für die herrschende GmbH wird § 293 II AktG entsprechend herangezogen, siehe *Emmerich/Scholz*, GmbHG, Anh. Konzernrecht, Rn. 160. Für die Personengesellschaft als herrschendes Unternehmen gelten die gleichen Überlegungen und Folgerungen, siehe *U. Schneider*, ZHR 143 (1979), 485, 518 f.

122 So auch für die GmbH, *Emmerich*, AG 1975, S. 253, 290.

123 Zu den Anforderungen an den Konzernierungsbeschluss in der abhängigen Gesellschaft siehe unten Kap. 3 VI.

124 *Schlegelberger/Martens*, HGB, Anh. § 105 Rn. 39; *Staub/Ulmer*, HGB, Anh. § 105 Rn. 62; a. A. *Baumgartl*, Konzernbeherrschte Personengesellschaft, S. 90 ff.

125 *Kropff*, AktG, S. 382; *KK/Koppensteiner*, AktG, § 294 Rn. 1.

126 Insoweit zustimmend *Baumgartl*, Konzernbeherrschte Personengesellschaft, S. 90 Fn. 23.

senausrichtung. Die Situation des (Anleger-)Kommanditisten ist dagegen eher mit der eines Aktionärs vergleichbar. Die Gesellschaft ist auf die Aufnahme zahlreicher Kommanditisten ausgerichtet, deren Eintritt in einem vereinfachten Verfahren ermöglicht wird. Hier besteht wie bei den künftigen Aktionären ein Informationsbedürfnis über Haftungs-, Leitungs- und Herrschaftsverhältnisse.

Die Publizitätspflicht kann allerdings nicht auf eine analoge Anwendung von § 294 AktG gestützt werden.[127] Das Aktienrecht beruht auf anderen Publizitätsgrundsätzen als das Personengesellschaftsrecht. Insbesondere der Gesichtspunkt der gänzlich fehlenden Publizität von Personengesellschaftsverträgen verhindert die Vergleichbarkeit der Interessenlage und schließt daher eine Analogie aus. Allerdings bietet eine Gesamtschau personengesellschaftlicher Publizitätserfordernisse eine ausreichende Grundlage.[128] Nach § 106 II Nr. 1 HGB sind die Angaben zu den Gesellschaftern zu veröffentlichen, § 125 IV HGB verlangt die Anmeldung von Besonderheiten zur Vertretungsmacht, nach § 162 HGB ist die Bezeichnung der Kommanditisten und der Betrag deren Einlage zu publizieren. Daraus ergibt sich, dass dem Handelsregister die Haftungs- und Vertretungsverhältnisse in einer Personengesellschaft zu entnehmen sind. Damit können sich außenstehende Dritte darüber informieren, wer die Geschicke der Gesellschaft leitet, wer sie nach außen vertreten kann und wer gegebenenfalls zur Erfüllung von Verbindlichkeiten in Anspruch genommen werden kann. Um diese Möglichkeit zu erhalten, ist im Falle der Konzernierung die Veröffentlichung des Konzernierungsbeschlusses erforderlich. Daraus ergibt sich, dass die Geschicke der Gesellschaft durch einen Dritten beeinflusst werden und die Gesellschaft im übergeordneten Konzerninteresse geleitet wird. Von der haftungsrechtlichen Seite ist für die Gläubiger der Anspruch auf Verlustausgleich von besonderem Interesse, da sie diesen gegebenenfalls pfänden und sich überweisen lassen können.

Daher ist die Publizität des Konzernierungsbeschlusses erforderlich, aber auch ausreichend. Anders als im Aktienrecht kommt der Anmeldung zum

---

[127] *Baumgartl*, Konzernbeherrschte Personengesellschaft, S. 90 ff., 93 f. lässt es offen, ob eine Analogie hier möglich ist. Er lehnt die Publizitätspflicht letztlich aus Praktikabilitätsgesichtspunkten ab. Wie hier *Staub/Ulmer*, HGB, Anh. § 105 Rn. 62; so wohl auch *Schlegelberger/Martens*, HGB, Anh. § 105 Rn. 39. Im GmbH-Konzernrecht hat der BGH, BGHZ 105, 324, 341 ff. „Supermarkt", auf die entsprechende Anwendung von § 54 I S. 1, III GmbHG abgestellt. Dem gegenüber befürwortet *Timm*, BB 1981, 1491, 1496, eine entsprechende Anwendung von § 294 AktG hinsichtlich des eintragungspflichtigen Umfangs, während er die grundsätzliche Pflicht zur Eintragung auch § 54 GmbHG entnimmt.

[128] *Staub/Ulmer*, HGB, Anh. § 105 Rn. 62 stützt die Anmeldepflicht auf die entsprechende Anwendung der Publizitätsvorschriften für Kommanditbeteiligungen gem. § 162 HGB.

Handelsregister keine konstitutive Bedeutung zu, wie dies auch bei den genannten Publizitätsvorschriften nicht der Fall ist.[129]

Das Fehlen gesetzlicher Vorschriften zur Eintragungspflicht von Konzernierungsvereinbarungen ist nicht schädlich. Der Kreis anmeldepflichtiger Tatsachen kann bei dringendem Bedürfnis des Rechtsverkehrs, zur Funktion des Handelsregister oder im berechtigten Interesse der Beteiligten im Wege der Analogie erweitert werden.[130] Dem steht auch § 14 HGB nicht entgegen, da es sich dabei nicht um eine Strafvorschrift, sondern um die Regelung eines Beugemittels handelt.[131]

IV. Schuldrechtlicher Beherrschungsvertrag

Anlass zu einer gesonderten Untersuchung gibt die von D. Reuter entwickelte Figur des schuldrechtlichen Beherrschungsvertrages.[132] Danach soll die Konzernabhängigkeit einer Personengesellschaft durch eine schuldrechtliche Vereinbarung begründet werden können, die – ähnlich wie im Arbeitsrecht – zu einer Unterwerfung unter fremden Willen und fremde Interessen führe und auf diesem Wege aus den Konzerngesellschaften eine wirtschaftliche Einheit bilde.[133] Der gemeinsame Zweck der Gesellschafter einer Personengesellschaft könne auch auf eine unselbständige wirtschaftliche Existenz gerichtet sein. Die §§ 134, 138 BGB stünden hier nicht entgegen. Auch seien im Unterschied zum Aktienrecht[134] weder Unabhängigkeit der Geschäftsführung noch Geschäftsleiterverantwortlichkeit gesetzlich zwingend geregelt. Die unbeschränkte persönliche Haftung der Gesellschafter kollidiere nur in Einzelfällen mit § 138 I BGB, „in denen der Komplementär auf unerträgliche Weise geknebelt und übervorteilt"[135] werde.

Reuter lehnt die Zulässigkeit eines organschaftlichen Beherrschungsvertrages unter Hinweis auf den Wegfall der Gemeinsamkeit des Zwecks ab,

---

[129] *Koller* in Koller/Roth/Morck, HGB, § 125 Rn. 5, § 162 Rn. 1. Lediglich im Fall des § 105 II HGB ist die Eintragung und Bekanntmachung konstitutiv.

[130] BGHZ 105, 324, 342 f.; BGH DB 1992, 8282, 829; BGH, DB 1988, 2623; *Roth* in Koller/Roth/Morck, HGB, § 8 Rn. 8; *Staub/Ulmer,* HGB, § 106 Rn. 12.

[131] *Baumbach/Hopt,* HGB, § 14 Rn. 1; *Roth* in Koller/Roth/Morck, HGB, § 14 Rn. 1.

[132] ZHR 146 (1982), 1, 16 ff.

[133] *Reuter* führt hier insbesondere die Eigengruppe an, die als GbR die Arbeitskraft ihrer Mitglieder fremden Diensten unterstellt. Er wirft die Frage auf, ob dann nicht erst recht auch die Organisation unterworfen werden könnte, wenn sogar das höchstpersönliche Gut der Arbeitskraft eingesetzt werden könne; ZHR 146 (1982), 1, 16 f.

[134] Siehe §§ 76, 93 AktG.

[135] Zitat *Th. Raiser,* ZGR 1980, 558, 563.

weil das „abhängige Unternehmen auf das Interesse des herrschenden Unternehmens" ausgerichtet werde und „die außenstehenden Gesellschafter auf den Gläubigerstatus" verwiesen würden.[136] Doch auch beim schuldrechtlichen Beherrschungsvertrag ist im Innenverhältnis eine Änderung des Gesellschaftszwecks erforderlich, durch die die Umwandlung der selbständigen in eine unselbständige Existenz vollzogen wird.[137] Im Ergebnis wird das Interesse der Gesellschaft ebenso auf einen Gesellschafter ausgerichtet, wie dies im Rahmen eines organschaftlichen Beherrschungsvertrages der Fall wäre.[138] Die Qualität der Änderung des Zwecks bzw. der Interessenausrichtung bleibt von der Art der dazu führenden Vereinbarung – organschaftlicher oder schuldrechtlicher Natur – unberührt. Die daraus resultierende Notwendigkeit der Änderung der Interessenausrichtung im Innenverhältnis ist in jedem Fall die gleiche.

Nach der hier vertretenen Ansicht ist die Konstellation eines schuldrechtlichen Beherrschungsvertrages zwar denkbar, sie führt jedoch nicht zwingend zur Konzernbildung. Der Konzerntatbestand ist nur erfüllt, wenn neben die Änderung der Interessenausrichtung die organschaftlich begründete Einflussmöglichkeit auf die Geschäftsführung tritt.[139]

Die rein schuldrechtliche Wirkung muss jedoch ausdrücklich aus dem Vertrag hervorgehen. Denn in der Regel wird das Interesse des herrschenden Unternehmens an einer organschaftlichen Bindung des abhängigen Unternehmens einer anderen Auslegung – im Sinne eines schuldrechtlichen Charakters – des Vertrages entgegenstehen.[140] Daher kommt der Figur des schuldrechtlichen Beherrschungsvertrages in der Praxis wohl eher untergeordnete Bedeutung zu.

---

[136] ZHR 146 (1982), 1, 15 f.; die gleiche Argumentation wird auch von seinem Schüler *Löffler* aufgegriffen in: Abhängige Personengesellschaft, S. 40 ff.

[137] Dies wird auch von *Reuter* so gesehen: ZHR 146 (1982), 1, 16 f. 18 f.

[138] Dies wird besonders deutlich bei *Löffler,* S. 41. Nach dessen Ansicht könne nicht das Interesse eines Gesellschafters als Konzerninteresse zum alles überlagernden Maßstab für die Rechte und Pflichten der Gesellschafter und Gesellschaftsorgane erhoben werden, doch sei es den Gesellschaften möglich, den ursprünglichen Gesellschaftszweck, der die wirtschaftliche Selbständigkeit der Personengesellschaft einschließt, dahingehend zu ändern, dass er auf die gemeinsame unselbständige Existenz im Dienste eines Dritten oder eines Gesellschafters gerichtet ist. Dies heißt doch nichts anderes, als dass Geschäftsführungsmaßnahmen und Rechte und Pflichten der Gesellschafter an diesem neuen Drittinteresse zu messen sind.

[139] So auch *Staub/Ulmer,* HGB, Anh. § 105 Rn. 69.

[140] Im Ergebnis ebenso *Ulmer,* in: ders. (Hrsg.), Probleme des Konzernrechts, S. 49; *Staub/ders.,* HGB, Anh. § 105 Rn. 69.

V. Sonstige Unternehmensverträge gem. § 292 AktG

Bei den anderen Unternehmensverträgen gem. § 292 AktG handelt es sich um rein schuldrechtliche Verträge ohne organschaftliche Wirkung.[141] Die oben angesprochenen Problemkreise der Selbstorganschaft, Verbandssouveränität und des Abspaltungsverbots stehen auch hier nicht entgegen.[142] Von den Unternehmensverträgen nach § 292 AktG zu unterscheiden ist der Betriebsführungsvertrag. Durch diesen wird das Unternehmen einer Gesellschaft einem Dritten überlassen, der es auf Rechnung der Eigentümergesellschaft und meist auch in deren Namen führt.[143] Die inhaltliche Ausgestaltung kann jedoch sehr unterschiedlich sein, so dass jeweils im Einzelfall zu prüfen ist, ob es sich materiell-rechtlich nicht um einen Beherrschungsvertrag handelt.[144] Da jedoch auch in diesem Fall keine personengesellschaftlichen Besonderheiten entgegenstehen, bestehen keine Bedenken gegen die Zulässigkeit von Betriebsführungsverträgen.[145] In diesem Sinne hat auch der BGH die Zulässigkeit von Betriebsführungsverträgen mit Personengesellschaften in dem Holiday-Inn-Urteil bestätigt.[146]

---

[141] BegrRegE bei *Kropff*, AktG S. 378 f.; *Emmerich/Sonnenschein*, Konzernrecht, § 11 I.; *K. Schmidt*, ZGR 1984, 295, 304 f.; kritisch *KK/Koppensteiner*, AktG, Vorb. § 291 Rn. 71, insbesondere im Hinblick auf Betriebsüberlassungsverträge.

[142] *Schießl*, Beherrschte Personengesellschaft, S. 54, sieht hier unter Umständen die Gemeinsamkeit des Zwecks berührt. Dies ist jedoch nach der hier vertretenen Ansicht nicht möglich, da zwischen Verbands- und Individualinteresse unterschieden werden muss und so die Gemeinsamkeit des Verbandsinteresses unberührt bleibt.

[143] Im Gegensatz dazu erfolgt die Betriebsführung beim Betriebspachtvertrag gem. § 292 I Nr. 3 AktG im eigenen Namen und auf eigene Rechnung des Pächters. Zum Begriff siehe *Emmerich/Sonnenschein*, Konzernrecht, § 12 II m.w.N.; *Loos*, BB 1963, 615 ff.

[144] Teilweise handelt der Betriebsführer im eigenen Namen (sog. unechter Betriebsführungsvertrag). Zusätzlich kann das Weisungsrecht der Eigentümergesellschaft gem. § 665 BGB eingeschränkt sein, oder dem Betriebsführer wird eine unbeschränkte und unwiderrufliche Generalvollmacht erteilt. In diesen Fällen verbirgt sich hinter dem Betriebsführungsvertrag ein Beherrschungsvertrag, der die entsprechenden Konsequenzen, insbesondere die Verlustübernahmepflicht nach sich zieht. Eingehend *U. Huber*, ZHR 152 (1988), 123 ff.

[145] Im Aktienrecht liegt in dem Abschluss eines Betriebsführungsvertrages häufig eine Umgehung der Vorschriften über den Beherrschungsvertrag. Die Bedenken gegen über solchen Verträgen bestehen insbesondere im Hinblick auf § 76 AktG, wenn die eigenverantwortliche Leitung durch den Vorstand nicht mehr gewährleistet ist. Letztendlich sind dann die Vorschriften über Beherrschungsverträge anzuwenden mit der Konsequenz, dass der Vertrag mangels Beachtung der Wirksamkeitsvoraussetzungen gem. §§ 291, 293, 294 ff., 304 f. AktG unwirksam ist. Zur Umgehungsproblematik Emmerich/Sonnenschein, Konzernrecht, § 12 V.

Der Abschluss eines solchen Unternehmensvertrages stellt ein Grundlagengeschäft dar, weshalb er nicht von der Vertretungsmacht gem. §§ 125, 126 HGB gedeckt ist.[147] Es bedarf eines von allen Gesellschaftern gefassten Beschlusses. Eine Mehrheitsentscheidung ist auch bei Vorliegen einer qualifizierten Mehrheitsklausel nicht möglich, da der Abschluss eines solchen Vertrages die Positionen der Gesellschafter hinsichtlich ihrer unternehmerischen Betätigung – wie beim Betriebspachtvertrag gem. § 292 I Nr. 3 AktG, durch den das Unternehmen verpachtet und die unternehmerische Betätigung auf den Einzug des Pachtzinses reduziert wird – und der Gewinnerzielung und -verwendung derart verkürzt, dass dies zu einem Eingriff in den Kernbereich der Mitgliedschaft führt.[148] Etwas anderes gilt lediglich für die Publikumsgesellschaften, bei denen die Anforderungen an die Zulässigkeit von Mehrheitsentscheidungen an deren körperschaftliche Struktur angepasst sind.[149]

Wird ein solcher Unternehmensvertrag mit einem Unternehmensgesellschafter geschlossen, ist zu prüfen, ob materiell-rechtlich nicht ein organschaftlicher Beherrschungsvertrag vorliegt. Im Gegensatz zum Aktienrecht bereitet hier die Auslegung eines vermeintlich schuldrechtlichen Unternehmensvertrages als Beherrschungsvertag keine Probleme, da keine konstitutiven Publizitäts- und Formvorschriften berücksichtigt werden müssen.[150]

VI. Zusammenfassung

Während die Unterscheidung in einfache Abhängigkeit, einfacher faktischer Konzern, qualifizierter faktischer Konzern und Vertragskonzern als Spiegelbild tatsächlicher Konzernierungsstufen rechtsformübergreifend tauglich ist, ist der aktienrechtliche Mittelweg zwischen Vertrags- und Faktizi-

---

146 BGH NJW 1982, 1817; zustimmend *Löffler,* NJW 1983, 2920 ff., der jedoch von einer Relativierung des Prinzips der Selbstorganschaft spricht. Zustimmend auch *Loos,* BB 1963, 615, 619.

147 Offen gelassen von BGH NJW 1982, 1817; *Baumbach/Hopt,* HGB, § 126 Rn. 3; *Stuhlfelner,* Heidelberger Komm, HGB, § 126 Rn. 2; *Löffler,* NJW 1983, 2920, 2922; *Reuter,* ZHR 146 (1982), 1, 18 f.; *Schlegelberger/Schmidt,* HGB, § 126 Rn. 12 f.; differenzierend *Staub/Habersack,* HGB, § 126 Rn. 16, 18: Zustimmend für Unternehmensverträge gem. § 291 f. AktG; anders aber, der Abschluss eines Betriebsführungsvertrages, der zwar eine ungewöhnliche Geschäftsführungsmaßnahme im Sinne von § 116 II HGB sei, jedoch kein Grundlagengeschäft, da dem Dritten keine organschaftliche, sondern lediglich eine abgeleitet Rechtsstellung eingeräumt werde. So auch *Loos,* BB 1963, S. 615, 620.

148 *Emmerich/Sonnenschein,* Konzernrecht, § 27 IV 2.; *Baumbach/Hopt,* HGB, § 105 Rn. 105; *Schlegelberger/Martens,* HGB, Anh. § 105 Rn. 19.

149 Dazu ausführlicher unter Kap. 3 III. und V. 3.

150 Ausführlich dazu *Schießl,* Beherrschte Personengesellschaft, S. 54 ff.

tätsprinzip sowohl im GmbH-Recht als auch im Personengesellschaftsrecht nicht gangbar. Der richtige Ansatz besteht im Vertragsprinzip mit dem Verbot einheitlicher Leitung ohne entsprechende Legitimation. In einem zweiten Schritt sind jedoch die tatsächlichen Umstände zu berücksichtigen und die an den Vertragskonzern anknüpfenden Folgen auch bei faktischer Konzernierung heranzuziehen.

Kapitel 3

Konzernbildungskontrolle

I. Konzernbildungskontrolle als Aufgabe des Konzernrechts

Während das Konzernrecht häufig als Schutzrecht gesehen wird, das erst dann ansetzt, wenn bereits Unternehmensverbindungen bestehen[1], ist das Ziel und die Aufgabe des Konzernrechts umfassender zu verstehen. Um einen effektiven Schutz der außenstehenden Gesellschafter zu gewährleisten, muss bereits bei der Bildung von Abhängigkeits- und Konzernverhältnissen angesetzt werden. Auf diesem Wege gelangt man zu einem Präventivschutz, der bereits vor dem Entstehen einer Gefahrenlage eingreift und die Berücksichtigung der Interessen der Minderheitsgesellschafter ermöglicht.[2] Befindet sich die Gesellschaft bereits in einer Abhängigkeitslage, bestehen häufig praktische Schwierigkeiten, die Nachteile des abhängigen Unternehmens zu ermitteln und nachzuweisen, da keine isolierbaren Maßnahmen vorliegen oder der hypothetische Vergleich mit der wirtschaftlichen Entwicklung in der Situation der Unabhängigkeit nicht möglich ist.[3] Das Konzernrecht als Schutzrecht ist daher lediglich in der Lage, den gröbsten Missständen zu begegnen. Um jedoch einen effektiven und umfassenden Minderheitenschutz – als zentrale Aufgabe des Konzernrechts – zu ermöglichen, muss der Ansatz bereits auf der Ebene der Entstehung der Verbindung erfolgen.

---

[1] *Ebenroth,* AG 1988, 1, 3 f. für eine beschränkte Kompetenz der Hauptversammlung bei der Konzern(um)bildung, *Gross,* AG 1994, 266 ff.

[2] BGHZ 80, 69 „Süssen"; *Behrens,* ZGR 1975, 433, 439 ff.; *Emmerich/Sonnenschein,* Konzernrecht, § 4a; *Emmerich,* AG 1991, 303 ff.; *ders.,* AG 1987, 1 ff.; *Geiger,* Wettbewerbsverbote, S. 119 ff., 128 ff.; *Liebscher,* Konzernbildungskontrolle, S. 35 ff.; *Lutter/Timm,* NJW 1982, 409, *Mülbert,* Aktiengesellschaft, Unternehmensgruppe und Kapitalmarkt, 2. Aufl. S. 360 ff.; *Rehbinder,* ZGR 1983, 92, 93 ff.; *Seydel,* Konzernbildungskontrolle bei der Aktiengesellschaft; *Schießl,* Beherrschte Personengesellschaft, S. 14 f.; *U. Schneider,* BB 1981, 249 f.; *ders.,* ZGR 1980, 511, 524; *Timm,* Die Aktiengesellschaft als Konzernspitze, S. 57 ff.; *Wiedemann,* Gesellschaftsrecht, S. 452; *ders.,* ZGR 1978, 477, 486 ff.

[3] *Reuter,* ZHR 146 (1982), 9 ff.; *Emmerich,* FS Stimpel, 743, 746; *Schießl,* Beherrschte Personengesellschaft, S. 14 f.

II. Konzernresistenz durch Konsensprinzip und Wettbewerbsverbot

Während eine AG oder GmbH unabhängig vom Einfluss der Mitgesellschafter durch die Kapitalmehrheit eines Aktionärs bzw. Gesellschafters in Abhängigkeit geraten kann[4], ist dies bei den Personengesellschaften anders. Nach dem gesetzlichen Leitbild kann eine kapitalistische Mehrheit nicht zur Abhängigkeit der Gesellschaft führen. Das Konsensprinzip und die Abstimmung nach Köpfen, sowie die organschaftliche Geschäftsführungs- und Vertretungsbefugnis aller persönlich haftender Gesellschafter machen eine Personengesellschaft weitgehend konzernresistent.[5] Die Begründung von Abhängigkeit oder Konzernherrschaft beruht daher regelmäßig auf dem Gesellschaftsvertrag. Dabei sind unterschiedliche Maßnahmen oder Regelungen denkbar, die zur Abhängigkeit führen können oder diese bereits bei Abschluss des Gesellschaftsvertrages begründen. So kann beispielsweise das Wettbewerbsverbot gem. § 112 HGB zu Gunsten eines Gesellschafters aufgehoben werden, der sich an einem Konkurrenzunternehmen beteiligen will.[6] Es kann ein Unternehmensgesellschafter aufgenommen werden oder ein Gesellschafter veräußert seinen Anteile an ein Unternehmen.[7] Es ist aber auch denkbar, dass ein Gesellschafter mit entscheidendem Einfluss in der Gesellschaft, der zunächst keine weiteren unternehmerischen Interessen verfolgt hat, durch die Aufnahme unternehmerischer Tätigkeiten in einem anderen Marktsegment zum Unternehmen wird.

Es soll zunächst eine kurze Übersicht einiger denkbarer Konstellationen für eine Beherrschung in der Personengesellschaft dargestellt werden.[8] Eine abschließende Darstellung ist in Anbetracht der vielfältigen Möglichkeiten ausgeschlossen.

---

[4] Eine Kontrollmöglichkeit besteht darin, den Erwerb weiterer Geschäftsanteile von einer Genehmigung gem. § 68 II AktG, § 15 V GmbHG abhängig zu machen.

[5] *Liebscher*, Konzernbildungskontrolle, S. 303; *Löffler*, Abhängige Personengesellschaft, S. 12; *K. Schmidt*, Gesellschaftsrecht, § 17 II 3.

[6] Durch die Aufnahme der Konkurrenztätigkeit wird der herrschende Gesellschafter zum Unternehmen und erfüllt den Tatbestand des § 17 AktG.

[7] Unabhängig davon, ob es sich um eine Einzelrechtsnachfolge oder um einen Austritt und Eintritt mit der Folge der An- und Abwachsung handelt, ist ein Beschluss sämtlicher Gesellschafter erforderlich. Siehe *K. Schmidt*, Gesellschaftsrecht, § 45 III 1.

[8] Grundlage dessen ist die Einteilung der Unternehmensrechtskommission, Tz. 1709 ff., übernommen von *Staub/Ulmer*, HGB, Anh. § 105 Rn. 8 ff.; *Ulmer*, in: ders. (Hrsg.), Probleme des Konzernrechts, S. 26, 31.

1. Konstellationen der Abhängigkeit

a) Beherrschung durch den einzigen Komplementär

In einer KG mit nur einem Komplementär hat der Komplementär bereits nach der gesetzlichen Regelung eine beherrschende Stellung.[9] Der Ausschluss des Zustimmungsrechts der Kommanditisten gem. § 164 S. 1 HGB ist zur Begründung beherrschenden Einflusses im Sinne von § 17 AktG nicht erforderlich.[10] Allerdings kann die anderweitige unternehmerische Betätigung des Komplementärs im Widerspruch zu dem Wettbewerbsverbot gem. §§ 161 II, 112 HGB stehen. Daher ist gegebenenfalls eine entsprechende Befreiung erforderlich. Es ist zu untersuchen, in welchem Umfang die berechtigten Interessen der Kommanditisten bei einer solchen Beschlussfassung berücksichtigt werden müssen. Darüber hinaus bestehen jedoch keine Beschränkungen, so dass die Frage nach einer Konzernbildungskontrolle dringlicher wird.

b) Beherrschter Komplementär

Eine ähnliche Ausgangslage besteht bei der Kapitalgesellschaft & Co KG. Hier verfügt die Komplementär-GmbH bzw. AG über eine beherrschenden Stellung. Der Einfluss unternehmerischer Drittinteressen vollzieht sich jedoch über ein drittes Unternehmen, von dem die Komplementär-Gesellschaft abhängig ist.[11] Es handelt sich um eine mittelbare Abhängigkeit, bei der sich die Frage stellt, ob das Wettbewerbsverbot entsprechend ausgedehnt werden kann und in welcher Weise eine Befreiung erteilt werden kann bzw. muss.

Ferner ist zu untersuchen, inwiefern die außenstehenden Gesellschafter in den Konzernbildungsprozess in der Komplementär-Gesellschaft einbezogen werden können. So beispielsweise, wenn die Komplementär-GmbH zunächst unabhängig war und in der Folge durch Veräußerung von Geschäftsanteilen an ein Unternehmen von diesem abhängig wurde.[12]

---

[9] Diese Konstellation entspricht in der Einteilung der Unternehmensrechtskommission der ersten Gruppe, Tz. 1709.

[10] Oben wurde bereits festgestellt, dass sich die Einflussnahme im Rahmen des Tatbestandes der Abhängigkeit nicht auf den Bereich der außergewöhnlichen Geschäftsführungsmaßnahmen erstrecken muss. Siehe Kap. 1 IV. 2. c).

[11] Nach der Einteilung der Unternehmensrechtskommission bildet diese Erscheinungsform die zweite Gruppe, Tz. 1710.

[12] Die Zulässigkeit, die Abtretung eines Geschäftsanteils von der Zustimmung eines Dritten abhängig zu machen, wird unterschiedlich beurteilt. Dafür: *Lutter/Hommelhoff*, GmbHG, § 15 Rn. 23; a.A. *Scholz/Winter*, GbmHG, § 15 Rn. 91, nach dem allenfalls eine schuldrechtliche Bindung denkbar sei. So auch *Wiede-*

c) Beherrschung durch den Kommanditisten

Die im Personengesellschaftsrecht geltende Vertragsfreiheit lässt Gestaltungen zu, die auch die Beherrschung durch einen Kommanditisten ermöglichen. Dies ist dann der Fall, wenn einem anderweitig unternehmerisch tätigen Kommanditisten die Einflussnahme auf die Geschäftsleitung eingeräumt wird. So zum Beispiel in der Weise, dass ihm unter Ausschluss des Komplementärs die Geschäftsführung übertragen wird[13], ihm ein Weisungsrecht gegenüber der Geschäftsleitung eingeräumt wird, er ein umfassendes Widerspruchsrecht besitzt oder die Geschäftsführung jederzeit von ihm abberufen werden kann[14].

Diese Gestaltung beruht auf gesellschaftsvertraglichen Regelungen, die ohne Mitwirkung sämtlicher Gesellschafter nicht getroffen werden können. Der Minderheitenschutz wird daher – neben der Frage der Modalitäten der Beschlussfassung – dann relevant, wenn der Kommanditist seine anderweitige unternehmerische Tätigkeit erst später aufnimmt und dadurch Unternehmensqualität erlangt.

In der Publikums-KG kann von Seiten der Kommanditisten eine beherrschende Stellung eingenommen werden, wenn sie ihre Stimmmacht bündeln[15] und durch einen Vertreter ausüben lassen oder gar auf einen Treuhänder übertragen.[16] In diesen Fällen ist der Weg zu mehrstufigen Verbindungen eröffnet, wenn der Treuhänder/Vertreter eine beherrschte (Kapital-) Gesellschaft ist. Auch hier stellt sich die Frage, inwieweit die Kommanditisten bzw. Anleger in den Konzernbildungsprozess auf höherer Stufe einbezogen werden können.

---

mann, Übertragbarkeit und Vererbung von Mitgliedschaftsrechten bei Handelsgesellschaften, S. 104 m.w.N.

[13] Hierin liegt kein Verstoss gegen den Grundsatz der Selbstorganschaft, wenn dem persönlich haftenden Gesellschafter nicht auch die Vertretungsbefugnis entzogen wird. Die Tatsache, dass die Vertretung der Gesellschaft nach außen und damit die Umsetzung der Geschäftsführungsmaßnahmen bei dem Komplementär verbleiben, steht einer Beherrschung nicht entgegen, da der Komplementär letztlich verpflichtet ist, Geschäftsführungsmaßnahmen umzusetzen. Zum Grundsatz der Selbstorganschaft siehe oben unter Kap. 2 II. 1.

[14] § 117 HGB ist insoweit dispositiv, BGHZ 86, 180; BGH LM Nr. 9 zu § 119; *Baumbach/Hopt,* HGB, § 117, Rn. 12; *A. Hueck,* Die OHG, § 10 VII 11. b); *Schlegelberger/Martens,* HGB, § 117 Rn. 53.

[15] Neben der Vereinbarung eines kapitalistischen Mehrheitsprinzips ist der Verzicht auf einen wichtigen Grund im Rahmen von § 117 HGB erforderlich, um den beherrschenden Einfluss durch die jederzeitige Abberufbarkeit der Geschäftsführung, auch der GmbH im Falle einer GmbH & Co KG, zu begründen. Zur Abberufbarkeit des Geschäftsführers der Komplementär-GmbH durch die Gesellschafter der KG siehe, *Hopt,* ZGR 1979, 1 ff.

[16] Zu den unterschiedlichen Konstellationen, *Bälz,* ZGR 1980, 1, 6 ff.

d) Beherrschung in der OHG

Eine andere Erscheinungsform ist in der beherrschten OHG denkbar.[17] Der herrschende Gesellschafter sichert sich seinen beherrschenden Einfluss, indem er die Geschäftsführung an sich bindet. Dies kann dadurch geschehen, dass die außenstehenden Gesellschafter gänzlich von der Geschäftsführung und Vertretung ausgeschlossen werden, dass dem herrschenden Gesellschafter ein Vetorecht eingeräumt oder ein Zustimmungsvorbehalt vereinbart wird. Die Situation des herrschenden OHG-Gesellschafters ist mit der des Kommanditisten vergleichbar, wenn er selbst von der Geschäftsführung ausgeschlossen ist, aber über ein Weisungs- und Widerspruchsrecht verfügt oder zur jederzeitigen Abberufung der Geschäftsführung berechtigt ist.

2. Begründung von Abhängigkeit

Anhand der vorausgehenden Darstellung der verschiedenen Erscheinungsformen abhängiger Personengesellschaften wird deutlich, dass in den meisten Fällen die Abhängigkeit unmittelbar bei Abschluss des Gesellschaftsvertrages oder durch dessen spätere Änderung begründet wird. Vor diesem Hintergrund ist für den Schutz der außenstehenden Gesellschafter entscheidend, ob und unter welchen Voraussetzungen ein solcher Änderungsbeschluss von einer Mehrheit gefasst werden kann.[18] Handelt es sich um eine mehrstufige Verbindung, kommt es darauf an, inwiefern die außenstehenden Gesellschafter an der Konzernbildung auf höherer Stufe beteiligt werden können.[19]

Ferner stellt sich bei jeder der Konstellationen die Frage, wie dem Fall zu begegnen ist, dass ein Gesellschafter zwar eine vorherrschende Stellung besitzt, aber erst durch die spätere Aufnahme einer anderweitigen unternehmerischen Betätigung zum herrschenden Unternehmen wird. Es ist zu prüfen, ob dieses Problem allein mit einem umfassend angewandten Wettbewerbsverbot gelöst werden kann, oder ob in solchen Fällen ein generelles Zustimmungserfordernis gerechtfertigt ist.[20] Weiterhin ist ebenfalls von Be-

---

[17] Diese Konstellation ist nach der Einteilung der Unternehmensrechtskommission zu der ersten Gruppe, Tz. 1709, zu zählen. Hier wurde jedoch eine Differenzierung vorgenommen, weil die vertragliche Ausgestaltung wesentlich von der in der KG abweicht. In der KG verfügt der Komplementär bereits nach der gesetzlichen Regelung über weitreichenden Einfluss, während in einer OHG umfangreiche vertragliche Regelungen getroffen werden müssen, die unter dem Gesichtspunkt der Entstehungskontrolle von Abhängigkeitslagen differenziert zu bewerten sind.

[18] Dazu unter III.

[19] Dazu unter VII.

[20] Dazu unter IV.

deutung, ob und unter welchen Voraussetzungen eine Befreiung vom Wettbewerbsverbot durch die Mehrheit erteilt werden kann.

Zentrale Frage für den Minderheitenschutz ist daher, wie die Rechte der außenstehenden Gesellschafter bei der Beschlussfassung, insbesondere bei Mehrheitsbeschlüssen, geschützt werden können.

a) Konsensprinzip

Dem gesetzlichen Modell liegt das Konsensprinzip zugrunde, wonach Gesellschafterbeschlüsse durch einstimmige Entscheidung aller Gesellschafter herbeizuführen sind (§ 119 HGB). Dadurch haben die außenstehenden Gesellschafter die Möglichkeit, ihre Rechte zu wahren und erforderlichenfalls die Begründung einer Unternehmensverbindung zu verhindern.[21]

In der Praxis wird vor allem bei Publikumsgesellschaften[22], aber auch bei der typisch personalistisch strukturierten Gesellschaft von diesem Prinzip abgewichen. Das Erfordernis einer einstimmigen Beschlussfassung garantiert zwar uneingeschränkten Individualschutz, beeinträchtigt jedoch in erheblichem Maß die Flexibilität und Handlungsfähigkeit der Gesellschaft. Daher kann von der starren Regelung des § 119 HGB zugunsten eines – meist kapitalistischen – Mehrheitsprinzips abgewichen werden. Um Individualrechte in gebührender Weise zu berücksichtigen, können für bestimmte Beschlussgegenständen besondere Anforderungen an die erforderliche Mehrheit gestellt werden.

Vor diesem Hintergrund hat das Konsensprinzip in der Praxis für den Schutz der außenstehenden Gesellschafter eine untergeordnete Bedeutung. Allerdings kann lediglich aufgrund gesellschaftsvertraglicher Vereinbarung davon abgewichen werden, die nicht ohne die Zustimmung sämtlicher Gesellschafter getroffen werden kann.

---

[21] Nur in besonderen Ausnahmefällen kann sich die Treuepflicht zu einer Zustimmungspflicht verdichten. So z.B. BGH NJW 1985, 974; BGHZ 98, 276; *Göbel*, Mehrheitsentscheidungen in Personengesellschaften, S. 201 ff.; *K. Schmidt*, Gesellschaftsrecht, § 21 II 3. c); *Zöllner*, Die Schranken mitgliedschaftlicher Stimmrechtsmacht, S. 335, 353 ff.

[22] Würde das Konsensprinzip beibehalten, wäre die Gesellschaft praktisch handlungsunfähig, da es bei einer großen Anzahl von Gesellschaftern wohl ausgeschlossen ist, eine einstimmige Entscheidung herbeizuführen. *Gekeler*, Personengesellschaftlicher Konzern, S. 135 ff. geht deshalb soweit, dass in der Publikums-KG das Mehrheitsprinzip regelmäßig aufgrund ergänzender Vertragsauslegung gelte.

b) *Wettbewerbsverbot*

Eine andere Qualität weist demgegenüber das gesetzlich geregelte Wettbewerbsverbot in § 112 I HGB auf. Danach ist den persönlich haftenden Gesellschaftern einer OHG – und über § 161 II HGB den Komplementären – die Aufnahme einer Konkurrenztätigkeit, sowie die Beteiligung als persönlich haftender Gesellschafter an einem Konkurrenzunternehmen untersagt. Damit soll verhindert werden, dass der herrschende Gesellschafter seine Insiderinformationen und Einflussmöglichkeit missbraucht und dadurch zum Nachteil der Gesellschaft den eigenen Vorteil sucht.[23] Diesem aus der Treuepflicht resultierenden Gedanken liegt die Überlegung zugrunde, dass es mit der Zweckförderungspflicht nicht vereinbar wäre, wenn ein Mitgesellschafter den wirtschaftlichen Erfolg der Gesellschaft durch ein Konkurrenzunternehmen beeinträchtigen könnte.[24] Damit wird eine besonders gefährliche Form der Abhängigkeit, nämlich die fremdunternehmerische Betätigung im gleichen Handelszweig, unterbunden und die Zuständigkeit zur Befreiung in die Hände der Gesellschafter gelegt.

Ein vergleichbares Verbot wurde vom Gesetzgeber weder für die Aktionäre noch für die GmbH-Gesellschafter ausdrücklich formuliert. Lediglich bei den Gesellschaftern einer GmbH[25] kann sich die Treuepflicht so weit verdichten, dass sie in ein Wettbewerbsverbot mündet.[26] Der entscheidende Unterschied liegt darin, dass die Aufnahme einer Konkurrenztätigkeit durch einen OHG-Gesellschafter regelmäßig als konkrete Gefährdung eingestuft wird, während bei anderen Gesellschaftern eine konkrete Gefährdung erst durch eine Einzelfallprüfung nachgewiesen werden muss.[27] Damit hat der Gesetzgeber der personalistischen Struktur verknüpft mit der persönlichen Haftung in der Personengesellschaft Rechnung getragen und eine größere Konzernresistenz begründet.

---

[23] *Koller* in Koller/Roth/Morck, HGB, § 113 Rn. 1; *Staub/Ulmer*, HGB, § 112 Rn. 1; zu den möglichen Beeinträchtigungen des Gesellschaftsinteresses durch Wettbewerbshandlungen: *Geiger*, Wettbewerbsverbote, S. 64 ff.

[24] Zweck des Wettbewerbsverbots ist nicht der Erhalt der Arbeitskraft, wie beim Vorstandsmitglied (§ 88 AktG) und beim Handlungsgehilfen (§ 60 HGB), so aber *Wiedemann/Hirte*, ZGR 1986, 166; demgegenüber wohl h.M. *Heymann/Emmerich*, HGB, § 112 Rn. 2; *Geiger*, Wettbewerbsverbote, S. 64 ff., 66; *Schlegelberger/Martens*, HGB, § 112 Rn. 1; *Mattfeld*, Münchener Handbuch des Gesellschaftsrecht Band 1, § 53 Rn. 6; *A. Hueck*, OHG, § 13 II 1.; *Staub/Ulmer*, HGB, § 112 Rn. 2.

[25] Auf die Aktionäre können so weitreichende Treuepflichtgesichtspunkte in der Regel nicht übertragen werden. Siehe *Krieger*, Münchener Handbuch des Gesellschaftsrechts Band 4, § 69 Rn. 12; *Geiger*, Wettbewerbsverbote, S. 62 f. m.w.N.

[26] Mit einer differenzierenden Darstellung *Geiger*, Wettbewerbsverbote, S. 60 ff.; *K Schmidt*, § 20 V 1. b); *Timm*, GmbHR 1981, 177 ff.

[27] *K. Schmidt*, Gesellschaftsrecht, § 20 V 1. b) und c); *Schlegelberger/Martens*, HGB, § 112 Rn. 2.

Doch auch vom Wettbewerbsverbot kann durch einen gegebenenfalls mehrheitlich gefassten Gesellschafterbeschluss befreit werden.

III. Grenzen der Mehrheitsherrschaft

Die Effektivität der Konzernbildungskontrolle bemisst sich daher an einer wirkungsvollen Begrenzung der Mehrheitsherrschaft im Rahmen von Gesellschafterbeschlüssen.

1. Bestimmtheitsgrundsatz

Durch das Konsensprinzip kommt zum Ausdruck, dass grundsätzlich der Individualwille im Personengesellschaftsrecht entscheidend sein soll. Nach § 119 II HGB kann davon abgewichen und wie im Kapitalgesellschaftsrecht der Vorrang des Verbandswillens vereinbart werden. Daher können für Beschlüsse über Geschäftsführungsmaßnahmen ohne weiteres Mehrheitsentscheidungen vorgesehen werden.[28] Soll allerdings die Verbandsverfassung, also der Gesellschaftsvertrag geändert werden, ist abzuwägen wie weit der Anspruch des Verbandes auf Entscheidungsfähigkeit gegenüber dem Selbstbestimmungsrecht der einzelnen Gesellschafter geht. Von Bedeutung ist dabei auch die auf beiden Seiten bestehende Missbrauchsgefahr sowie die persönliche Haftung der Gesellschafter. Um hier eine Grenze zu ziehen, wurde von der Rechtsprechung der Bestimmtheitsgrundsatz entwickelt.[29] Ist im Gesellschaftsvertrag eine einfache Mehrheitsklausel enthalten, wird diese so verstanden, dass nur Beschlüsse in laufenden Angelegenheiten erfasst sein sollen.[30] Der Gesellschaftsvertrag dagegen kann nur dann durch Mehrheitsentscheidung geändert werden, wenn dies durch eine ausdrückliche Regelung im Gesellschaftsvertrag vorgesehen ist. Es muss sich aus dem Vertrag zweifelsfrei ergeben, „daß die Zulässigkeit des Mehrheitsbeschlusses auch gerade für die im jeweiligen Einzelfall in Betracht kommende Maßregel gelten soll".[31] Dabei wird in gewöhnliche und ungewöhnliche Vertragsänderungen unterschieden. Bei letzteren werden besondere Anforderungen an

---

[28] D.h. es ist ausreichend, wenn im Gesellschaftsvertrag eine einfache allgemein gehaltene Mehrheitsklausel enthalten ist. Siehe *Weipert* in Münchener Handbuch des Gesellschaftsrecht Band 1, § 51 Rn. 27, *v. Ditfurth*, ebenda § 7 Rn. 31.

[29] RGZ 91, 166, 168; 151, 321, 327; BGHZ 8, 35, 44; 48, 251, 253; 66, 82, 85; 71, 53, 57; 85, 350, 356; BGH NJW 1995, 194 f.

[30] RGZ 114, 393, 395; BGH DB 1961, 402 f.; *A. Hueck*, Das Recht der OHG, S. 178; *Staub/Ulmer*, HGB, § 119 Rn. 34; *Wiedemann*, Gesellschaftsrecht, § 8 i 2., S. 411.

[31] Stg. Rspr. BGHZ 8, 35,41; 20, 363, 369; 48, 251, 253; 85, 351, 355; BGH ZIP 1994, 1942; zur Entwicklung in Rechtsprechung und Literatur, *Göbel*, Mehrheitsentscheidungen in Personengesellschaften; inzwischen wird der Bestimmtheitsgrundsatz

die Bestimmtheit der Mehrheitsklausel gestellt. Es ist nicht ausreichend, lediglich zu vereinbaren, dass „auch Entscheidungen über Vertragsänderungen durch Mehrheitsbeschluß gefaßt werden".[32]

Der dogmatische Hintergrund des Bestimmtheitsgrundsatzes wird mit unterschiedlichen Ansätzen diskutiert.

Die Vertreter der „Einstimmigkeitstheorie" sehen in dem Bestimmtheitsgrundsatz eine Verlängerung des Einstimmigkeitsprinzips und stellen darauf ab, dass es sich um eine antizipierte Zustimmung der Gesellschafter handle, die später von der Mehrheit umgesetzt werde.[33] Dies hatte zur Folge, dass durch die Kautelarjurisprudenz umfangreiche Kataloge in die Gesellschaftsverträge aufgenommen wurden, um jede denkbare Beschlussfassung durch die Mehrheit zu ermöglichen[34], was letztendlich zu einem Leerlauf des Minderheitenschutzes führte.[35]

Der Gedanke der vorweg abgegebenen Zustimmung entspricht aber wohl kaum dem Willen der Vertragsparteien. Die Gesellschafter sind bei Abschluss des Vertrages nicht in der Lage abzusehen, wie sich der Betrieb der Gesellschaft entwickeln wird und welche konkreten Entscheidungen gefasst werden müssen. Die Annahme, die Gesellschafter wollten bereits bei Abschluss des Gesellschaftsvertrages die Entscheidung einzelner konkreter Beschlussgegenstände in die Hände der Mehrheit legen, ist wohl in den meisten Fällen konstruiert.

Viel naheliegender ist es, in der Vereinbarung einer Mehrheitsklausel eine abstrakt formelle Ermächtigung zu Mehrheitsentscheidungen zu sehen.[36] Die Gesellschafter nehmen Abstand von dem starren Einstimmigkeitsprinzip und wählen das flexible Mehrheitsprinzip, das eine sich an

häufig als formalistisch und überholt angesehen. Siehe *Heymann/Emmerich* § 119 Rn. 35 m.w.N.; *Staub/Ulmer,* HGB, § 119 Rn. 38 m.w.N.

32 *Heymann/Emmerich,* HGB § 119 Rn. 30 ff.; so aber *Hadding,* ZGR 1979, 636, 646.

33 *A. Hueck,* Das Recht der OHG, S. 390 f.; *Immenga,* ZGR 1974, 385, 419; *Martens,* DB 1973, 413, 414 f.; *Wiedemann,* Gesellschaftsrecht, § 8 I 2., S. 411 f.

34 *Sudhoff,* Der Gesellschaftsvertrag der Personengesellschaft, S. 452; *Riegger,* Münchener Vertragshandbuch, Gesellschaftsrecht, Form III 10, § 27 Abs. 1. Besondere Kritik hieran äußerte *K. Schmidt,* ZHR 158 (1994), 205, 208 f., 218 ff.

35 *Fischer,* FS Barz, S. 33, 41 f.; *Ulmer,* MüKo, BGB, § 709 Rn. 74; *Hennerkes/ Binz,* BB 1983, 714; *Staub/Ulmer,* § 105 Rn. 190; *Wiedemann,* JZ 1983, 559, 560.

36 *Hermanns,* ZGR 1996, 103, 105 f.; *Marburger,* NJW 1984, 2252, 2254; *Menk,* Das Verhältnis des Bestimmtheitsgrundsatzes zur Kernbereichslehre im Recht der OHG, 1975, S. 62 ff., 68; *Röttger,* Die Kernbereichslehre im Recht der Personenhandelsgesellschaften, 1989, S. 87 f., 90; *K. Schmidt,* ZHR 158 (1994), 205, 215 ff.; *ders.*, Gesellschaftsrecht, § 16 II 2. d); *Wiedemann,* Gesellschaftsrecht Band I, 1980, S. 410. *Westermann,* Vertragsfreiheit und Typengesetzlichkeit im Recht der Personengesellschaften, S. 222, weist dem Bestimmtheitsgrundsatz eine Warnfunktion zu.

rasch verändernde Wirtschaftsbedingungen angepasste Entscheidungsfindung ermöglicht. Daher stellt der Bestimmtheitsgrundsatz lediglich eine Kompetenzzuweisung dar. Es ist im Einzelnen zu prüfen, ob für den in Frage stehenden Gegenstand die Entscheidungskompetenz auf die Mehrheit übertragen wurde. Hierzu bedarf es keines umfangreichen Kataloges von Beschlussgegenständen. Es sind einfache Klauseln ausreichend, die in jedem Einzelfall nach dem Parteiwillen auszulegen sind. Vor diesem Hintergrund ist auch die qualitative Differenzierung des BGH zu sehen, wonach zu entscheiden ist, ob die Kompetenzzuweisung an die Mehrheit lediglich einfache Geschäftsführungsmaßnahmen betreffen sollte oder ob darüber hinaus übliche bzw. welche unüblichen Vertragsänderung erfasst sind.

Bei einer die Abhängigkeit begründenden Beschlussfassung handelt es sich häufig um Änderungen des Gesellschaftsvertrages oder Grundlagengeschäfte, wie z. B. die Aufnahme eines Unternehmensgesellschafters, Änderung der Geschäftsführungs- und Vertretungsbefugnis, Einräumung von Veto- oder Weisungsrechten, Befreiung vom Wettbewerbsgebot usw. Während diese Beschlussgegenstände in der Regel von einer allgemeinen auf die Änderung des Gesellschaftsvertrages gerichteten Mehrheitsklausel erfasst werden, muss doch die besonderer Tragweite der Abhängigkeitsbegründung berücksichtigt werden. Daher muss sich aus der Mehrheitsklausel ergeben, dass die Mehrheit auch bei solchen Entscheidungen zuständig sein soll, die zur Abhängigkeit der Gesellschaft führen.[37]

Besonders der Gedanke der Entscheidungs- und Handlungsfähigkeit des Verbandes führte dazu, dass insbesondere für den Bereich der Publikumsgesellschaften Kritik am Bestimmtheitsgrundsatz laut wurde.[38] Die Anforderungen seien zu starr und formalistisch. Bei einer großen Anzahl von Anlegern sei es praktisch unmöglich, eine einstimmige Entscheidung herbeizuführen. Im Anschluss daran gab die Rechtsprechung die Anwendung des Bestimmtheitsgrundsatzes bei Publikumsgesellschaften auf.[39]

Führt man den Bestimmtheitsgrundsatz jedoch – wie hier vertreten – auf seine eigentliche Funktion als Kompetenzzuweisung zurück, kann er auch

Nur wer zuvor durch den Gesellschaftsvertrag gewarnt worden sei, könne sich wirksam der Mehrheitskompetenz unterwerfen.

37 So auch *Schlegelberger/Martens,* HGB, Anh. § 105 Rn. 25; *Schießl,* Beherrschte Personengesellschaft, S. 36; *Löffler,* Abhängige Personengesellschaft, S. 69; *Reuter,* ZHR 146 (1982), 1, 8, schließt Mehrheitsentscheidungen in der *abhängigen* Personengesellschaft aus.

38 *Wiedemann,* Gesellschaftsrecht, § 8 I 2., S. 412; *ders.,* JZ 1978, 612; *Liebscher,* Konzernbildungskontrolle, S. 152 f.; *Marburger,* ZGR 1989, 146, 149 ff.; *Mecke,* BB 1988, 2258; *Weipert,* Münchener Handbuch des Gesellschaftsrechts, Band II, § 10 Rn. 48 ff., *Hennerkes/Binz,* BB 1983, 713, 714 f.

39 BGHZ 66, 83, 85 f.; 71, 53, 58; BHG NJW 1978, 1382.

bezüglich der Publikumsgesellschaften aufrecht erhalten werden. Die Auslegung einer Mehrheitsklausel erfolgt an Hand des Parteiwillens. Dabei ist zu berücksichtigen, dass die Gesellschafter einer Publikumsgesellschaft mit der Vereinbarung einer Mehrheitsklausel zum Ausdruck bringen, dass in Anbetracht ihrer kapitalistischen Struktur eine Annäherung an die Kapitalgesellschaften gewollt ist und daher auch ein vergleichbar weitreichendes Mehrheitsprinzip gelten soll. Von einer einfachen Mehrheitsklausel sollen auch Vertragsänderungen erfasst werden, da auch bei den Kapitalgesellschaften Satzungsänderungen durch Mehrheitsentscheidung möglich sind. Der Bestimmtheitsgrundsatz erfüllt damit lediglich die Funktion der formellen Legitimation.[40] Ein starrer Beschlusskatalog als Gegenstand der Kritik ist nicht erforderlich.

In Anbetracht der umfassenden Kompetenzzuweisung, ist auch bei abhängigkeitsbegründenden Beschlüssen keine Ausnahme zu machen[41], es sei denn, aus dem Gesellschaftsvertrag ist ein entgegenstehender Wille ersichtlich.

2. Kernbereichslehre

Nach dem hiesigen Verständnis tritt neben den Bestimmtheitsgrundsatz die Kernbereichslehre als dessen materielle Ergänzung. Während der Bestimmtheitsgrundsatz das Abweichen vom gesetzlichen Leitbild der Einstimmigkeit legitimiert, erfolgt nach der Kernbereichslehre eine materielle Beschränkung der Mehrheitskompetenz.[42] Dieses spezielle Instrument des Minderheitenschutzes[43] verschließt der Mehrheit die Entscheidung über den sog. mehrheitsfesten[44] und verzichtsfesten[45] Kernbereich der Mitgliedschaftsrechte.[46]

---

[40] In diesem Sinne auch *K. Schmidt*, Gesellschaftsrecht, § 16 II 2. d) bb); *ders.*, ZHR 158 (1994), 205, 221, 223.; a.A. *Gekeler*, Personengesellschaftlicher Konzern, S. 135 ff., der sogar die ausdrückliche Vereinbarung des Mehrheitsprinzips für entbehrlich hält und regelmäßig im Weg der ergänzenden Vertragsauslegung zur Mehrheitskompetenz gelangt.

[41] So auch *Liebscher*, Konzernbildungskontrolle, S. 337.

[42] *K. Schmidt*, Gesellschaftsrecht, § 47 V 2. b); *ders.*, ZHR 158 (1994), 206 ff.; *Hermanns*, ZGR 1996, 114 f.; *Dürrschmidt*, JuS 1997, 15 ff.; BGH JZ 1995, 311 m. Anm. *K. Schmidt*.

[43] Im Gegensatz dazu wird der Bestimmtheitsgrundsatz als wertneutral angesehen; *Hermanns*, ZGR 1996, 103, 114.

[44] Darunter versteht man den Bereich, der zwar im Gesellschaftsvertrag eingeschränkt oder abbedungen werden kann, jedoch durch die Mehrheit nicht entzogen werden kann. Dazu zählen namentlich die wesentlichen Mitverwaltungs- und Vermögensrechte, wie beispielsweise Stimm-, Gewinn-, Geschäftsführungsrechte, sowie das Recht auf Beteiligung am Liquidationserlös. Siehe dazu *K. Schmidt*, Gesellschaftsrecht, § 16 III 3. b).

Da die Begründung der Abhängigkeit auf zahlreichen Maßnahmen beruhen kann, ist eine pauschale Aussage über die Kernbereichsrelevanz des jeweiligen Beschlusses nicht möglich. Hier ist vielmehr an Hand des Einzelfalles zu untersuchen, ob der konkrete Beschlussgegenstand den Kernbereich tangiert. Will beispielsweise ein Kommanditist seine beherrschende Stellung ausbauen, indem wesentliche Bereiche der Geschäftsführung von seiner Zustimmung abhängig sind, liegt hierin eine Verkürzung der Geschäftsführungsbefugnisse des Komplementäres und daher ein Eingriff in dessen mitgliedschaftlichen Kernbereich. Seine Zustimmung ist erforderlich. Anderes gilt jedoch bei der Befreiung vom Wettbewerbsverbot. Hier liegt kein Eingriff in den Kernbereich vor. Eine Mehrheitsentscheidung ist daher vor dem Hintergrund der Kernbereichslehre zulässig.

Der Aspekt der Abhängigkeitsbegründung als solcher kann nicht als Eingriff in den Kernbereich gewertet werden.[47] Es wird lediglich eine Gefahrensituation geschaffen. Mit der Begründung der Abhängigkeit erfolgt noch keine Änderung der Interessenausrichtung auf das Konzerninteresse. Der beherrschende Gesellschafter ist nach wie vor an das Gesellschaftsinteresse gebunden. Eine Verkürzung der Mitgliedschaftsrechte der außenstehenden Gesellschafter durch die Ausrichtung auf ein fremdes Interesse entsteht nicht. Die Begründung der Gefährdung als solche kann einem Eingriff nicht gleichgestellt werden. Macht der herrschende Gesellschafter missbräuchlich von seiner Machtposition Gebrauch, stehen den außenstehenden Gesellschaftern Schadenersatz- und Unterlassungsansprüche zu, so dass sie auch im Falle der Realisierung der Gefahr nicht schutzlos gestellt sind. Die Wahrscheinlichkeit des Eintritts eines Schadens ist nicht so groß, dass ein Verweis auf Ersatzansprüche unbillig wäre, da nicht per se davon ausgegan-

---

[45] Der unverzichtbare Bereich bezieht sich auf Rechte, die auch durch den Gesellschaftsvertrag nicht eingeschränkt werden können, auf die der Gesellschafter also nicht generell abstrakt verzichten kann. Natürlich bleibt es ihm unbenommen, ein ihm zustehendes Recht nicht geltend zu machen. Im Einzelnen zählen hierzu die Informationsrechte, um eine präventive Kontrolle der Mehrheit zu gewährleisten. Daneben stehen die repressiven Mittel wie gesellschafterliche Klagerechte und die Möglichkeit der Beschlussanfechtung. Siehe *K. Schmidt,* Gesellschaftsrecht, § 16 II 3. a).

[46] Im Einzelnen dazu *R. Göbel,* Mehrheitsentscheidungen in Personengesellschaften, S. 107 ff.; *M. Hermanns,* ZGR 1996, 103, 108 ff.; *K. Schmidt,* Gesellschaftsrecht, § 16 III 3.

[47] A.A., wonach eine die Abhängigkeit begründende Entscheidung einem Mehrheitsbeschluss nicht zugänglich sei und in jedem Fall die Zustimmung aller Gesellschafter bei der Beschlussfassung erforderlich sei. Siehe *Adler/Düring/Schmaltz,* § 17 AktG, Rn. 69; *Altmeppen,* Abschied vom qualifiziert faktischen Konzern, S. 110 ff.; *Baumbach/Hopt,* HGB, § 105 Rn. 102; *Emmerich/Sonnenschein,* Konzernrecht, § 26 IV 1.; *K. Schmidt,* Gesellschaftsrecht, § 43 III 3. a).

gen werden kann, dass der herrschende Gesellschafter seine Macht missbraucht.

Die pauschale Annahme eines kernbereichsrelevanten Eingriffs ist daher nicht gerechtfertigt.

3. Inhaltskontrolle

Auch wenn die Begründung der Abhängigkeit als „schlichte" Gefährdung keinen Eingriff in den mitgliedschaftlichen Kernbereich darstellt und daher Mehrheitsentscheidungen grundsätzlich möglich sind, ist die Mehrheit in ihrer Entscheidung nicht frei. Neben den Anforderungen an Mehrheitsbeschlüsse unter dem Gesichtspunkt des Bestimmtheitsgrundsatzes und der Kernbereichslehre[48] hat der BGH in der Entscheidung BGHZ 80, 69 (Süssen) das Erfordernis einer sachlichen Rechtfertigung formuliert. Die Zustimmung zu einer in die Abhängigkeit führenden Befreiung vom Wettbewerbsverbot liege nicht im freien Ermessen der Mehrheit. Sie sei vielmehr rechtswidrig, falls sie nicht durch sachliche Gründe im Interesse der Gesellschaft gerechtfertigt sei. Diese zur formellen, der Mehrheit hinzutretende sachliche Wirksamkeitsvoraussetzung der Befreiung vom Wettbewerbsverbot, schließe die Abwägung der Interessen und die Verhältnismäßigkeit von Zweck und Mittel ein.

Die im Blickpunkt stehende Entscheidung des BGH erging zur Befreiung von einem vertraglichen Wettbewerbsverbots in einer abhängigen GmbH. Die Kernaussage kann auf die abhängige Personengesellschaft übertragen werden[49], da beide Gesellschaftsformen eine personalistische Struktur aufweisen[50], die eine besondere Ausprägung der Treuepflicht[51] begründet und damit zu einem bestimmten Stimmverhalten verpflichten kann bzw. zur Rechtswidrigkeit der Stimmabgabe führt.[52]

Daher bedarf auch bei einer Personengesellschaft eine in die Abhängigkeit führende Befreiung vom Wettbewerbsverbot einer sachlichen Rechtfertigung.

Eine derartige Inhaltskontrolle ist in jedem Fall der Abhängigkeitsbegründung durch Mehrheitsbeschluss zu fordern, da es zwischen den verschiede-

---

[48] Siehe unten oben unter Kap. 3 III. 1. und 2.

[49] *Fischer,* FS Barz, S. 31, 43 f.; *Lutter,* AcP 180 (1980), 84, 124; *Schilling,* ZGR 1979, 419, 422; *H. Wiedemann,* JZ 1983, 559, 560; a.A. *Schießl,* Beherrschte Personengesellschaft, S. 32 f.

[50] *K. Schmidt,* Gesellschaftsrecht, § 33 I 2. b).

[51] BGHZ 65,15 (ITT); *K. Schmidt,* Gesellschaftsrecht, § 35 I 2 d), § 20 IV 2. a), b).

[52] BGHZ 132, 84.

nen Beschlussgegenständen im Hinblick auf deren Folge, nämlich die Begründung der Abhängigkeit, keinen qualitativen Unterschied gibt.[53] In jedem Fall der Abhängigkeitsbegründung entstehen für die Gesellschaft und für die außenstehenden Gesellschafter eine besondere Gefahr und das Risiko des Missbrauchs durch den herrschenden Gesellschafter, was einer gesellschaftlich begründeten Rechtfertigung bedarf. Dies gilt auch für den Bereich der Publikumsgesellschaft.[54]

IV. Generelles Zustimmungserfordernis

Eine Gesellschaft kann auch durch tatsächliche – nicht gesellschaftsrechtliche – Maßnahmen in Abhängigkeit geraten. Verfügt ein Gesellschafter zwar über eine herrschende Position in der Gesellschaft, fehlt ihm aber die Unternehmensqualität, weil er keiner anderweitigen unternehmerischen Tätigkeit nachgeht, so führt die Aufnahme einer unternehmerischen Betätigung in einem anderen Handelszweig zur Abhängigkeit der Gesellschaft, ohne dass es eines Befreiungsbeschlusses vom Wettbewerbsverbot gem. § 112 HGB bedürfte. In diesem Fall erscheint eine präventive Abhängigkeits- bzw. Konzerneingangskontrolle schwierig. Der Gesetzgeber hat allein für den Fall, dass die Betätigung im gleichen Handelszweig erfolgt, besonderen Handlungsbedarf gesehen und ein Verbot eingeführt. Für eine darüber hinausgehende Ausdehnung des Wettbewerbsverbots bietet der Gesetzeswortlaut des § 112 HGB keinen Raum.[55] Daher kann aus § 112 HGB kein generelles Zustimmungserfordernis zur Begründung von Abhängigkeit hergeleitet werden.[56]

---

[53] Im Rahmen der Frage nach der Kernbereichsrelevanz war auf die einzelne Maßnahme als Mittel zur Begründung von Abhängigkeit abzustellen. Entscheidend war, ob das eingesetzte Mittel die Individualrechte eines Mitgesellschafters verletzt. In der Wirkung, die die Abhängigkeit als solche zeitigt, konnte kein Kernbereichseingriff gesehen werden. Hier dagegen handelt es sich um eine aus der Treuepflicht resultierende Verpflichtung der Mehrheit gegenüber den Mitgesellschaftern und der Gesellschaft, die in der Abhängigkeit entstehende Gefährdung zu rechtfertigen. Es geht nicht um die Frage der Verletzung von Gesellschafterrechten, sondern um die Verpflichtung der gegenseitigen Rücksichtnahme und der bestmöglichen Förderung des gemeinsamen Zwecks.

[54] In BGHZ 71, 53, 59 hat der Senat ausdrücklich darauf hingewiesen, dass die Unanwendbarkeit des Bestimmtheitsgrundsatzes nicht zu einem Verzicht auf anderweitigen Schutz führt. Daher gelangt man zu einer Beschlusskontrolle wie in BGHZ 102, 173 ff. und BGHZ 104, 50 ff.

[55] *Baumgartl*, Konzernbeherrschte Personengesellschaft, S. 29 ff.; *Liebscher*, Konzernbildungskontrolle, S. 315; *Schießl*, Beherrschte Personengesellschaft, S. 38; *U. Schneider*, ZGR 1975, 253, 280; *ders.*, ZGR 1980, 511, 528; *Staub/Ulmer*, HGB, Anh. § 105 Rn. 40; *Wiedemann/Hirte*, ZGR 1986, 163, 167.

[56] So auch *Löffler*, Abhängige Personengesellschaft, S. 74. Demgegenüber folgert *Emmerich* in Festschrift für W. Stimpel, S. 742, 748 f. aus BGHZ 80, 69, dass jeder

Es fehlt an einer Grundlage, den außenstehenden Gesellschaftern Einflussmöglichkeiten einzuräumen. Alleine auf die Strukturänderung in der Gesellschaft kann ein derartiges Zustimmungserfordernis nicht gestützt werden. Es entsteht zwar ein Schädigungspotential, ein Eingriff und damit eine unmittelbare Verletzung von Rechtspositionen liegt jedoch noch nicht vor. Die Treuepflicht mag allenfalls eine Informationspflicht über die Aufnahme einer anderweitigen unternehmerischen Tätigkeit begründen.[57] Die Zulässigkeit dieser Tätigkeit an die Zustimmung der Mitgesellschafter zu binden, vermag sie jedoch nicht. Allein die Entstehung der Gefährdung rechtfertigt keine so weitgehende Einschränkung des Selbstbestimmungsrechts des herrschenden Gesellschafters. Ein generelles Zustimmungserfordernis kann daher nicht begründet werden.[58]

Es ist allerdings möglich, dass sich die Minderheitsgesellschafter auf vertraglicher Basis ein Zustimmungsrecht sichern, indem eine entsprechende Klausel im Vertrag aufgenommen wird.[59] Allerdings ist im Hinblick auf § 1 GWB, der wettbewerbsbeschränkende Charakter zu berücksichtigen. Gegebenenfalls darf die Zustimmung nur bei einer konkreten Gefährdung – wie beispielsweise bei der Betätigung auf einem verwandten Marktsegment oder auf der nächsten oder vorhergehenden Marktstufe – verweigert werden. Denn nur dann dient die Regelung der Erhaltung der Wettbewerbsfähigkeit der Gesellschaft.

V. Begründung von Konzernabhängigkeit

Während in der Abhängigkeit lediglich die Gefahr fremdunternehmerischen Einflusses bestand, begründet die Konzernierung eine grundlegende

---

Eingriff der Mehrheit in Positionen der Minderheit einer sachlichen Rechtfertigung bedürfe. Schon die Begründung der Abhängigkeit durch Erwerb eines anderen Unternehmens seitens des herrschenden Gesellschafters ohne vorgängige Zustimmung aller anderen Gesellschafter sei grundsätzlich rechtswidrig.

[57] *Lutter/Timm*, NJW 1982, 409, 419 (für die GmbH); *Ochsenfeld*, Abschreibungs-KG, S. 127 (für die Publikums-KG); *Schießl*, Beherrschte Personengesellschaft, S. 39.

[58] *Liebscher*, Konzernbildungskontrolle, S. 318 f., 320 ff.; *Löffler*, Personengesellschaft, S. 155 ff.; *Ochsenfeld*, Abschreibungs-KG, S. 127; *Schlegelberger/Martens*, HGB, § 105 Anhang Rn. 24 f.; *Schießl*, Personengesellschaft, S. 38 f.; *Staub/Ulmer*, HGB, § 105 Anh. Rn. 38 ff.; *Ulmer*, in: ders. (Hrsg.), Probleme des Konzernrechts, S. 38 ff.; a. A. *Altmeppen*, Abschied vom qualifiziert faktischen Konzern, 110 ff.; *Baumbach/Hopt*, HGB, § 105 Rn. 102 f.; *Heymann/Emmerich*, HGB, § 105 Rn. 116; *Emmerich* in FS Stimpel, S. 743, 749; *Kleindiek*, Strukturvielfalt im Personengesellschafts-Konzern, S. 253 ff., *Löw*, Abhängigkeit der Personengesellschaft, S. 155; *K. Schmidt*, Gesellschaftsrecht § 43 III 3. a).

[59] Dazu ausführlicher *Liebscher*, Konzernbildungskontrolle, S. 317, m. w. N. in Fn. 35.

Strukturveränderung, der die Ausrichtung auf das fremdunternehmerische Drittinteresse zugrunde liegt. Dies führt nicht nur dazu, dass der abhängigen Gesellschaft – rechtswidriger Weise – die Substanz ihres Vermögens entzogen werden kann[60], sondern auch, dass der gesamtunternehmerische Charakter verändert wird.

1. Konzernierungsbeschluss

Die Änderung der Interessenausrichtung hat zur Folge, dass die zunächst eigennützige Zweckförderung in eine fremdnützige gewandelt wird. Die dadurch bedingte Änderung des Gesellschaftszwecks erfordert eine Regelung auf der Ebene des Gesellschaftsvertrages, so dass ein entsprechender Konzernierungsbeschluss gefasst werden muss.[61]

Ein solcher Beschluss ist auch dann zu fassen, wenn ein Beherrschungsvertrag abgeschlossen werden soll. Werden beherrschungsvertragliche Elemente nicht bereits in den Gesellschaftsvertrag aufgenommen, ist es auch möglich, einen Beherrschungsvertrag nach dem aktienrechtlichen Modell zwischen dem herrschenden und dem abhängigen Unternehmen abzuschließen.[62] Auch in diesem Fall müssen die Gesellschafter der abhängigen Gesellschaft dem Vertragsschluss zustimmen, da es sich um keine reine Geschäftsführungsmaßnahme handelt, sondern um eine durch die geänderte Interessenausrichtung bedingte Änderung des Gesellschaftsvertrages.[63]

Aus der Konzernierungsabrede muss – entweder ausdrücklich oder im Wege der Auslegung – hervorgehen, dass das Eigeninteresse der abhängigen Gesellschaft durch das Konzerninteresse überlagert werden soll und nunmehr den verbindlichen Maßstab für die Unternehmensleitung darstellt. Ferner kann der Umfang der Konzernherrschaft bestimmt werden. So ist es beispielsweise möglich, eine dezentrale Konzernführung festzuschreiben.

---

60 Zum Entzug der Vermögenssubstanz durch verdeckte Gewinnausschüttungen, *Löffler,* Abhängige Personengesellschaft, S. 105 ff.

61 *Koller/Rpth/Morck,* HGB, § 105 Rn. 36; *Ochsenfeld,* Abschreibungs-KG, S. 127 f.; *Reuter,* ZHR (1982), 1, 14 Fn. 64, 15; *Schießl,* Beherrschte Personengesellschaft, S. 27; *U. Schneider,* ZGR 1975, 253, 275; *ders.,* ZGR 1980, 511, 525; *ders.,* BB 1980, 1057, 1062; *Staub/Ulmer,* HGB, Anh. § 105 Rn. 58 f.; *Ulmer,* in ders. (Hrsg.): Probleme des Konzernrechts, S. 26, 50; *H. Wiedemann,* FS Westermann, S. 585, 595; ähnlich *Löffler,* Abhängige Personengesellschaft, S. 40 ff., 76 ff., der zwar eine Änderung der Interessenausrichtung ablehnt, jedoch eine Änderung der wirtschaftlichen Ausrichtung für möglich hält und in diesem Rahmen einen „Konzernierungsbeschluss" fordert.

62 Zum Wesen des Beherrschungsvertrages siehe oben Kap. 2 III. 1.

63 Ähnlich *Gekeler,* Personengesellschaftlicher Konzern, S. 190 f., der von einem Grundlagengeschäft spricht, da keine formelle Änderung des Gesellschaftsvertrages erfolge.

Will das herrschende Unternehmen seine Leitungsbefugnisse ausdehnen, ist ein entsprechender erweiternder Beschluss erforderlich.[64]

Sowohl durch einen gesondert abgeschlossenen Beherrschungsvertrag, als auch durch eine gesellschaftsvertragliche Konzernierungsvereinbarung, wird ein Vertragskonzern begründet, der die unwiderlegliche Vermutung von § 18 I S. 2 AktG nach sich zieht.[65]

2. Konzernierungsklausel/Mehrheitsbeschluss

Der durch den Konzernierungsbeschluss bezweckte Minderheitenschutz ist jedoch nur dann nachhaltig, wenn keine mehrheitliche Beschlussfassung möglich ist. Häufig werden jedoch Mehrheits- und Konzernierungsklauseln in den Gesellschaftsvertrag aufgenommen. Wie bereits dargestellt, ist die Zulässigkeit einer Mehrheitsentscheidung anhand des Bestimmtheitsgrundsatzes und der Kernbereichslehre zu beurteilen.

Da es sich um eine außergewöhnliche Änderung des Gesellschaftsvertrages handelt, ist weder eine allgemeine noch eine auf Vertragsänderungen bezogene Mehrheitsklausel ausreichend.[66] Eine einfache Konzernierungsklausel, wonach die Personengesellschaft durch Mehrheitsentscheidung unter die einheitliche Leitung eines herrschenden Unternehmens gestellt werden kann, vermag nach der wohl herrschenden Meinung die Anforderungen des Bestimmtheitsgrundsatzes auch nicht zu erfüllen.[67] Die Gestaltungs-

---

[64] So auch *Schießl,* Beherrschte Personengesellschaft, S. 40, der allerdings nach wir vor das Eigeninteresse der Gesellschaft für verbindlich hält, S. 42.

[65] So auch *Baumgartl,* Konzernbeherrschte Personengesellschaft, S. 80 f., der jedoch noch weiter geht und in jedem Fall der durch einen Unternehmensgesellschafter beherrschten Personengesellschaft einen Vertragskonzern sieht. A.A. *Löffler,* Abhängige Personengesellschaft, S. 20, der hier zu recht die „Einebnung der Unterscheidung von Abhängigkeit und Konzern" sieht.

[66] *Baumbach/Hopt,* HGB § 105 Rn. 102 f.; *Baumgartl,* S. 59 ff., *Emmerich/Sonnenschein,* Konzernrecht, S. 437; *Ulmer,* in: ders. (Hrsg.), Probleme des Konzernrechts, 28, 50 f.; *Burbach,* Personenhandelsgesellschaft, S. 407 ff.; *Kleindiek,* Strukturvielfalt im Personengesellschafts-Konzern, S. 79 ff.; *Löffler,* Abhängige Personengesellschaft, S. 69; *Reuter,* ZHR 146 (1982), 1, 14 ff.; *Schlegelberger/Martens,* HGB Anh. § 105 Rn. 31 ff.; a.A. *Ebenroth,* FS f. Boujong, S. 99, 107, der eine qualifizierte Konzernierungsklausel für ausreichend hält.

[67] *Ebenroth,* FS Boujong, S. 99, 107; *Emmerich/Sonnenschein,* Konzernrecht, § 27 II 1.; *Schlegelberger/Martens,* HGB, Anh. § 105 Rn. 36; *Staub/Ulmer,* HGB, Anh. 3 105 Rn. 60; *Staub,* in: ders. (Hrsg.), Probleme des Konzernrechts, S. 26, 51; a.A. *Gekeler,* Personengesellschaftlicher Konzern, S. 191 ff., 194, der eine allgemein gehaltene Konzernklausel für ausreichend hält. Allerdings stellt der Zustimmungsbeschluss zum Abschluss eines Beherrschungsvertrages nach seiner Ansicht keine Änderung des Gesellschaftsvertrages dar, sondern eine ungewöhnliche Geschäftsführungsmaßnahme.

möglichkeiten der Konzernbildung seien zu vielfältig, um an Hand einer allgemeinen Formulierung eine Zuständigkeit begründen zu können. Es sei daher eine qualifizierte Klausel erforderlich. Teilweise wird gefordert, dass das konkrete Konzernierungsvorhaben bereits umrissen werden müsse.[68] In diesem Fall wird man jedoch nicht mehr von der Anwendung des Bestimmtheitsgrundsatzes sprechen können, sondern von einer echten antizipierten Zustimmung. Lediglich die Frage, ob und wann das Vorhaben umgesetzt werden soll, liegt dann in der Kompetenz der Mehrheit.[69]

Letztlich kann die Frage der Bestimmtheitsanforderungen an eine Konzernierungsklausel dahin stehen, da unter dem Gesichtspunkt des Kernbereichsschutzes die Zustimmung sämtlicher Gesellschafter erforderlich ist. Die nachhaltige Beeinträchtigung der mitgliedschaftlichen Stellung der außenstehenden Gesellschafter begründen einen Eingriff in den unverzichtbaren Kernbereich.[70] Der Verlust der wirtschaftlichen Selbständigkeit und die Änderung der Interessenausrichtung berühren nicht nur die Gesellschaft als solche, sondern gleichzeitig auch die einzelnen Gesellschafter, deren mitgliedschaftliche Rechte ebenfalls eine entsprechende Veränderung erfahren. Daher ist zur Konzernbildung die Zustimmung sämtlicher Gesellschafter erforderlich.[71] Diese kann allerdings, wie oben dargestellt, bereits im Voraus im Gesellschaftsvertrag erteilt werden, mit der Konsequenz, dass die Umsetzung durch die Mehrheit beschlossen wird. Eine solche antizipierte Zustimmung ist jedoch nur wirksam, wenn in der Zwischenzeit keine nachhaltigen Veränderungen eingetreten sind, die zum Wegfall der Entscheidungsgrundlage führen.

---

[68] So auch *Emmerich/Sonnenschein,* Konzernrecht, § 27 II 1.; a. A. *Kleindiek,* Strukturvielfalt im Personengesellschafts-Konzern, S. 83 ff., der eine solche Klausel nicht für ausreichend hält und eine aktuelle Zustimmung der Gesellschafter im Zeitpunkt der Realisierung der Maßnahme fordert.

[69] Nach *Kleindiek,* Strukturvielfalt im Personengesellschafts-Konzern, S. 83 ff., bedürfe die spätere Realisierung der Konzernierungsmaßnahme der aktuellen Zustimmung aller Gesellschafter, da im Zeitpunkt der Aufnahme der Klausel die Entscheidungsgrundlage noch nicht zur Verfügung gestanden habe.

[70] *Kleindiek,* Strukturvielfalt im Personengesellschafts-Konzern, S. 81 ff.; *Löffler,* Abhängige Personengesellschaft, S. 76 ff. sieht im Vorrang des Konzerninteresses einen Verstoss gegen den Gleichbehandlungsgrundsatz; a. A. *Ebenroth,* FS Boujong, S. 99, 111 ff., der den Schutz des Kernbereichs bereits durch eine qualifizierte Konzernierungsklausel gewahrt sieht. Hierzu ist der Bestimmtheitsgrundsatz als formelle Kompetenzzuweisung jedoch nicht geeignet. Gerade die Herausbildung einer Vielzahl spezieller Mehrheitsklauseln hat sich als nicht sachgerecht erwiesen.

[71] *Gekeler,* Personengesellschaftlicher-Konzern, S. 191 ff., 196; *Kleindiek,* Strukturvielfalt im Personengesellschafts-Konzern, S. 81 ff., 256 ff.; *Liebscher,* Konzernbildungskontrolle, S. 326 ff., 330 ff.; *Löffler,* Abhängige Personengesellschaft, S. 76 ff.; *Schießl,* Beherrschte Personengesellschaft, S. 33 f.; *Staub/Ulmer,* HGB, Anh. § 105 Rn. 29, 32 ff., 59 ff.

3. Publikums-KG

In der Publikums-KG kann generell davon ausgegangen werden, dass eine allgemeine Mehrheitsklausel auch für Konzernbildungsmaßnahmen Gültigkeit besitzt. In Anbetracht der großen Zahl von Anlegern und der kapitalistischen Strukturen ist eine sehr weite Auslegung von Mehrheitsklauseln möglich. Daneben stellt sich jedoch die Frage, inwiefern die Kernbereichslehre einer Mehrheitsentscheidung entgegensteht. Während in der normaltypischen Personengesellschaft die Ausrichtung auf das Konzerninteresse zu einer Modifizierung der unternehmerischen Betätigung der Gesellschafter führt, ist dieser Aspekt in der Publikumsgesellschaft hinfällig. Die Kommanditisten beteiligen sich aus Anlagegesichtspunkt und sind weitgehend von unternehmerischen Entscheidungen ausgeschlossen. Durch die Konzernbildung werden alleine die Renditeinteressen der Anleger berührt. Die Verpflichtung des herrschenden Unternehmens zum angemessenen Ausgleich gem. § 304 AktG analog bietet hier jedoch ausreichenden Schutz.[72] Die Konzernbildung stellt daher in der Publikumsgesellschaft keine kernbereichsrelevante Maßnahme dar. Allerdings ist zum Schutz der Minderheit in Anlehnung an das Kapitalgesellschaftsrecht, ein Beschluss mit einer ¾-Mehrheit entsprechend § 293 I 2 AktG zu fordern.[73]

VI. Teilnahme am Konzernbildungsprozess auf höherer Stufe

Die Begründung von Konzernverhältnissen kann sich auch außerhalb der Untergesellschaft auf einer höheren Stufe vollziehen. Dabei ist vor allem an den Fall zu denken, dass ein Gesellschafter – beispielsweise die Komplementär-GmbH – der Untergesellschaft abhängig wird. War die Untergesellschaft zunächst unabhängig, weil der herrschende Gesellschafter – die Komplementär-GmbH – mangels anderweitiger unternehmerischer Betätigung keine Unternehmensqualität besaß, führt die Begründung der unmittelbaren Abhängigkeit des herrschenden Gesellschafters zur mittelbaren Abhängigkeit der Untergesellschaft. Diese Konstellation der Begründung mittelbarer Abhängigkeit wird besonders in den Fällen der GmbH & Co KG und der Publikums-KG im Hinblick auf den Treuhand- oder Verwaltungskommanditisten[74] relevant. Es stellt sich also die Frage, inwiefern die Gesellschafter der Untergesellschaft auf die Begründung der Abhängigkeit der Komplementär-GmbH oder der Treuhand- oder Verwaltungs-GbmH

[72] Die analoge Anwendung von § 304 AktG wird lediglich für die Publikumsgesellschaft aufgrund ihrer den Kapitalgesellschaften angenäherten Struktur angenommen. Siehe im Einzelnen dazu unten Kap. 7 V.

[73] So auch *Gekeler*, Personengesellschaftlicher-Konzern, S. 199.

Einfluss nehmen können[75] – insbesondere dann, wenn die Kommanditisten bzw. Anleger nicht auch an der GmbH als Gesellschafter beteiligt sind.

1. Herrschaftsbegründung durch Mehrheitsbeteiligung

Die Abhängigkeitsbegründung in der GmbH vollzieht sich im Wesentlichen über die Bildung einer Mehrheitsbeteiligung durch einen Unternehmensgesellschafter.[76] Aufgrund der freien Übertragbarkeit von Gesellschaftsanteilen steht einem solchen Vorgang durch den (Zu-)Erwerb von Beteiligungen nichts entgegen. Präventive Schutzvorkehrungen können lediglich auf der Ebene der Satzung, beispielsweise durch die Vinkulierung der Anteile gem. § 15 II GmbHG, getroffen werden.[77] Dabei ist es auch möglich, gesellschaftsfremden Dritten, wie beispielsweise den Gesellschaftern der KG, einen solchen Zustimmungsvorbehalt einzuräumen.[78] Dadurch könnte die Herrschaftsbegründung in Form einer Mehrheitsbeteiligung kontrolliert und verhindert werden.

In der Praxis wird dieser Möglichkeit keine große Bedeutung zukommen, da die Gesellschafter der KG keine Einflussmöglichkeiten auf die Ausgestaltung der Satzung der Komplementär-GmbH haben und auch die Herrschafts- und Interessenlage in der Regel nicht so ausgestaltet ist, dass die Aufnahme einer solchen Regelung veranlasst werden kann.

2. Aufnahme einer unternehmerischen Tätigkeit

Eine andere Möglichkeit der Abhängigkeitsbegründung in der GmbH besteht in der Aufnahme einer anderweitigen unternehmerischen Tätigkeit durch den herrschenden GmbH-Gesellschafter.[79] Präventiver Schutz kann

---

[74] Wird die Aufgabe der Verwaltung der Kommanditanteile – sei es als Treuhänder oder als Verwalter – von einer GmbH übernommen, besteht die Gefahr, dass diese von fremdunternehmerischen Interessen beeinflusst wird.

[75] Die Betrachtung soll sich auf die GmbH beschränken, da eine andere Gesellschaftsform in der Praxis wohl eher die Ausnahme ist.

[76] *Gäbelein,* in: Centrale für GmbH (Hrsg.), Der GmbH-Konzern, S. 50 f.; *Hachenburg/Ulmer,* GmbHG, Anh. § 77 Rn. 59; *Liebscher,* Konzernbildungskontrolle, S. 220, 222, 223; *Scholz/Emmerich,* GmbHG, Anh. KonzR Rn. 54.

[77] Ausführliche Darstellung der weiteren Möglichkeiten, wie Abtretungsverbot, Vorkaufsrechte, Einziehung und Abtretungspflicht, bei Liebscher, Konzernbildungskontrolle, S. 229 ff.; *Hachenburg/Ulmer,* GmbHG, Anh. § 77 Rn. 58; *Scholz/Emmerich,* GmbHG, Anh. KonzR Rn. 49.

[78] *Lutter/Hommelhoff,* GmbHG, § 15 Rn. 23; a. A. *Scholz/Winter,* GmbHG, § 15 Rn. 91, nach dem allenfalls eine schuldrechtliche Bindung denkbar sei. So auch *Wiedemann,* Übertragbarkeit und Vererbung von Mitgliedschaftsrechten bei Handelsgesellschaften, S. 104 m. w. N.

auf vertraglicher Ebene durch die Vereinbarung eines umfassenden Wettbewerbsverbots erfolgen[80], insbesondere unter Einbeziehung des Unternehmensgegenstands der KG. Da jedoch auch hier das Macht- und Interessenverhältnis die Aufnahme einer solchen Klausel nicht nahelegen, ist nach einem gesetzlichen Wettbewerbsverbot zu fragen. Der BGH hat in der Heumann-Ogilvy-Entscheidung eine entsprechende konzerndimensionale Ausdehnung des gesetzlichen Wettbewerbsverbots gem. § 112 I HGB analog postuliert.[81] Aufgrund der tatsächlichen Einflussmöglichkeiten des mittelbar herrschenden Unternehmens wird eine gesellschaftsrechtliche Sonderbeziehung zwischen den Konzernunternehmen begründet, die eine konzernweite Ausdehnung der Treuepflicht rechtfertigt.[82] Dem mittelbar herrschenden Unternehmen stehen die gleichen Einfluss- und Informationsmöglichkeiten zu, wie wenn es unmittelbar an der Gesellschaft beteiligt wäre. Dadurch entsteht die gleiche Gefahr der Schädigung durch Ausnutzung des Wissensvorsprungs oder Beeinflussung der Geschäftsleitung.

Das mittelbar herrschende Unternehmen darf einen Konkurrenzbetrieb daher nur dann in den Konzernverbund aufnehmen, wenn die Gesellschafter des betroffenen Konzernunternehmens zustimmen. D.h., dass eine Befreiung vom Wettbewerbsverbot durch das mittelbar abhängige Unternehmen erforderlich ist. Hinsichtlich der Anforderungen an den Befreiungsbeschluss gelten die gleichen Kriterien wie in einstufigen Verhältnissen, so dass insofern auf die obigen Ausführungen verwiesen werden kann.

Letztendlich bezieht sich dieses Zustimmungserfordernis jedoch auch hier nur auf die Aufnahme einer Konkurrenztätigkeit. Nimmt das mittelbar herrschende Unternehmen eine unternehmerische Tätigkeit auf einem anderen Marktsegment oder auf einer anderen Marktstufe auf, hat das mittelbar abhängige Unternehmen, wie auch in einstufigen Verbindungen, keine Handhabe.

3. Zwischenergebnis

Die Aufnahme gesellschaftsvertraglicher Klauseln zum Schutz der abhängigen Gesellschaft in der Satzung der unmittelbar herrschenden GmbH ist

---

[79] *Hachenbug/Ulmer,* GmbHG, Anh. § 77 Rn. 59; *Liebscher,* Konzernbildungskontrolle, S. 223; *Scholz/Emmerich,* GmbHG, Anh. KonzR Rn. 54.

[80] *Hachenburg/Ulmer,* GmbHG, Anh. § 77 Rn. 63; *Scholz/Emmerich,* GmbH, Anh. KonzR Rn. 49.

[81] BGHZ 89, 162. Hier ist allerdings die Besonderheit zu berücksichtigen, dass zwischen den Parteien (bzw. deren Rechtsvorgängern) ein Vorvertrag geschlossen worden war, der eine schuldrechtliche Beziehung begründet und daher als Grundlage von Schutzpflichten zu bewerten ist.

[82] Ausführlicher dazu unten Kap. 6 IV. 2.

zwar rechtlich möglich, praktisch wird jedoch regelmäßig die Interessen- und Herrschaftslage einer solchen Ausgestaltung der Satzung entgegenstehen.

Die Teilnahme des mittelbar abhängigen Unternehmens an der Konzern- und Abhängigkeitsbegründung auf höherer Stufe beschränkt sich daher auf den durch ein konzerndimensional geltendes Wettbewerbsverbot vermittelten Mechanismus. Zur rechtmäßigen Führung eines Konkurrenzunternehmens bedarf es eines Befreiungsbeschlusses seitens des betroffenen Konzernunternehmens.

VII. Zusammenfassung

1. Die Konzernbildungskontrolle als Präventivschutz ist eine der zentralen Aufgaben des Konzernrechts. Da Personengesellschaften nach ihrer gesetzlichen Ausgestaltung durch das Konsensprinzip und Wettbewerbsverbot weitgehend konzernresistent sind, richtet sich das Augenmerk auf den Gesellschaftsvertrag und dessen Änderung.
2. Die Konzernbildung beruht im Wesentlichen auf zwei unterschiedlichen Mechanismen. Zum einen kann der Gesellschaftsvertrag so geändert werden, dass einem Unternehmensgesellschafter beherrschender Einfluss eingeräumt wird, oder zum anderen, dass ein bereits herrschender Gesellschafter durch die Aufnahme einer anderweitigen unternehmerischen Tätigkeit zum Unternehmen im Sinne des Konzernrechts wird.
3. Änderungen des Gesellschaftsvertrages erfolgen auf der Grundlage des Konsensprinzips einstimmig. Da in der Praxis jedoch häufig davon abgewichen wird, erlangt die Frage der Zulässigkeit von Mehrheitsentscheidungen besondere Bedeutung. Eine Einschränkung der Mehrheitsherrschaft erfolgt durch den Bestimmtheitsgrundsatz und die Kernbereichslehre. Es ist an Hand des Einzelfalles zu untersuchen, ob die jeweiligen Erfordernisse erfüllt sind. Allein aus dem Umstand der Abhängigkeitsbegründung kann kein Eingriff in den Kernbereich abgeleitet werden. Daneben erfolgt jedoch in jedem Fall der Abhängigkeitsbegründung eine Beschlusskontrolle. Nur wenn die Begründung der Abhängigkeit durch das Gesellschaftsinteresse gerechtfertigt ist, darf die Mehrheit ein positives Votum abgeben.
4. Die Begründung von Abhängigkeit kann jedoch nicht an ein generelles Zustimmungserfordernis geknüpft werden. Die durch die Abhängigkeit entstehende Gefährdungslage rechtfertigt keinen so weitreichenden Eingriff in die Handlungsfreiheit des herrschenden Gesellschafters.
5. Zur Begründung von Konzernabhängigkeit bedarf es auf Grund ihrer Kernbereichsrelevanz eines einstimmigen Gesellschafterbeschlusses. Lediglich in der Publikumsgesellschaft ist eine $^3/_4$-Mehrheit ausreichend.

6. Die Teilnahme an der Konzernbildung auf höherer Stufe ist zwar rechtlich auf der Ebene der Satzung der unmittelbar herrschenden Gesellschaft möglich. Praktisch ist diese Möglichkeit jedoch eher unbedeutend. Einzige Möglichkeit der Partizipation im Sinne einer konzernweiten Bildungskontrolle bietet das konzernweit geltende Wettbewerbsverbot. Die Aufnahme einer Konkurrenztätigkeit bedarf der Zustimmung des betroffenen Konzernunternehmens.

Kapitel 4

Ausscheiden aus der Gesellschaft

Der bisher angesprochene Minderheitenschutz im Rahmen der Begründung von Konzernverbindungen bezog sich auf die Sicherung der Mitspracherechte und Einflussmöglichkeiten. Das Zustimmungserfordernis eröffnet den außenstehenden Gesellschaftern die Möglichkeit, eine Unternehmensverbindung bereits im Vorfeld zu verhindern. Dadurch können sie ihre eigenen Rechtspositionen unmittelbar verteidigen. Will ein Gesellschafter die Konzernbildung zwar nicht unterbinden, aber sein persönliches unternehmerisches Engagement unter diesen Umständen nicht fortsetzen, so kann der Austritt aus der Gesellschaft, verbunden mit einem Abfindungsanspruch, eine interessengerechte Alternative darstellen. Von einem Minderheitenschutz im eigentlichen Sinne kann hier allerdings nicht gesprochen werden, da der Schutz nicht darin bestehen kann, die zu schützende Position aufzugeben.[1] Allerdings soll den außenstehenden Gesellschaftern der Rückzug aus der Gesellschaft ermöglicht werden, um die Wahrung der Individualinteressen zu gewährleisten, besonders im Hinblick auf die persönliche unbeschränkte Haftung.

Sowohl Schießl[2] als auch Löffler[3] kritisieren den Verlust der unternehmerischen Betätigung, der mit dem Austritt aus der Gesellschaft verbunden ist. Dieser Einwand ist zwar zutreffend, doch darf nicht unbeachtet bleiben, dass bereits die Begründung der Abhängigkeit mit einem weitreichenden Verlust unternehmerischer Einflussmöglichkeit verbunden war. Ist der Gesellschaftsvertrag – unter Mitwirkung der außenstehenden Gesellschafter – so ausgestaltet, dass einem Gesellschafter beherrschender Einfluss eingeräumt wird, ist die eigenständige unternehmerische Teilhabe der außenstehenden Gesellschafter gering. Der Verlust dieser Betätigung darf daher nicht überbewertet werden.

---

[1] Auch *Löffler,* Abhängige Personengesellschaft, S. 120 erblickt hier kein Instrument konzernrechtlichen Minderheitenschutzes. Allerdings sieht er den Grund dafür im Verlust des unternehmerischen Betätigungsfeldes.

[2] Beherrschte Personengesellschaft, S. 21 f.

[3] Abhängige Personengesellschafter, S. 120.

I. Austrittsrecht

Häufig werden die außenstehenden Gesellschafter ihre Zustimmung zur Konzernbildung von einem Austritts- und Abfindungsanspruch abhängig machen. Daher können im Rahmen der Konzernierungsvereinbarung entsprechende Regelungen aufgenommen werden, die den Austritt aus der Gesellschaft ermöglichen und vor allem den Umfang der Abfindung im Fall des Ausscheidens bestimmen. In vielen Gesellschaftsverträgen ist bereits eine sog. Fortsetzungsklausel enthalten, die für den Fall des Vorliegens eines wichtigen Grundes die Fortsetzung der Gesellschaft mit den verbleibenden Gesellschaftern vorsieht.

1. Gesetzliche Regelung

Problematisch sind allerdings die Fälle, in denen eine solche Vereinbarung nicht getroffen wird. Nach der gesetzlichen Regelung ist gem. § 131 III Nr. 3 HGB ein Austritt aus der Gesellschaft nur durch eine ordentliche Kündigung gem. § 132 HGB innerhalb von sechs Monaten zum Schluss eines Geschäftsjahres möglich.[4] D.h. der Gesellschafter ist noch mindestens ein halbes Jahr an die Gesellschaft gebunden. Will er jedoch fristlos von der Gesellschaft loskommen, sieht das Gesetz lediglich die Möglichkeit einer Auflösungsklage aus wichtigem Grund gem. § 133 I HGB vor. Allerdings darf die Auflösung der Gesellschaft unter Berücksichtigung des Verhältnismäßigkeitsgrundsatzes nur als letztes Mittel gewählt werden.[5] Der die Auflösung betreibende Gesellschafter kann aufgrund seiner Treuepflicht dazu verpflichtet sein, der Fortsetzung der Gesellschaft durch die verbleibenden Gesellschafter zuzustimmen, wenn er von allen Haftungsverbindlichkeiten freigestellt wird, eine Abfindung angeboten wird, die dem vollen Wert des Gesellschaftsanteils entspricht und auch sonst keine anerkennenswerten Interessen berührt sind.[6] Liegen diese Voraussetzungen jedoch nicht vor, bietet die gesetzliche Regelung allein die drastische Maßnahme der Auflösung der Gesellschaft aus wichtigem Grund.

Der Aspekt der Rechtsfolge, Austritt oder Auflösung, ist auch zur Beurteilung des Vorliegens eines wichtigen Grundes entscheidend.

---

[4] Die Handelsrechtsreform vom 01.07.1998 hat hier eine Verbesserung gebracht, da nach § 131 Nr. 6 HGB a.F. auch eine ordentliche Kündigung zur Auflösung der Gesellschaft geführt hat. Zur Handelsrechtsreform siehe *K. Schmidt,* DB 1998, 61.

[5] *Baumbach/Hopt,* HGB, § 133 Rn. 6; *A. Hueck,* Recht der OHG, § 25 II 2.; *Koller/Roth/Morck,* HGB, § 133 Rn. 2; *Schlegelberger/K. Schmidt,* HGB, § 133 Rn. 9; *Westermann,* Handbuch der Personengesellschaften, S. I 406 Rn. 652.

[6] BGH NJW-RR 1986, 256 m. Anm. von *K. Schmidt,* JuS 1986, 407; *A. Hueck,* Recht der OHG, S. 356 ff.; *Flume,* Die Personengesellschaft, S. 211 f.; *Löffler,* Abhängige Personengesellschaft, S. 118; dem gegenüber noch BGH DB 1977, 1403 f.

2. Konzernierung als wichtiger Grund

Die Frage, ob die Bildung einer Unternehmensverbindung einen wichtigen Grund darstellt, ist nicht nur danach zu beantworten, ob ein Festhalten an der Gesellschaft bis zum nächsten ordentlichen Kündigungstermin unzumutbar ist, sondern auch das Verhalten der Beteiligten ist zu berücksichtigen.[7] Daher kann ein Gesellschafter das Vorliegen eines wichtigen Grundes nicht mit der Bildung einer Unternehmensverbindung begründen, wenn er diese durch seine vorangegangene Zustimmung erst ermöglicht hat. Die Auflösungsklage kann nicht auf einen Umstand gestützt werden, den der Kläger selbst herbeigeführt hat.[8] Daher wird das Vorliegen eines wichtigen Grundes im Rahmen des Betreibens einer Auflösungsklage in der Regel bereits deshalb ausscheiden.

Anders ist die Situation jedoch dann zu beurteilen, wenn der Kläger der Konzernierung zwar zugestimmt hat, aber ein außerordentliches Austrittsrecht aus wichtigem Grund im Gesellschaftsvertrag vorgesehen ist; wenn also das Vorliegen eines wichtigen Grundes nicht zur Auflösung der Gesellschaft, sondern lediglich zum Ausscheiden des Gesellschafters führt. In einem solchen Fall ist das Verhalten des Gesellschafters nicht widersprüchlich, wenn er zunächst der Konzernierung zustimmt –, um beispielsweise die Sanierung der Gesellschaft zu ermöglichen –, aber für sich persönlich entscheidet, innerhalb eines Unternehmensverbundes nicht mehr mitzuwirken.

Er kann sich auf das Vorliegen eines wichtigen Grundes berufen, wenn der Verbleib in der Gesellschaft bis zum nächsten ordentlichen Kündigungstermin nicht zumutbar ist.[9] Die Bildung einer Unternehmensverbindung führt zu einem völligen Strukturwandel. Die unternehmerische Freiheit wird eingeschränkt und auf eine unselbständige Existenz ausgerichtet. Nicht nur die Entstehung von Gewinnen liegt in der Hand des herrschenden Konzernunternehmens, sondern auch das bestehende Gesellschaftsvermögen kann ausgehöhlt werden. Unter diesen Gesichtspunkten kann einem unbeschränkt persönlich haftenden Gesellschafter ein Verbleiben in der Gesellschaft nicht zugemutet werden. Doch auch für einen Kommanditisten ist das Festhalten an seiner Beteiligung unzumutbar. In der typisch strukturierten KG erschöpft sich sein Engagement nicht in einer reinen Finanzbeteiligung, son-

---

[7] *Heymann/Emmerich*, HGB, § 133 Rn. 4, 5; *Schlegelberger/K. Schmidt*, HGB § 133, Rn. 21 wonach ein eigener Beitrag zur Entstehung des wichtigen Grundes ein Ausharren in der Gesellschaft eher zumutbar machen.

[8] So auch *Löffler*, Abhängige Personengesellschaft, S. 117 ff.

[9] *Schlegelberger/K. Schmidt*, HGB, § 133 Rn. 8 sieht einen prognostischen Tatbestand. Die Fortsetzung der Gesellschaft sei nur dann unzumutbar, wenn für die Zukunft ein sinnvolles Zusammenwirken der Gesellschafter nicht zu erwarten sei.

dern ist auch durch den unternehmerischen Charakter geprägt. Die Aufgabe der unternehmerischen Selbstbestimmung stellt auch für einen Kommanditisten eine unzumutbare Veränderung dar.

Auch in der Publikumsgesellschaft ist eine andere Beurteilung nicht zwingend. Zwar beschränken sich die Interessen der Kommanditisten auf Renditegesichtspunkte, so dass die Strukturveränderung insofern keine durchgreifenden Auswirkungen hat, da die Anleger durch angemessene Ausgleichszahlungen gem. § 304 AktG analog gesichert sind.[10] Eine Aufrechterhaltung der Beteiligung bis zum nächsten Kündigungstermin wäre daher zumutbar. Doch ist hier zu berücksichtigen, dass die Konzernbildung im Wege der Mehrheitsentscheidung erfolgt und die außenstehenden Gesellschafter keine Möglichkeit haben, ihre Interessen im Vorfeld zu wahren. Daher muss zumindest den überstimmten Kommanditisten das Recht eingeräumt werden, aus der Gesellschaft auszuscheiden.[11] Letztendlich sind jedoch die Umstände des Einzelfalles zu berücksichtigen, so dass generalisierende Aussagen nur in beschränktem Maße möglich sind.[12]

Ferner müssen die jeweils eintretenden Konsequenzen in einem angemessenen Verhältnis stehen. Durch das Ausscheiden eines Gesellschafters wird die finanzielle Situation der Gesellschaft durch Abfindungsansprüche belastet. Gerade wenn die Aufnahme in den Konzernverbund zu Sanierungszwecken erfolgt, stellt dies eine Belastung dar, die mittelbar das Bestandsinteresse tangiert.[13] Daher ist auch unter diesem Gesichtspunkt zu prüfen, ob ein vorübergehender Verbleib des Gesellschafters in der Gesellschaft in Kauf genommen werden muss.

Im Ergebnis ist festzuhalten, dass ein Austritt aus der Gesellschaft in der Regel nur aufgrund einer entsprechenden Vereinbarung in Betracht kommt. Ist der die Auflösung betreibende Gesellschafter mit einer nachträglichen Fortsetzungsvereinbarung nicht einverstanden, wird er die Auflösung der Gesellschaft aus wichtigem Grund regelmäßig nicht auf den Umstand der Konzernierung stützen können, wenn er dieser zuvor zugestimmt hat.

Dagegen kann ein Ausscheiden aus der Gesellschaft in der typisch strukturierten Personengesellschaft in der Regel auf die mit der Konzernierung verbundenen Gefahren gestützt werden. In der Publikumsgesellschaft muss den überstimmten Gesellschaftern ein Austrittsrecht gewährt werden.

---

[10] Näher dazu unter Kap. 7 IV.

[11] BGHZ 69, 160, 165; 71, 53, 61.

[12] So auch *Schießl*, Beherrschte Personengesellschaft, S. 18.

[13] *Westermann*, Handbuch der Personengesellschaften, II Rn. 187.

II. Abfindungsanspruch

Der Abfindungsanspruch des Ausscheidenden bestimmt sich nach § 738 BGB. Die Höhe der Abfindung richtet sich, entgegen dem Wortlaut[14], nicht nach dem Liquidationswert (Zerschlagungswert), sondern nach dem Verkehrswert des lebenden Unternehmens (Fortführungswert). Der Gesetzgeber wollte die Abfindung nicht auf einen fiktiven Liquidationswert beschränken, sondern war sich des Problems nicht bewusst, dass zwischen dem Liquidationswert und dem Wert des lebenden Unternehmens ein Unterschied besteht. Vielmehr wurde der in der Bilanz dargestellte Wert als der tatsächliche Wert des Unternehmens betrachtet.[15] Nach heutiger Überzeugung fliessen sowohl die stillen Reserven als auch der goodwill des Unternehmens in die Wertberechnung ein.[16] Dabei stellt der Liquidationswert einen Mindestwert dar.[17] In Anerkennung der einhelligen Betriebswirtschaftslehre errechnet sich der Forführungswert aus dem Ertragswert, also dem Wert, der bei einer Veräußerung des Unternehmens als Einheit erzielt werden könnte.[18] Hierbei ist nicht die Substanz (Substanzwert nach einer Einzelbewertung) entscheidend, sondern es wird eine Prognose über die künftigen Überschüsse der Einnahmen über die Ausgaben unter Abzinsung auf den Bewertungsstichtag aufgestellt.[19] Bewertungsstichtag ist regelmäßig der Tag des Ausscheidens aus der Gesellschaft.[20] Eine gesonderte Berücksichtigung schwebender Geschäfte gem. § 740 BGB erfolgt bei Anwendung der Ertragswertmethode nicht, da solche Geschäfte im Rahmen der Ertragsprognose bereits einbezogen wurden.[21]

Daher ist gesichert, dass dem ausscheidenden Gesellschafter der tatsächliche Wert seiner Beteiligung einschließlich der stillen Reserven und des goodwills zufließt.

---

[14] *K. Schmidt* in Schlegelberger/ders., HGB § 138 Rn. 55, hält eine derartige Rechtsfortbildung nicht für erforderlich. Nach seiner Ansicht müsse zwischen Liquidation der Gesellschaft und Liquidation des Unternehmens unterschieden werden. Die Auflösung der Gesellschaft muss nicht zwingend zur Zerschlagung des Unternehmens führen. Im Ergebnis kommt *K. Schmidt* so auch zu einer Unternehmensbewertung nach dem Ertragswert.

[15] *Schulze-Osterloh,* ZGR 1986, 545, 548 f.

[16] *Baumbach/Hopt,* HGB § 138 Rn. 21.

[17] Dies kommt dann zum Tragen, wenn ein negativer Geschäftswert vorliegt. *Baumbach/Hopt,* HGB, Einl vor § 1 Rn. 36.

[18] Eine ebenfalls ertragsorientierte Bewertung findet sich in §§ 305 III S. 2, 320 V S. 5 AktG; § 12 I S. 2 UmwG.

[19] *Schulze-Osterloh,* ZGR 1986, 545, 550 f.

[20] *Baumbach/Hopt,* HGB, § 138 Rn. 22; *Schlegelberger/K. Schmidt,* HGB, § 138 Rn. 57.

[21] *Schulze-Osterloh,* ZGR 1986, 545, 557 ff.

III. Abfindungsklauseln

Abweichend von der gesetzlichen Regelung werden häufig sog. Abfindungsklauseln in den Gesellschaftsvertrag aufgenommen. Gegenstand solcher Klauseln sind Regelungen zu den Modalitäten der Abfindung, wie beispielsweise deren Berechnung, Zeitraum der Auszahlung, Verzinsung und andere Einzelheiten. Zur Sicherung des Bestandsinteresses der Gesellschaft kann auch eine Regelung über die Höhe der Abfindung getroffen werden, wie beispielsweise durch eine Buchwertklausel. Danach wird die Abfindung an Hand des in der Bilanz ausgewiesenen Kapitalanteils bestimmt. Der Firmenwert und die stillen Reserven werden dabei nicht berücksichtigt, so dass unter Umständen eine erhebliche Diskrepanz zum tatsächlichen Wert des Gesellschaftsanteils entstehen kann. Ist diese Differenz so hoch, dass ein Austritt aus der Gesellschaft mit hohen finanziellen Verlusten verbunden wäre und dadurch die Freiheit des Gesellschafters, sich zu einer Kündigung zu entschließen, unvertretbar eingeengt wird, ist in einer solchen Klausel eine sittenwidrige Beschränkung des Austrittsrechts zu sehen.[22] Abfindungsklauseln sind daher immer an der Grenze von § 138 BGB zu messen.[23]

Insbesondere im Fall der Kündigung aus wichtigem Grund darf der kündigende Gesellschafter in seiner Entscheidung nicht durch die wirtschaftlichen Einbußen einer beschränkten Abfindung beeinflusst werden. Der durch die außerordentliche Kündigung bezweckte Schutz wäre seines Sinngehalts entleert. Eine Verkürzung des gesetzlichen Abfindungsanspruchs ist daher unzulässig, wenn dem Gesellschafter ein Verbleib in der Gesellschaft nicht zugemutet werden kann.[24] Das Liquiditäts- und Bestandsinteresse der Gesellschaft ist gegenüber dem Individualinteresse des Gesellschafters nicht schützenswert. Daher fliesst dem auf Grund der Konzerneinbindung ausscheidenden Gesellschafter die volle Abfindung zu, auch wenn nach dem Gesellschaftsvertrag lediglich eine beschränkende Abfindung vorgesehen ist.

---

[22] BGH NJW 1985, 192, 193; *Kellermann*, Steuerberater-Jahrbuch 1986/87, S. 403, 409, *Schlegelberger/K. Schmidt*, HGB § 138 Rn. 70.

[23] Ein Gesichtspunkt, der zur Nichtigkeit einer Abfindungsklausel führen kann, liegt in der Dritt- bzw. Gläubigerbeeinträchtigung. Treffen die Folgen einer Klausel ausschließlich den Gläubiger und nicht auch in gleichem Maße den Gesellschafter, führt diese gläubigerbenachteiligende Wirkung zur Nichtigkeit der Klausel. Dies ist beispielsweise dann der Fall, wenn eine Abfindungsklausel lediglich für den Fall der Anteilspfändung oder des Gesellschafterkonkurses vereinbart wird. Siehe dazu OLG Frankfurt am Main, BB 1978, 170; BGHZ 65, 22, 26; *Schlegelberger/K. Schmidt*, HGB § 138 Rn. 64; *Westermann*, Handbuch der Personengesellschaften, II Rn. 187; *van Randenborgh*, BB 1986, 75, 80 f.

[24] *Engel* NJW 1986, 345, 347; *Fischer*, ZGR 1979, 251, 265; *Flume*, Die Personengesellschaft, S. 186; *Kellermann*, Steuerberater-Jahrbuch 1986/87, 403, 414; *Löffler*, Abhängige Personengesellschaft, S. 120; *Schießl*, Beherrschte Personengesellschaft, S. 21.

IV. Nachhaftung

Die Haftung des ausgeschiedenen Gesellschafters ist inzwischen durch das Nachhaftungsbegrenzungsgesetz in § 160 HGB geregelt. Damit wurde die Endloshaftung bei Dauerschuldverhältnissen beseitigt.[25] Die früher entwickelte Kündigungstheorie[26] wird nicht mehr aufrecht erhalten.[27] Damit ist die Haftung aus Dauerschuldverhältnissen auf 5 Jahre beschränkt und kann nicht verkürzt werden, wie dies im Ergebnis nach der Kündigungstheorie ursprünglich der Fall war.

Dies stellt zweifellos nach wie vor ein gewisses Risiko dar, da dem ausgeschiedenen Gesellschafter jede Einflussmöglichkeit genommen ist. Doch ist andererseits zu berücksichtigen, dass dem ausgeschiedenen Gesellschafter ein Haftungsfreistellungsanspruch gegen die Gesellschaft gem. § 738 I 2 BGB, § 105 II HGB zur Seite steht. Da das herrschende Unternehmen im Konzern zum Verlustausgleich verpflichtet ist, läuft dieser Anspruch nicht leer, wenn die Gesellschaft in Zahlungsschwierigkeiten gerät. Das Risiko des ausscheidenden Gesellschafters ist damit auf ein vertretbares Maß reduziert.[28]

V. Steuerrechtliche Gesichtspunkte

Das Ausscheiden aus der Gesellschaft wird steuerrechtlich wie eine Anteilsveräußerung bewertet, so dass die Abfindung gem. §§ 16 I Nr. 2, 34 EStG zu versteuern ist, sofern sie über den Buchwert hinausgeht und nicht von der Reinvestitionsregelung des § 6b EStG Gebrauch gemacht wird.[29] Da-

---

[25] Nach § 159 III HGB a.F. begann die Verjährung mit dem Eintritt der Fälligkeit, falls eine bereits begründete Forderung zum Zeitpunkt der Eintragung des Ausscheidens noch nicht fällig war. Im Falle von Dauerschuldverhältnissen konnte der ausgeschiedene Gesellschafter daher unbegrenzt in Anspruch genommen werden. Dieser Problematik ist der BGH mit einer Rechtsfortbildung entgegen getreten, wonach eine Enthaftung mit dem frühesten Kündigungstermin oder spätestens nach fünf Jahren eintrat. Im Ergebnis entsprach dies im schlechtesten Fall einer Nachhaftung von 10 Jahren. Siehe dazu *K. Schmidt*, Gesellschaftsrecht, § 51 I 3. b); zur Endloshaftung siehe BAG NJW 1978, 391, 392.

[26] BGHZ 70, 132; 87, 286, 292; BAG ZIP 1987, 1474, 1476.

[27] BGH NJW 2000, 208 ff.; OLG Dresden, NJW-RR 1997, 162; *Funke*, DB 1992, 2177; *Staub/Habersack*, HGB, § 160 Rn. 34; *Hornung*, Rpfl 1994, 488; *Nitsche*, ZIP 1994, 1919, 1921; *Reichold*, NJW 1994, 1617, 1619; *K. Schmidt*, Gesellschaftsrecht, § 51 II 1; *Seibert*, DB 1994, 461; *Stuhlfelner*, Heidelberger Komm., § 128 Rn. 14; a.A.: *Altmeppen*, NJW 2000. 2529, 2535 f.; *Baumbach/Hopt*, HGB § 128 Rn. 33.

[28] A.A. wohl *Schießl*, Beherrschte Personengesellschaft, S. 26 f., der in der langen Nachhaftung – seiner Untersuchung liegt noch die Regelung und Rechtsprechung zu Grunde, die zu einer maximal 10-jährigen Nachhaftung kommt – eine besondere Risikobelastung sieht.

durch vermindert sich die Abfindung um die abzuführende Einkommensteuer. Der Erwerb einer gleich ertragsstarken Anlage ist dann nicht mehr möglich. Daher wird teilweise die Forderung aufgestellt, die Abfindung um den Betrag der anfallenden Einkommenssteuer zu erhöhen.[30] Der BGH tritt dem entgegen und lässt allgemeine steuerliche Gesichtspunkte bei der Berechnung des Abfindungsguthabens eines Gesellschafters unbeachtet.[31] Dies entspricht der gesetzlichen Regelung des § 738 I 2 BGB, in der auf die Situation der Liquidation abgestellt wird. Im Falle der Abwicklung könnte die Steuerbelastung der Gesellschafter ebenfalls nicht berücksichtigt werden, da sie im zu liquidierenden Gesellschaftsvermögen nicht enthalten ist. Ferner darf es für die Höhe der Abfindung nach dem Gebot der Gleichbehandlung keine Rolle spielen, welche steuerlichen Faktoren sich bei den einzelnen Gesellschaftern auswirken, wie beispielsweise die individuelle Progressionsstufe, Steuerklasse, gemeinsame Veranlagung von Ehegatten oder Kinderfreibeträge.[32]

Die steuerliche Belastung der Abfindung führt daher in der Tat zu einer Schmälerung des wiederinvestierbaren Kapitals und ist zutreffend als Schwäche des Austrittsrechts zu qualifizieren.[33] Dies wird beim Ausscheiden eines Kommanditisten mit negativem Kapitalkonto besonders deutlich. Auch wenn der Kommanditist für Verluste, die seine Einlage übersteigen, nicht haftet und daher im Falle des Ausscheidens von keiner Verbindlichkeit befreit wird, ist nach der Rechtsprechung des BFH die Höhe des negativen Kapitalkontos als Veräußerungsgewinn zu versteuern.[34]

Um diesen Nachteil zu verhindern, könnte statt dem Austritt auch die Änderung der unternehmerischen Betätigung zu einem interessengerechten Ergebnis führen.

---

[29] *Großfeld,* Unternehmens- und Anteilsbewertung im Gesellschaftsrecht, S. 127; *Knobbe-Keuk,* Bilanz- und Unternehmenssteuerrecht, S. 902 ff.

[30] *Knöchlein,* DNotZ 1960, 452, 470; *Kröger,* GmbHR 1981, 30, 33 ff.; *F. Wagner,* DB 1972, 1637, 1642; *ders./Nonnenmacher,* ZGR 1981, 674, 681.

[31] BGH, WM 1959, 886, 888; andererseits aber BGH, WM 1979, 432; *Sudhoff,* ZGR 1972, 157, 163; *Künnemann,* Objektivierte Unternehmensbewertung, S. 339.

[32] So auch *Großfeld,* Unternehmens- und Anteilsbewertung im Gesellschaftsrecht, S. 129 f.; *Schießl,* Beherrschte Personengesellschaft, S. 24; *Meilicke,* Barabfindung für den ausgeschlossenen oder ausscheidungsberechtigten Minderheits-Kapitalgesellschafter, S. 66 f.

[33] In diesem Sinne: *Großfeld,* Unternehmens- und Anteilsbewertung im Gesellschaftsrecht, S. 129 f.; *Reuter,* GmbHR 1981, 129, 133; *U. Schneider,* AG 1979, 57, 61; *Schießl,* Beherrschte Personengesellschaft, S. 24.

[34] Dies ergibt sich aus der Konsequenz, dass der Kommanditist bei der laufenden Gewinn- und Verlustverteilung wie ein Komplementär behandelt wird. Daher wird er auch beim Ausscheiden, wie ein Komplementär behandelt und so besteuert, als sei er zum Ausgleich des negativen Kapitalkontos verpflichtet. Siehe dazu BFH, BStBl II 1981, 164, 170; *Knobbe-Keuk,* Bilanz- und Unternehmenssteuerrecht, 2. Aufl., § 23 II 4. b).

Kapitel 5

Änderung der unternehmerischen Betätigung in eine Kommanditistenstellung

Die Auswirkungen der Fremdbestimmung und der geänderten Interessenausrichtung bei der Konzernierung einer Personengesellschaft treffen in besonderem Maß die unbeschränkt persönlich haftenden Gesellschafter. Einerseits werden unternehmerische Entscheidungen am Interesse eines Dritten ausgerichtet und können damit für die Gesellschaft und ihre Gesellschafter nachteilig sein, während andererseits die persönliche Haftung unverändert fortbesteht. Um die Haftungssituation eines außenstehenden Gesellschafters seiner untergeordneten Position in der abhängigen Gesellschaft anzupassen, ist an die Möglichkeit eines Wechsels in die Stellung eines Kommanditisten zu denken. Damit wäre es dem Gesellschafter möglich, einerseits in der Gesellschaft zu verbleiben und gewissen unternehmerischen Einfluss nehmen zu können, während andererseits die persönliche Haftung beschränkt, bzw. nach eingezahlter Einlage ausgeschlossen wäre. Die damit verbundene Verkürzung der Rechte innerhalb der Gesellschaft (§§ 164, 166, 170 HGB) wird regelmäßig bereits mit der Begründung der Abhängigkeit eingetreten sein.

Im Ergebnis stellt diese Maßnahme, ebenso wie das Ausscheiden aus der Gesellschaft, kein echtes Instrument des Minderheitenschutzes dar, da der außenstehende Gesellschafter von seiner ursprünglichen Position in eine schwächere abrückt. Von einem Schutzinstrument kann nur dann gesprochen werden, wenn die Ausgangssituation gegenüber dem herrschenden Gesellschafter verteidigt wird. Eine solche Verteidigung wird durch das Zustimmungserfordernis bei der Konzernbildung gewährleistet.[1] Dies führt jedoch dazu, dass der außenstehende Gesellschafter vor einer Entweder-Oder-Entscheidung steht. Die Umgestaltung der Gesellschaftsverhältnisse dagegen eröffnet eine Alternative, die eine spezifische, auf die einzelnen Interessen ausgerichtete Lösung bietet. Für den außenstehenden Gesellschafter kann die Konzernierung als wirtschaftliche Chance seiner Gesellschaft verstanden werden[2], indem die Einbeziehung in einen Konzernverbund eine

---

[1] Im Einzelnen dazu oben unter Kap. 3.

[2] *Gäbelein,* in: Centrale für GmbH (Hrsg.), Der GmbH-Konzern, S. 50, 53 konstatiert für die GmbH-Minderheitsgesellschafter, dass es in vielen Fällen der

gesicherte Auftragslage begründen kann, gemeinsame Forschungsprojekte können günstiger umgesetzt werden, Einkauf, Vertrieb und Logistik können verbunden werden, die Bonität der Gesellschaft kann durch Konzernbürgschaften oder Patronatserklärungen gesteigert werden und auch der Geschäftswert kann von dem guten Ruf des Konzernverbundes profitieren. Andererseits wird die persönliche unbeschränkte Haftung – auch wenn ein Freistellungsanspruch vereinbart wird[3] – immer ein Grund sein, der Konzernierung skeptisch gegenüber zu stehen. Auch die unternehmerische Arbeitsweise und Betätigung in der Gesellschaft wird sich durch die einheitliche Leitung und Änderung der Interessenausrichtung wandeln, weshalb ein Abrücken in die Kommanditistenstellung eine interessengerechte Reaktion auf die veränderten Umstände darstellen kann.

I. Voraussetzungen

Ein gesetzlicher Anspruch auf einen solchen Wechsel besteht nicht. Dieser kann insbesondere nicht aus dem im Rahmen von § 133 HGB geltenden Verhältnismäßigkeitsgrundsatz abgeleitet werden. Zwar muss sich der die Auflösung betreibende Gesellschafter unter Umständen einer milderen Maßnahme beugen, sofern ihm diese zumutbar ist.[4] Dies ist jedoch nur dann der Fall, wenn sie gesetzlich vorgesehen ist oder ihm angeboten wird.[5] Von seiner Seite aus besteht kein Anspruch darauf, ihm eine „mildere" Position einzuräumen. Daher kann der Wechsel in die Stellung eines Kommanditisten allein auf einer einvernehmlichen Regelung beruhen.

Ein Recht auf die Einräumung der Stellung eines Kommanditisten steht gem. § 139 I HGB den Erben eines Gesellschafters zu, wenn die Gesellschaft nach dem Tod eines Gesellschafters mit dessen Erben fortgesetzt wird.[6] Zwar mag dieser Gedanke übertragbar sein, doch um eine Analogie zu rechtfertigen, fehlt es an der erforderlichen Vergleichbarkeit der Interessenlage. Während der Erbe ohne eigenes Zutun durch den Erbfall in die Position des persönlich Haftenden gerät, hat der außenstehende Gesellschafter seine Situation selbst herbei geführt. Er hat nicht nur seine persönliche

---

Wunsch der Minderheitsgesellschafter sei, die Sicherheit eines Konzernverbundes zu haben.

[3] Zur Frage der Vereinbarkeit der Konzernierung einer Personengesellschaft mit der unbeschränkten persönlichen Haftung siehe unter Kap. 2 II. 4.

[4] *Baumbach/Hopt*, HGB, § 133 Rn. 6; *Heymann/Emmerich*, HGB, § 133 Rn. 6; *Koller/Roth/Morck*, HGB, § 133 Rn. 2; *Schlegelberger/K. Schmidt*, HGB, § 133 Rn. 9.

[5] *Schlegelberger/K. Schmidt*, HGB, § 133 Rn. 9.

[6] Dies gilt jedoch nur dann, wenn die Gesellschafter eine solche Verfahrensweise im Gesellschaftsvertrag durch eine sog. einfache oder qualifizierte Nachfolgeklausel vereinbart haben.

Haftung selbst begründet, sondern auch den Zustand der Konzernverbundenheit durch seine Zustimmung ermöglicht.

Auch wenn eine Analogie somit ausscheidet, ist doch die Wertung des Gesetzgebers anzuerkennen, dass die Umwandlung von der Stellung des Komplementärs in die des Kommanditisten eine deutliche Entschärfung darstellt.

II. Umwandlung

Die Umwandlung erfolgt durch privatautonome Vertragsgestaltung der Gesellschafter. Eine zunächst als OHG bestehende Gesellschaft wird kraft Gesetzes zur KG, wenn einem Gesellschafter die Stellung eines Kommanditisten eingeräumt wird.[7] Im Interesse des „neuen" Kommanditisten ist auf die gesetzlich vorgeschriebenen Publizitätserfordernisse gem. §§ 171 I, 176 II HGB zu achten, um zu einer wirksamen Haftungsbeschränkung zu gelangen.

Allerdings ist zu berücksichtigen, dass die persönliche unbeschränkte Haftung für bereits begründete Verbindlichkeiten gem. § 160 III 3 HGB noch fünf Jahre fortbesteht.[8] Die Regel zur Nachhaftungsbegrenzung für den ausgeschiedenen Gesellschafter gelten bei einem Zurücktreten in die beschränkte Haftung entsprechend, wobei die Haftung als Kommanditist unberührt bleibt.[9]

Daher ist das Erfordernis einer Freistellungszusage des herrschenden Unternehmens zur Begründung einer rechtmäßigen Konzernverbindung auch dann nicht entbehrlich, wenn die Änderung der gesellschaftlichen Stellung des außenstehenden Gesellschafters gleichzeitig mit der Konzernierung vereinbart wird.[10] Zwar muss der betroffene Gesellschafter nicht mehr für die neu begründeten Verbindlichkeiten – die nach dem Zeitpunkt der Konzernierung datieren – unbeschränkt einstehen, doch auch das Risiko, für alte Verbindlichkeiten in Anspruch genommen zu werden, wird durch die Konzernverbundenheit gesteigert. Das herrschende Unternehmen kann die finanzielle Situation der abhängigen Gesellschaft nachhaltig beeinflussen. Stehen der Gesellschaft keine ausreichenden Mittel mehr zur Verfügung, um die Verbindlichkeiten zu begleichen, entsteht die Gefahr des Rückgriffs auf die

[7] *K. Schmidt,* Gesellschaftsrecht, § 44 III 1.

[8] Siehe dazu bereits die Ausführungen zur Situation im Falle des Ausscheidens aus der Gesellschaft unter Kap. 4 IV.

[9] *K. Schmidt,* Gesellschaftsrecht, § 51 II 3.

[10] Zur Notwendigkeit einer Freistellungszusage als Voraussetzung für die Vereinbarkeit der unbeschränkten persönlichen Haftung mit der Konzernierung siehe unter Kap. 2 IV.

Gesellschafter, ohne dass diese die Möglichkeit hatten, ihre persönliche Haftung durch eine entsprechende Finanzpolitik in der Gesellschaft abzuwenden.

Durch das Abrücken von der unbeschränkten Haftung in die Stellung eines Kommanditisten wird die Diskrepanz zwischen Einflussmöglichkeit und Haftung beseitigt, weshalb in dieser Lösung eine sachgerechte Alternative gesehen werden kann.

Kapitel 6

Schutz außenstehender Gesellschafter bei einfacher Abhängigkeit

Die außenstehenden Gesellschafter einer abhängigen Personengesellschaft sind, anders als bei Konzernabhängigkeit, im Wesentlichen durch die Bindung des herrschenden Unternehmens an den Gesellschaftszweck geschützt. Dieser Schutz ist jedoch nur dann nachhaltig, wenn wirksame Kontroll- und Sanktionsmöglichkeiten bestehen, um die Zweckbindung zu sichern. Daher ist zu untersuchen, ob die bestehenden Schutzmechanismen des Personengesellschaftsrechts ausreichen oder ob gegebenenfalls ergänzende Instrumente – unter Umständen in Anlehnung an das Aktienrecht – zur Verfügung gestellt werden müssen.

I. Informationsrechte

Vor diesem Hintergrund erlangt vor allem das Informationsrecht eine besondere Bedeutung. Es wird zu Recht als „mitgliedschaftliches Grundrecht" bezeichnet[1], das vor allem für die außenstehenden Gesellschafter die Grundlage der weiteren Schutzinstrumente bildet. Nur über die zur Verfügung gestellten Informationen können die außenstehenden Gesellschafter die Vorgänge in der Gesellschaft beurteilen, da sie in wesentlichen Bereichen meist von der Mitwirkung ausgeschlossen sind. Erst wenn sie von einzelnen Maßnahmen oder Vorgängen Kenntnis erlangen, können sie gegebenenfalls von ihren weiteren Schutzrechten, wie der actio pro socio, oder den Entzugs- und Ausschlussklagen nach §§ 117, 127, 133 HGB Gebrauch machen.

Nach der gesetzlichen Regelung der §§ 118 I und 166 HGB steht jedem Gesellschafter – auch wenn er von der Geschäftsführung ausgeschlossen ist – ein umfassendes Unterrichtungsrecht zu[2], um die ertragreiche Verwendung seines Kapitals zu prüfen und insbesondere das Risiko einer Inanspruchnahme im Rahmen seiner persönlichen Haftung zu beurteilen.[3]

[1] So *Wiedemann*, Gesellschaftsrecht, § 7 II 2. a).

[2] Entsprechende Regelungen finden sich in § 131 AktG für AG, § 51a GmbHG für die GmbH, § 233 HGB für die stille Gesellschaft und § 716 BGB für die GbR.

[3] *Schlegelberger/Martens*, HGB, § 118 Rn. 1.

1. Rechte des OHG-Gesellschafters bzw. Komplementärs

Nach § 118 I HGB haben die Gesellschafter in Angelegenheiten der Gesellschaft das Recht auf Einsicht in die Unterlagen, die Anfertigung von Auszügen und Kopien[4] und ergänzend ein Auskunftsrecht soweit die eingesehenen Unterlagen nicht aufschlussreich sind[5]. Dieses Kontrollrecht kann jedoch aufgrund der im Personengesellschaftsrecht geltenden Vertragsfreiheit eingeschränkt oder ganz ausgeschlossen werden.[6] Nur für den Fall, dass Grund zu der Annahme unredlicher Geschäftsführung besteht, ist eine solche Vereinbarung gem. § 118 II HGB unbeachtlich.[7] Unredlichkeit der Geschäftsführung wird durch jedes den Interessen der Gesellschaft zu wider laufende Verhalten begründet.[8] Die Annahme der Unredlichkeit ist dann berechtigt, wenn ein „Anfangsverdacht"[9], also die Möglichkeit eines interessenwidrigen Verhaltens schlüssig dargelegt werden kann. Die Situation der Abhängigkeit begründet regelmäßig die Gefahr, dass das Gesellschaftsinteresse zugunsten der Interessen des herrschenden Gesellschafters missachtet

---

4 OLG Köln, ZIP 1985, 800, 801 (für GmbH); *Schlegelberger/K. Schmidt,* HGB, § 118 Rn. 13.

5 BB 1984, 1271, 1272; *Baumbach/Hopt,* HGB § 118 Rn. 7; *A. Hueck,* Recht der OHG, § 12 2.; *Koller/Roth/Morck,* HGB, § 118 Rn. 3; *Schlegelberger/K. Schmidt,* HGB, § 118 Rn. 14; *Staub/Ulmer,* HGB, § 118 Rn. 25; *Westermann,* Handbuch der Personengesellschaften, I Rn. 440 für eine analoge Anwendung von § 51a GmbHG; BGH WM 1988, 1447, 1448 (für GmbH & Co KG) im Ergebnis offen gelassen; weitergehend *Schießl,* GmbHR 1985, 109; *ders.,* NJW 1989, 1597, 1598.

6 Verschiedene in der Literatur vertretene Ansichten fordern die Einschränkung der Vertragsfreiheit zu Gunsten eines gesetzlichen Leitbildes der Personengesellschaft. In der Praxis hingegen versucht man im Wege der Inhaltskontrolle unerträgliche Zustände zu verhindern. Näheres dazu *Heymann/Emmerich,* HGB, § 109 Rn. 3 f. m.w.N.

7 Teilweise wird im Anschluss an den „neu" eingefügten § 51a GmbHG gefordert, die Abdingbarkeit von § 118 I HGB einzuschränken. So z.B. *Grunewald* ZGR 1989, 545, 550; *Wiedemann,* WM 1990 Sonderbeil. 8 S. 19; *ders.,* WM 1992 Sonderbeil. 7 S. 45. *Ulmer* in Staub/ders., HGB, § 118 Rn. 42 steht dem kritisch gegenüber, wenn er auf die Strukturunterschiede zwischen OHG und GmbH hinweist und in der zwingenden Anwendung von § 118 I HGB eine Rechtsfortbildung contra legem sieht. Darüber hinaus sei die Vorschrift des § 51a GmbHG auch im GmbH-Recht als Fremdkörper empfunden worden.

8 Strafrechtliche Relevanz oder Schädigungsabsicht im Sinne von § 826 BGB ist nicht erforderlich.

9 So *Staub/Ulmer,* HGB, § 118 Rn. 45 insbesondere seien weder der Nachweis, noch die Glaubhaftmachung der Verdachtsgründe erforderlich, da sonst das Informationsrecht leicht ausgehöhlt und leer laufen könnte; a.A. BGH NJW 1984, 2470, 2471; OLG Hamm OLGZ 1970, 394, 396. Diese Problematik kommt hier allerdings nicht zum Tragen, da die Darlegung der Abhängigkeit keine Probleme bereitet. Darüber hinausgehende Verdachtsmomente sind nicht erforderlich.

wird. Daher stellt bereits der Umstand der Abhängigkeit einen Grund zur Annahme unredlicher Geschäftsführung dar.[10] In der Situation der Abhängigkeit kann demnach das Informationsrecht der außenstehenden Gesellschafter nicht beschnitten werden.

Der Umfang des Kontrollrechts ist an den Umstand der Abhängigkeit anzupassen. Dies begründet eine umfassende Informationspflicht des herrschenden Gesellschafters. D.h. den außenstehenden Gesellschaftern ist nicht nur Einsicht in die entsprechenden Unterlagen zu gewähren, sondern der herrschende Gesellschafter muss auch Auskunft erteilen, soweit die Unterlagen bestimmte Umstände nicht erkennen lassen oder berechtigte Fragen offen bleiben.[11] Inhaltlich sind all die Geschäfte und Angelegenheiten von Bedeutung, die zwischen der Gesellschaft und einzelnen Gesellschaftern bzw. einem von diesem abhängigen Unternehmen bestehen.[12] Dies gilt nicht nur für 100-% Tochterunternehmen sondern auch für geringere Beteiligungen.[13] Darüber hinaus erstreckt sich das Informationsrecht auch auf Geschäftsbeziehungen der abhängigen Gesellschaft zu anderen Konzernunternehmen, die von dem herrschenden Gesellschafter nicht unmittelbar abhängig sind, sondern beispielsweise als „Schwesterunternehmen" zum Konzernverbund gehören.[14] Ferner ist der beherrschende Gesellschafter verpflichtet, über seine unternehmerischen Aktivitäten außerhalb der Gesellschaft zu berichten.[15] Denn nur so kann dem Informationsbedürfnis in einer mehrstufigen und verschachtelten Struktur von Abhängigkeiten und Beteiligungen begegnet werden.

Neben dem Kontrollrecht gem. § 118 HGB steht dem Gesellschafter ein zusätzlicher Auskunftsanspruch im Zusammenhang mit der Ausübung des Stimmrechts als Teil seines Mitgliedschaftsrechts zu. Es handelt sich um eine immanente Grenze der vertraglichen Beschränkungen, die den zur Ausübung der Verwaltungsrechte erforderlichen Umfang an Informationen garantiert.[16] Zur Kontrolle schleichender Einflussnahme und versteckter Nachteile wird dieses Recht kaum hilfreich sein, da es nur zum Tragen kommt, wenn eine Beschlussfassung erforderlich ist, die je nach vertrag-

---

[10] *Schlegelberger/Martens,* HGB Anh. § 105 Rn. 26; *Staub/Ulmer,* HGB, Anh. § 105 Rn. 50; *Emmerich-Sonnenschein,* Konzernrecht, § 27 I 3, S. 404; *U. Schneider,* ZGR 1975, 291; *Reuter,* ZHR 146 (1982), 7.

[11] *Baumbach/Hopt,* HGB, § 118 Rn. 7; *Schlegelberger/Martens,* HGB, § 118 Rn. 14; *Staub/Ulmer,* HGB, § 118 Rn. 25.

[12] *U. Schneider,* ZGR 1975, 291; *Schlegelberger/Martens,* HGB, Anh. § 105 Rn. 26; *Wiedemann,* Gesellschaftsrecht, § 7 II 2., S. 374.

[13] *U. Schneider,* ZGR 3, 253, 289 ff.

[14] BGH NJW 1984, 2470; ZIP 1983, 935, 936.

[15] BGH NJW 80, 231 „Gervais/Danone"; Koller/Roth/Morck, HGB § 118 Rn. 3.

[16] *Schlegelberger/Martens,* HGB § 118 Rn. 31; *Staub/Ulmer,* HGB § 118 Rn. 26.

licher Regelung erst auf der Ebene von Grundlagengeschäften ansetzt. Allgemeine Geschäftsführungsmaßnahmen können jedoch auf diese Weise nicht kontrolliert werden.

2. Rechte des Kommanditisten

Während die Stellung des Komplementäres in der KG gem. § 161 II HGB der eines OHG-Gesellschafters entspricht, sind die Rechte des Kommanditisten wesentlich verkürzt. Nach der gesetzlichen Regelung ist er lediglich berechtigt, die abschriftliche Mitteilung des Jahresabschlusses zu verlangen und dessen Richtigkeit unter Einsicht der Bücher und Papiere zu prüfen. Insbesondere die Rechte gem. § 118 HGB stehen dem Kommanditisten nicht zu. Häufig wird ein darüber hinausgehendes Auskunftsrecht in dem Rahmen gefordert, der zur Wahrnehmung der Mitgliedschaftsrechte erforderlich ist.[17] Dieses Recht ist jedoch dispositiv und kann daher im Gesellschaftsvertrag zumindest auf den gesetzlichen Rahmen von § 166 I HGB reduziert werden[18], so dass es keinen verlässlichen Schutz bieten kann. Einziger Ansatzpunkt ist in § 166 III HGB zu sehen. Bei Vorliegen eines wichtigen Grundes kann der Kommanditist durch gerichtliche Entscheidung ein außerordentliches Kontrollrecht erlangen. Diese Schlechterstellung gegenüber dem Komplementär beruht zum einen darauf, dass der Kommanditist keinem Wettbewerbsverbot unterliegt und daher ein umfassendes Informationsrecht die Gefahr der Schädigung bergen würde.[19] Zum anderen bietet die unbeschränkte Haftung der geschäftsführenden Komplementäre – ausgehend von dem gesetzlichen Leitbild – Gewähr für eine gesellschaftstreue Geschäftsführung.[20] Im Abhängigkeitsverhältnis befindet sich der herrschende Gesellschafter aber in einem Interessenwiderstreit, weshalb die Vermutung der gesellschaftstreuen Geschäftsführung nicht mehr gerechtfertigt ist. Daher stellt bereits die abstrakte Schädigungsgefahr infolge der Abhängigkeit einen wichtigen Grund gem. § 166 III HGB dar.[21] Insofern ist der normalerweise erforderliche konkrete Umstand für das Vorliegen eines wichtigen Grundes[22] entbehrlich, da sich die der Abhängigkeit

---

[17] *Heymann/Horn*, HGB § 166 Rn. 19; *Wiedemann*, Gesellschaftsrecht, § 7 II 2.; *K. Schmidt*, Gesellschaftsrecht, § 53 III 3. b), der sogar auf das Erfordernis der gerichtlichen Geltendmachung im Rahmen von § 166 III HGB verzichten will. Huber leitet ein solches Recht unter Vernachlässigung des kollektiven Charakters der Berichtspflicht der Geschäftsführer aus §§ 105 II HGB, §§ 713, 666 BGB ab.

[18] *K. Schmidt*, Gesellschaftsrecht, § 53 III 3. d); *Heymann/Horn*, HGB § 166 Rn. 28.

[19] *Heymann/Horn*, HGB, § 166 Rn. 18 hält dieses Argument nicht für ausreichend.

[20] Ähnlich *Wiedemann*, Gesellschaftsrecht, § 7 II 2., S. 377.

[21] *Reuter*, ZHR 146 (1982), 1, 5 ff.

immanente abstrakte Gefährdung jederzeit in einer konkreten Schädigung verwirklichen kann.

Der Umfang des Kontrollrechts richtet sich nach dem Aufklärungsbedürfnis, das sich aus dem wichtigen Grund ergibt. Daher kann der Kommanditist lediglich die Aufklärung solcher Umstände verlangen, die im Zusammenhang mit dem herrschenden Gesellschafter stehen, also insbesondere über Geschäftsbeziehungen der Gesellschaft zu dem herrschenden Gesellschafter oder von diesem abhängigen Unternehmen oder sonstigen zu dessen Konzernverbund gehörigen Gesellschaften.[23]

Grundsätzlich kann das außerordentliche Kontrollrecht gem. § 166 III HGB nicht entzogen werden. Anders verhält es sich jedoch bei einer Publikums-KG. Hier werden die Auskunfts- und Einsichtsrechte häufig auf einen Kontrollrat übertragen, der die Interessen der Anleger wahrnimmt.[24] Dadurch soll einerseits einer übermäßigen Inanspruchnahme durch jeden einzelnen Kommanditisten entgegen gewirkt werden, andererseits soll der Kontrollmechanismus des Informationsrechts bei den meist unternehmensfernen Anlegern nicht ungenutzt bleiben.[25] Bestehen Zweifel an der Zuverlässigkeit und Vertrauenswürdigkeit des Beirats, kann dieser durch Mehrheitsentscheidung auch gegen den Wortlaut des Gesellschaftsvertrages aus wichtigem Grund abberufen werden.[26] Sind die Anleger nicht unmittelbar als Kommanditisten beteiligt, sondern werden sie durch einen Treuhänder repräsentiert, steht ihnen ein eigenes außerordentliche Informationsrecht gegebenenfalls im Rahmen eines vertraglich bestimmten Organs zu. Sie sind nicht auf die Informationen durch den Treuhänder angewiesen.[27]

3. Kollektivrecht

Neben den dargestellten Individualrechten besteht das Kollektivrecht[28] auf Auskunft und Rechnungslegung gemäß §§ 713, 666 BGB, § 105 II, 161 II HGB gegen die geschäftsführenden Gesellschafter.[29] *Löffler* leitet hieraus

---

[22] *Baumbach/Hopt,* HGB 166 Rn. 9; *Heymann/Horn,* HGB, § 166 Rn. 13.

[23] Sehr allgemein und mißverständlich *Heymann/Horn,* HGB, § 166 Rn. 12, 23, der auf Art und Umfang der Einflussnahme abstellt und Auskünfte über die sonstige Geschäftstätigkeit des herrschenden Gesellschafters ausschließt.

[24] *Heymann/Horn,* HGB § 161 Rn. 174, 181.

[25] In diesem Sinne fordert *Reuter,* ZHR 146 (1982), 1, 25 die Einrichtung eines Kontrollorgans oder zumindest die Beschränkung der Informationsrechte auf die Gesellschafterversammlung gem. § 131 AktG analog.

[26] *Heymann/Horn,* HGB § 166 Rn. 30, § 161 Rn. 184, 187, § 164 Rn. 18.

[27] *K. Schmidt,* Gesellschaftsrecht, § 61 III 3. c).

[28] Zum strukturellen Unterschied von Individual- und Kollektivrecht, *K. Schmidt,* Gesellschaftsrecht § 21 III.

einen im Konzernverhältnis regelmäßig bestehenden Auskunftsanspruch ab, der letztlich in eine vierteljährliche Berichtspflicht münde.[30] Dem ist jedoch nicht zuzustimmen. Die in § 666 BGB statuierte Berichtspflicht, unaufgeforderte Auskunft zu erteilen, hängt eng mit dem Weisungsrecht des Geschäftsherrn zusammen und setzt daher auch in der übertragenen Anwendung auf die Gesellschaft ein solches Weisungsverhältnis voraus. Aufgrund von § 116 II HGB besteht dies allenfalls zwischen geschäftsführungsbefugten Gesellschaftern[31], nicht aber, wenn der Gesellschafter – wie es bei dem außenstehenden Gesellschafter meist der Fall ist und regelmäßig beim Kommanditisten – gerade von der Geschäftsführung ausgeschlossen ist. Daher wäre eine solche regelmäßige Berichtspflicht zwar de lege ferenda wünschenswert. De lege lata kann sie jedoch nicht begründet werden.[32]

4. Effektivität der Kontrollrechte

Häufig wird die Zulänglichkeit der Informationsrechte als echte Kontrollrechte in Frage gestellt.[33] Ihre Ausübung ist nach Treu und Glauben durch die berechtigten Interessen der anderen Gesellschafter und auch der Gesellschaft selbst eingeschränkt. Weitere Ausübungsschranken ergeben sich aus der Verpflichtung zur Rücksichtnahme auf einen ordnungsgemäßen Geschäftsbetrieb. Unter Umständen kann die tatsächliche Ausübung auch aus Kostengründen zu einer Einschränkung führen, wenn zur Ausübung Sachverständige hinzugezogen werden müssen.[34]

---

[29] *Heymann/Emmerich*, HGB, § 118 Rn. 18 f.; teilweise wird die Ansicht vertreten, der Anspruch gem. §§ 713, 666 BGB würde durch § 118 HGB verdrängt. Diese verkennt jedoch, dass zwischen den Informations- und Einsichtsrechten auf der einen Seite und dem Anspruch auf Rechnungslegung gegen die Geschäftsführer auf der anderen Seite zu unterscheiden ist.

[30] Abhängige Personengesellschaft, S. 125; so für die GmbH im Rahmen von § 51a GmbHG: *Lutter*, ZGR 1982 1, 5 ff.; *Grunewald*, ZHR 146 (1982), 211, 225 ff.; *Hommelhoff*, BB 1981, 944, 951.

[31] Differenzierend *Huber*, ZGR 1982, 539, 544.

[32] Die von *Lutter*, ZGR 1982, 1, 5 ff.; *Grunewald*, ZHR 146 (1982), 211, 225 f. und *Hommelhoff*, BB 1981, 944, 951 postulierte Auskunftspflicht auf eigene Initiative in Form eines Informationssystems bezieht sich auf den umfassenden Anspruch gem. § 51a GmbHG und wurde anhand bereits bestehender Rechenschafts- und Berichtspflichten im GmbHG eingegrenzt. Bereits in diesem Bereich bestehen jedoch schon erhebliche Unterschiede zwischen der GmbH und der Personengesellschaft, weshalb sich eine Übernahme der Argumentation verbietet.

[33] *Wiedemann*, Gesellschaftsrecht, § 7 II 2. a) aa); *Schießl*, Beherrschte Personengesellschaft, S. 71, insbesondere für die KG: *Ochsenfeld*, Abhängigkeits- und Konzernierungstatbestände bei der Abschreibungs-KG, S. 147.

[34] Der finanzielle Aspekt wird vor allem von *Löffler*, Abhängige Personengesellschaft, S. 124 f., als Hemmnis angeführt.

Daher stellt sich die Frage, in welchem Umfang Informationsrechte überhaupt eine nachhaltige Kontrolle zu leisten vermögen. Insbesondere Baumgartl bemängelt, dass eine Verhinderung nachteiliger Maßnahmen durch eine vorherige Kontrolle geplanter Geschäftsführungsmaßnahmen praktisch nicht möglich sei.[35] Der Einwand ist der Sache nach zwar zutreffend, stellt aber kein speziell konzernrechtliches Problem dar. Den „unbeteiligten"[36] Gesellschaftern wird es auch in einer unabhängigen Gesellschaft nach dem gesetzlichen Leitbild allein aufgrund der Informationsrechte nicht möglich sein, missbräuchliche Geschäftsführungsmaßnahmen zu verhindern. Einen so weitreichenden Zweck wird man den Kontrollrechten wohl auch nicht beimessen können. Entscheidend ist vielmehr, dass das Informations- und Auskunftsrecht so ausgestaltet ist, dass die außenstehenden Gesellschafter die Geschäftsabläufe nachvollziehen können und dadurch in die Lage versetzt werden, missbräuchliche Geschäftsführungshandlung festzustellen und durch entsprechende Maßnahmen – z.B. durch die Geltendmachung von Ansprüchen auf Schadensersatz, Unterlassung, Beseitigung, Entzug der Geschäftsführungsbefugnis – darauf zu reagieren. Diesem Zweck werden die Kontrollrechte gerecht.

II. Schutzmechanismen im Bereich der Geschäftsführung, Stimmrechtsausschluss

Im Geschäftsführungsbereich wird die abhängigkeitsbedingte Gefährdung dann gegenwärtig, wenn der Interessenwiderstreit des herrschenden Gesellschafters im Rahmen von Rechtsgeschäften zwischen ihm und der abhängigen Gesellschaft zu Tage tritt. Das Regulativ von § 115 I HGB kommt in der Situation der Abhängigkeit nicht zum Tragen[37], so dass der herrschende Gesellschafter im Falle einfacher Geschäftsführungsmaßnahmen freie Hand hat. Für den Bereich betriebsungewöhnlicher Maßnahmen im Sinne von § 116 II HGB sind die Einflussmöglichkeiten der außenstehenden Gesellschafter begrenzt, da die Norm abbedungen werden kann.

So übersteigen zwar Entscheidungen über Rechtsgeschäfte zwischen dem herrschenden Unternehmen und der abhängigen Gesellschaft aufgrund der Interessenkollision den Bereich der gewöhnlichen Geschäftsführungsmaß-

---

[35] Die konzernbeherrschte Personengesellschaft, S. 31.

[36] D.h. jene Gesellschafter, die von der Geschäftsführung ausgeschlossen sind und daher auf dieser Ebene keine Einflussmöglichkeit haben, sondern auf die Kontrollrechte angewiesen sind.

[37] Wie oben unter Kap. 1 IV. 2. b) dargestellt, ist der Tatbestand der Abhängigkeit nur erfüllt, wenn das Widerspruchsrecht gem. § 115 I HGB ausgeschlossen ist oder der Widerspruch durch einen vom herrschenden Gesellschafter dominierten Beschluss beseitigt werden kann.

nahmen[38], doch bietet der deshalb erforderliche Gesellschafterbeschluss gem. §§ 116 II, 164 HGB keine Hinderungsmöglichkeit, wenn mehrheitlich nach Kapitalanteilen abgestimmt wird. Neben dem kapitalistischen Mehrheitsprinzip wird sich der herrschende Gesellschafter seine Position meist dadurch sichern, dass die Geschäftsführungsbefugnis auch außergewöhnliche Maßnahmen umfasst und § 116 I bzw. § 164 HGB nicht mehr zum Tragen kommen.

Doch selbst wenn keine solche Verfestigung der Herrschaftsposition besteht, liegt die Entscheidungskompetenz nur vordergründig bei der Gesellschafterversammlung, wenn durch Mehrheitsentscheidung abgestimmt wird und der herrschende Gesellschafter über die erforderliche Stimmenmehrheit – sei es nach Kapital oder durch Bündelung der Stimmen in einem Familienstamm o. ä. – verfügt.

Die Einflussmöglichkeiten des herrschenden Gesellschafters sind nur dann begrenzt, wenn ihm die Teilnahme an der Beschlussfassung aufgrund eines Stimmverbots untersagt ist. Ein Stimmrechtsausschluss ist im Personengesellschaftsrecht nur für die Fälle der §§ 113 II, 117, 127, 140 HGB, §§ 712, 715, 737 BGB vorgesehen. Darüber hinaus hat sich ein Stimmverbot als allgemeines Rechtsprinzip für den Fall des Richtens in eigener Sache herausgebildet.[39] Dies bezieht sich in erster Linie auf die Befreiung von Verbindlichkeiten, Entlastung, Einleitung oder Erledigung eines Rechtsstreits, Abberufung oder Ausschluss aus dem Verband.[40] Diese von der sachlichen Unternehmensführung unabhängigen, organisatorischen Akte spiegeln sich auch in der gesetzlichen Regelung des HGB wider, in der ein Stimmrechtsausschluss nur dort verankert ist, wo es nicht um Sachentscheidungen der Unternehmensführung geht, sondern das Interesse des betroffenen Gesellschafters – Ausschluss von der Geschäftsführung und Vertretung, Geltendmachung von Schadensersatzansprüchen u. ä. – im Vordergrund

---

[38] BGH LM HGB § 116 Nr. 2; *Emmerich/Sonnenschein*, Konzernrecht, § 27 I 2. a); *Kleindiek*, Strukturvielfalt im Personengesellschafts-Konzern, S. 305 ff.; *Löffler*, Abhängige Personengesellschaft, S. 157; *Reuter*, ZHR 146 (1982), 1, 6; *ders.*, AG 1986, 130, 131; *Schießl*, Beherrschte Personengesellschaft, S. 63 f.; *Schlegelberger/Martens*, HGB Anh. § 105 Rn. 26; *U. Schneider*, ZGR 1975, 253, 281; *ders.*, BB 1975, 1353, 1355; *ders.*, ZGR 1980, 511, 528; *Staub/Ulmer*, HGB, Anh. § 105 Rn. 46 ff.; *Ulmer*, in: ders. (Hrsg.), Probleme des Konzernrechts, 26, 42 ff.

[39] So insbesondere *K. Schmidt*, Gesellschaftsrecht, § 21 II 2. b); aber auch *Flume*, Die Personengesellschaft, § 14 IX, S. 247 ff.; *Wiedemann*, Gesellschaftsrecht, S. 421 f.

[40] *Wiedemann*, Gesellschaftsrecht, S. 421 f. sieht nur im Fall des Richtens in eigener Sache ein allgemeines Rechtsprinzip. Im Fall der Interessenkollision aus Anlass von Rechtsgeschäften könne jedoch kein generelles Stimmverbot angenommen werden.

steht und die unternehmerischen Belange der Gesellschaft nur mittelbar betroffen sind.

Ob auch der Abschluss von Rechtsgeschäften zwischen Gesellschafter und Gesellschaft in diesen Bereich fällt, wird unterschiedlich beurteilt. Im Recht der anderen Personenverbände findet sich keine einheitliche Regelung. Während das Vereinsrecht und auch das Recht der GmbH in den § 34 BGB und § 47 IV GmbHG ein Stimmverbot für die Vornahme eines Rechtsgeschäfts mit einem Mitglied vorsehen, wurde eine solche Regelung bei der Reformierung des AktG und GenG nicht mehr aufgenommen.[41] Aus dieser uneinheitlichen positivrechtlichen Regelung kann, entgegen den häufig anzutreffenden Begründungen, kein Stimmverbot im Recht der Personengesellschaften abgeleitet werden.[42] Auch wenn die Kritik an „dieser unstimmigen gesetzgeberischen Behandlung“[43] berechtigt ist, erlaubt dies doch nicht sich darüber hinwegzusetzen, dass der Gesetzgeber den Gedanken des Richtens in eigener Sache in den Fällen der §§ 113, 117, 127, 140 HGB berücksichtigt hat und darüber hinaus kein weitergehendes Stimmverbot normiert hat. Bei der Beschlussfassung über den Abschluss eines Rechtsgeschäfts der Gesellschaft mit einem Gesellschafter handelt es sich um eine Sachentscheidung der Unternehmensführung und nicht um einen organisatorischen Akt. Ein Stimmrechtsausschluss beim reinen Interessenkonflikt ist im Gesetz jedoch nicht vorgesehen. Es besteht keine planwidrige Regelungslücke, weshalb sich eine Analogie zu § 43 IV GmbHG verbietet.[44]

Im Ergebnis führt dies auch nicht zu einem für die außenstehenden Gesellschafter unerträglichen Zustand. Der herrschende Gesellschafter ist nach wie vor durch die Treuepflicht an das Gesellschaftsinteresse gebunden. Eine schuldhafte treuwidrige Abstimmung seinerseits begründet einen Schadensersatzanspruch, welcher im Wege der Naturalrestitution zur Unbeachtlichkeit der Stimmabgabe führt.[45] Aufgrund der Naturalrestitution wird eine

---

[41] Eine entsprechende Regelung war ursprünglich in § 252 III HGB a.F. und § 43 III 2 GenG enthalten, die jedoch in § 114 V AktG 1937, § 136 AktG 1965 und § 43 VI GenG nicht übernommen wurde.

[42] *A. Hueck*, Recht der OHG, § 11 III 2.; *G. Hueck*, Gesellschaftsrecht, § 14 III 1.; *Schießl*, Beherrschte Personengesellschaft, S. 64 ff. a.A. RGZ 136, 236, 245; *Baumbach/Hopt*, HGB § 119 Rn. 8; *Heymann/Emmerich*, HGB, § 119 Rn. 23; *Schlegelberger/Martens*, HGB, § 119 Rn. 40; *K. Schmidt*, Gesellschaftsrecht, § 21 II 2.; *Staub/Ulmer*, HGB, § 119 Rn. 66, Anh. § 105 Rn. 48; *Zöllner*, Schranken mitgliedschaftlicher Stimmrechtsmacht, S. 193. Die häufig zitierte Entscheidung BGHZ 48, 250, 256 hat diese Frage offen gelassen.

[43] So *K. Schmidt*, Gesellschaftsrecht § 21 II 2., der hier ein einheitliches Prinzip des inneren Verbandsrechts sieht, das nicht nur in der Personengesellschaft zum Tragen kommt, sondern auch in der AG und Genossenschaft.

[44] So aber *Staub/Ulmer*, HGB, Anh. § 105 Rn. 48.

Situation geschaffen, die der Abstimmung bei Bestehen eines Stimmverbots gleicht. Die außenstehenden Gesellschafter sind auf diese Weise vor einem missbräuchlichen Gebrauch der Herrschaftsmacht geschützt. Im Gegenzug wird nicht über Gebühr in das unternehmerische Ermessen und die Mitgliedschaftsrechte des herrschenden Gesellschafters eingegriffen. Denn anderenfalls würde die Entscheidung alleine von den außenstehenden Gesellschaftern getroffen, was die Mehrheitsherrschaft in eine Herrschaft der von der Geschäftsführung ausgeschlossenen Minderheit wandeln würde.[46]

Unabhängig von der soeben dargestellten Problematik würde ein Stimmverbot dann leerlaufen, wenn nicht über ein abzuschließendes Rechtsgeschäft entschieden werden müsste, sondern über Unterlassungen oder andere Maßnahmen. Ebenso unergiebig wäre der Stimmrechtsausschluss dann, wenn das Rechtsgeschäft nicht mit dem herrschenden Unternehmen selbst, sondern mit einer von ihm abhängigen Gesellschaft abgeschlossen würde. Daher basiert der Minderheitenschutz auch in diesen Bereichen auf dem Mechanismus von Treuepflicht und Schadensersatz. Das gewonnene Ergebnis führt daher zu einer einheitlichen Behandlung des Geschäftsführungsverhaltens des herrschenden Gesellschafters.

An dieser Stelle wird erneut deutlich, welche entscheidende Rolle den Informationsrechten zukommt, da die Systematik von Treuepflicht und Schadensersatz nur funktionieren kann, wenn die außenstehenden Gesellschafter über die notwendigen Informationen verfügen.

III. Vertretungsmacht

Die gesetzliche Regelung in § 126 I HGB sieht vor, dass der Umfang der Vertretungsmacht aus Gründen des Verkehrsschutzes nach außen nicht beschränkbar ist. Daher ist ein herrschender Gesellschafter in der Lage, nicht nur die Geschäftsführung maßgeblich zu beeinflussen, sondern die zur Umsetzung erforderlichen Willenserklärungen für die Gesellschaft abzugeben. In der besonderen Konfliktsituation, dass die Gesellschaft ein Rechtsgeschäft mit dem herrschenden Gesellschafter abschließt, sind die Minderheitsgesellschafter aber nicht völlig der Macht des herrschenden Unternehmens ausgesetzt. In diesem Fall ist eine Beschränkung des Umfangs der Vertretungsmacht – gegebenenfalls aufgrund eines entsprechenden Beschlusses – durchaus möglich, da gem. § 126 II HGB eine solche Vereinbarung nur gegenüber Dritten unwirksam ist.[47] Insbesondere kommt es nicht

---

[45] So auch *A. Hueck,* Das Recht der OHG § 11 III 2.; *Staub/Fischer,* (3. Aufl.), HGB, § 119 Rn. 22; *Westermann,* Handbuch der Personengesellschaften, I 511.

[46] *A. Hueck,* Das Recht der OHG, 1971, S. 171. Dagegen *Zöllner,* Schranken mitgliedschaftlicher Strimmrechtsmacht, S. 169, Fn 33.

darauf an, dass der betroffene Gesellschafter Kenntnis von der Beschränkung hatte.[48] Nicht nur der herrschende Gesellschafter selbst ist nicht Dritter, sondern auch von ihm abhängige Unternehmen.[49]

Unabhängig von vertraglichen Beschränkungen der Vertretungsmacht steht einem Selbstkontrahieren des herrschenden Unternehmens § 181 BGB entgegen,[50] da dieser auch im Falle einer organschaftlichen Vertretung anwendbar ist.[51] Sind die anderen Gesellschafter – wie meist im Fall der Abhängigkeit – von der Vertretung ausgeschlossen, ist die Gesellschaft im Falle eines Rechtsgeschäfts der Gesellschaft mit dem herrschenden Gesellschafter handlungsunfähig. Ein Ausweg besteht darin, den herrschenden Gesellschafter durch einen Gesellschafterbeschluss von dem Verbot des § 181 BGB punktuell zu befreien. Dabei kann die Maßnahme auf ihre Angemessenheit überprüft werden.[52] In diesem Fall ist der herrschende Gesellschafter von der Teilnahme an der Beschlussfassung ausgeschlossen, da es sich um einen organisatorischen Akt handelt, wie auch die gesetzlich normierten Fälle der §§ 113, 117 und 127 HGB.[53] Ist der herrschende Gesellschafter jedoch generell von den Beschränkungen des § 181 BGB befreit, besteht diese Möglichkeit der Kontrolle nicht.

Im Ergebnis bietet jedoch eine Beschränkung der organschaftlichen Vertretungsbefugnis gerade in dem sensiblen Bereich der konzerninternen Geschäfte eine gute Kontroll- und Schutzmöglichkeit.

IV. Haftung für treuepflichtwidriges Verhalten

Das Wesen der Abhängigkeit bringt es mit sich, dass den außenstehenden Gesellschaftern aktive Einflussmöglichkeiten abgeschnitten sind, da sie re-

---

47 BGHZ 38, 26, 33; *Emmerich,* FS Lukes, 639, 648; *ders./Sonnenschein,* Konzernrecht, § 27 I 2. b), § 28 II 2.; *Schlegelberger/Martens,* HGB Anh. § 105 Rn. 26, 18, § 126 Rn. 17; *Schießl,* Beherrschte Personengesellschaft, S. 67; *U. Schneider,* FS Bärmann S. 873, 890 f.; *ders.,* ZGR 1980, 511, 529.

48 *Baumbach/Hopt,* HGB § 126 Rn. 6.

49 BGH WM 1979, 72; *Heymann-Emmerich,* HGB § 126 Rn. 20; *Baumbach/Hopt,* HGB § 126 Rn. 7.

50 Die Anwendbarkeit von § 181 BGB in diesem Zusammenhang ist von dem Fall zu unterscheiden, dass ein Gesellschafter im Rahmen einer Beschlussfassung sowohl für sich, als auch in Vertretung für einen Mitgesellschafter abstimmt. In diesem Fall fehlt es aufgrund der Gleichgerichtetheit der Willenserklärungen bei der Abstimmung an dem für § 181 BGB typischen Interessenkonflikt. Siehe BGHZ 65, 93, 98.

51 *Heymann/Emmerich,* HGB, § 126 Rn. 17.

52 *U. Schneider,* ZGR 1975, 284.

53 Zur Unterscheidung beim Stimmrechtsausschluss in organisatorische Akte und unternehmerische Sachentscheidungen siehe oben Kap. 6 II.

gelmäßig von der Geschäftsführung ausgeschlossen sind oder zumindest einem weitreichenden Vetorecht unterliegen. Es ist ihnen nicht möglich, treuwidrige Geschäftsführungsmaßnahmen im Vorfeld zu verhindern.[54] Daher erlangt die Frage der Haftung des herrschenden Gesellschafters für Treuepflichtverletzungen besondere Bedeutung. Schadensersatzansprüche basieren dann auf der positiven Verletzung des Gesellschaftsvertrages. Rechtsfolge ist der Ersatz des durch die treuwidrige Maßnahme entstandenen Schadens. Dies kann im Wege der Naturalrestitution gem. § 249 BGB dazu führen, dass eine Maßnahme oder Handlung rückgängig gemacht werden muss. Bei Kompetenzüberschreitungen – nicht bei Geschäftsführungsmaßnahmen[55] – besteht ein Unterlassungsanspruch.[56]

1. Treuepflicht

In einem einfachen Abhängigkeitsverhältnis ist der herrschende Unternehmer nach wie vor an das Gesellschaftsinteresse gebunden. Dies ist der Maßstab, an dem sämtliche Handlungen der Geschäftsführung gemessen werden. Der herrschende Gesellschafter ist verpflichtet, seine Stellung im Interesse der Gesellschaft einzusetzen. Es besteht ein absolutes Schädigungsverbot. Ein Nachteilsausgleich nach dem aktienrechtlichen Modell der §§ 311 ff. AktG ist daher nicht möglich.[57]

---

[54] BGHZ 76, 160, 168; *Hüffer,* ZGR 1981, 348, 360 f.; *Koller/Roth/Morck,* HGB § 105, Rn. 37; *Schießl,* Beherrschte Personengesellschaft, S. 66 f.; *U. Schneider,* ZGR 1980, 511, 529; a.A. OLG Hamm BB 1993, 165 f.; *Dietrich,* Die Publikumskommanditgesellschaft und die gesellschaftsrechtlich geschützten Interessen, 1988, S. 168; *Raiser,* ZHR 153, 1, 14 ff.; *Westermann,* Handbuch der Personengesellschaften, I Rn. 271, hält eine Unterlassungsklage dort für zulässig, wo es nicht zumutbar erscheint, eine Rechtsverletzung abzuwarten und Schadensersatz geltend zu machen; ähnlich *Grunewald,* DB 1981, 407, 408 f., in Fällen offensichtlicher Verletzungen des Gesellschaftsvertrages durch die fragliche Geschäftsführungsmaßnahme.

[55] In die Eigenverantwortlichkeit der Geschäftsführung und die innere Zuständigkeitsordnung soll nicht eingegriffen werden. Die außenstehenden Gesellschafter müssen sich auf die Geltendmachung von Schadensersatzansprüchen beschränken. So BGHZ 76, 160, 168; zu abweichenden Ansichten siehe oben Fn. 498.

[56] *Lutter,* AcP 180, 84, 139; *Schießl,* Beherrschte Personengesellschaft, S. 66 f.; *Schlegelberger/Martens,* HGB § 116 Rn. 22; a.A. *Dietrich,* Die Publikumskommanditgesellschaft und die gesellschaftsrechtlich geschützten Interessen, 1988, S. 168; *Raiser,* ZHR 153 (1989), 1, 29 ff., 32; *Westermann,* Handbuch der Personengesellschaften I Rn. 271.

Für AG: BGHZ 83, 122, 133 ff. „Holzmüller"; *Zöllner,* ZGR 1988, 392, 425; *Knobbe-Keuk,* FS Ballerstedt, 239 ff. 245; *Grunewald,* DB 1980, 407 ff.

[57] *Baumbach/Hopt,* § 105 Rn. 103; *Emmerich/Sonnenschein,* Konzernrecht, § 27 I 1.; *Heymann/Emmerich,* HGB, § 105 Rn. 114, 118; *Löffler,* Abhängige Personengesellschaft, S. 155 ff.; *Schlegelberger/Martens,* HGB, Anh. § 105 Rn. 27; *Schießl,*

Durch die herrschende Stellung entsteht ein besonderes Gefährdungspotential, das zur Verschärfung sämtlicher aus der Gesellschafterstellung erwachsenden Pflichten führt. Dies gilt in besonderem Maße für die Treuepflicht. Je größer der beherrschende Einfluss ist, desto höhere Anforderungen werden an jene Gesellschafterpflichten gestellt.[58]

2. Konzerndimensionale Ausdehnung der Treuepflicht

Die Systematik des punktuellen Schadensausgleichs aufgrund von Treuepflichtverletzungen droht dann leer zu laufen, wenn die Herrschaftsmacht nicht von dem unmittelbar beteiligten herrschenden Unternehmen ausgeübt wird, sondern von einem übergeordneten mittelbar herrschenden. Wird beispielsweise die Komplementär-GmbH einer GmbH & Co KG durch Weisungen eines herrschenden Unternehmensgesellschafters zu Maßnahmen veranlasst, die für die KG nachteilig sind, stellt sich die Frage, ob sich das die GmbH beherrschende Unternehmen einer Haftung entziehen kann, oder es ebenfalls treuepflichtig an die Interessen der mittelbar abhängigen KG gebunden ist.

Eine entsprechende Ausdehnung der Treuepflicht der Gesellschafter der abhängigen Gesellschaft auf übergeordnete Konzerngesellschaften erscheint aufgrund der fehlenden gesellschaftsvertraglichen Bindung jedoch problematisch. Ferner steht die rechtliche Selbständigkeit der einzelnen Konzerngesellschaften einem Durchgriff entgegen. Die Verselbständigung des Verbandes gegenüber seinen Mitgliedern kann nicht ohne weiteres aufgegeben werden.[59] Andererseits ist das tatsächlich bestehende enge Verhältnis – insbesondere im Hinblick auf die Möglichkeit, gesellschaftsinterne Informationen zu erlangen und die Unternehmenspolitik zu beeinflussen – zwischen der abhängigen Gesellschaft und dem mittelbar herrschenden Unternehmen nicht von der Hand zu weisen.

Die Rechtsprechung ist dieser Problematik mit einer scheinbaren konzerndimensionalen Ausdehnung der Treuepflicht begegnet.[60] Tatsächlich wird die treuepflichtige Bindung in beiden Fällen nicht durch eine Erweiterung gesellschaftsrechtlicher Pflichten begründet, sondern beruht auf der Verletzung bestehender vertraglicher Verbindungen. Im „ITT"-Fall wurde die Lösung nicht in der mittelbar abhängigen KG angesiedelt, sondern in

---

Beherrschte Personengesellschaft, S. 61; *Staub/Ulmer,* HGB, Anh. § 105 Rn. 45 ff.; *Wiedemann,* FS Bärmann, 1975, 1037, 1051; a.A. *Bälz,* AG 1992, 277, 295.

[58] *Schlegelberger/Martens,* HGB, Anh. § 105 Rn. 27.

[59] Zur Problematik des Durchgriffs im Gesellschaftsrecht im Hinblick auf mehrstufige Konzernverhältnisse *Paschke,* AG 1988, 196 ff.

[60] BGHZ 65, 15 ff. „ITT"; BGHZ 89, 162 „Heumann/Ogilvy".

der unmittelbar herrschenden und wiederum abhängigen Komplementär-GmbH, in der sowohl der Kläger als auch die Beklagte Gesellschafter waren und daher durch gegenseitige Treuepflichten verbunden waren.[61] Der Schutzbereich der Treuepflicht der GmbH-Gesellschafter wurde auf Angelegenheiten der abhängigen KG erweitert, nicht jedoch der subjektive Bereich der treuepflichtig gebundenen Adressaten.[62] In der „Heumann/Ogilvy"-Entscheidung wurde die schuldrechtliche Verbindung durch einen Vorvertrag hergestellt, der unmittelbar zwischen den Parteien (bzw. deren Rechtsvorgängern) geschlossen wurde.[63] Daher können beide Entscheidungen als Beleg für eine konzerndimensionale Ausdehnung der personengesellschaftlichen Treuepflicht nicht fruchtbar gemacht werden.[64]

In der Literatur wird teilweise der Weg über die Figur des Vertrages mit Schutzwirkung zu Gunsten Dritter beschritten.[65] Die zwischen den Gesellschaftern der herrschenden Gesellschaft bestehende Treuebindung erstreckt sich auf die abhängige Gesellschaft. Diese wird in den Schutzbereich der Treuepflicht einbezogen. Dies führt zu einer Betrachtungsweise von oben nach unten. Der Umfang der in der herrschenden Gesellschaft verbindlichen Treuepflicht wäre relevant und nicht die Treubindung in der abhängigen Personengesellschaft. Dies würde zu dem befremdlichen Ergebnis führen, dass die abhängige Personengesellschaft dann geschützt wäre, wenn sie mittelbar von einer GmbH oder Personengesellschaft beherrscht würde. Dagegen wäre sie weitgehend schutzlos, wenn eine AG mittelbar herrschendes Unternehmen wäre, da eine Treubindung unter den Aktionären in vergleichbarem Maße nicht anerkannt ist. Dieser Ansatz stösst auch dann an seine Grenzen, wenn die unmittelbar herrschende Gesellschaft eingliedrig ist und der mittelbar herrschende Gesellschafter daher keiner Treubindung gegenüber Mitgesellschaftern unterliegt.[66]

In Ermangelung einer dogmatischen Begründung wird von einigen Autoren der Schluss gezogen, das mittelbar herrschende Unternehmen unterliege – sofern keine anderen Gesichtspunkte hinzutreten – allein aufgrund seiner beherrschenden Stellung keiner treuepflichtigen Bindung.[67]

---

[61] *Löffler,* Abhängige Personengesellschaft, S. 146 f.

[62] Vgl. *Schlegelberger/Martens,* HGB, Anh. § 105 Rn. 28.

[63] A.A. *Burbach,* Recht der konzernabhängigen Personengesellschaft, S. 174, der den entscheidenden Gesichtspunkt nicht in dem Vorvertrag sieht, sondern in der Stellung als Gesellschafter. Ähnlich *Löffler,* Abhängige Personengesellschaft, S. 147 f., der die Bedeutung des Vorvertrages offen lässt und ebenfalls darauf abstellt, dass sich die Muttergesellschaft in die Gesellschafterrolle begeben habe.

[64] So aber *Heck,* Personengesellschaft im Konzern, S. 182; *Paschke,* AG 1988, 196 f.

[65] *Stimpel,* AG 1986, 117, 119 ff.; *Paschke,* AG 1988, S. 196, 205; *Winter,* Mitgliedschaftliche Treuebindung im GmbH-Recht, S. 256 ff.

[66] Dazu *Grunewald,* BB 1981, 581, 585 f.

Diesem rechtspolitisch unbilligen Ergebnis kann nicht zugestimmt werden. Der dogmatische Ansatz ist in der konzernrechtlichen Sonderverbindung zwischen den Konzerngesellschaften zu sehen. Zwar bestehen keine unmittelbaren vertraglichen Bindungen zwischen den Konzerngliedern, wenn sich die Verbindung über drei oder mehrere Stufen erstreckt, doch ist in dem Tatbestand der Abhängigkeit bereits die Möglichkeit verankert, von oben herab durch gesellschaftlich begründete Kompetenzen Einfluss bis in das unterste Konzernglied zu nehmen. Dadurch wird von der Konzernspitze eine Struktur geschaffen, die sie auf jeder Ebene in die Lage versetzt, die Geschäfte der jeweiligen Konzerngesellschaft zu steuern. Diese Möglichkeit der Einflussnahme begründet eine gesellschaftsrechtlich vermittelte Sonderrechtsbeziehung zwischen den Konzerngliedern, die mit der Verpflichtung zur Rücksichtnahme im Rahmen einer rechtmäßigen Konzernführung verbunden ist.[68] Die rechtmäßige Einflussnahme mittelbar herrschender Unternehmen ist durch das Eigeninteresse der abhängigen Gesellschaften solange begrenzt bis eine anders lautende Vereinbarung – eine Konzernierungsvereinbarung – getroffen wird, die das mittelbar herrschende Unternehmen ermächtigt, das Konzerninteresse voran zustellen. Daher ist das mittelbar herrschende Unternehmen aufgrund der gesellschaftlichen Verbundenheit an die Treuepflicht des mittelbar beherrschten Unternehmens gebunden.[69]

Martens beschränkt diesen Zugriff auf solche Fälle, in denen das unmittelbar herrschende Unternehmen als Zwischenholding instrumentalisiert wird.[70] Nur dann könne sich das mittelbar herrschende Unternehmen nicht mehr auf die rechtliche Selbständigkeit des unmittelbar herrschenden Unter-

---

67 *Gekeler,* Personengesellschaftlicher Konzern, S. 293; *Heck,* Personengesellschaft im Konzern, S. 182 f.; *Schießl,* Beherrschte Personengesellschaft, S. 95 ff.; *Stehle,* Gesellschafterschutz gegen fremdunternehmerischen Einfluß in der Personengesellschaft, S. 80 ff.

68 Ähnlich wird auch bei Treuhandverhältnissen verfahren. Der Treugeber als wirtschaftlich Berechtigter ist an die gesellschaftliche Treuepflicht gebunden, obwohl er rechtlich nicht Gesellschafter ist. Der Umstand, dass der Treugeber im Hintergrund Weisungen an den Gesellschafter erteilen kann und letztendlich die Ausübung der mitgliedschaftlichen Rechte des Gesellschafters bestimmt, findet hier genauso Berücksichtigung, wie dies bei Konzernverhältnissen der Fall sein muss.

69 *Burbach,* Das Recht der konzernabhängigen Personengesellschaft, S. 174 ff., 388 ff.; *Fleck,* WM 1986, 1205, 1209; *Grunewald,* BB 1981, 581, 586; *Hachenburg/Ulmer,* GmbHG, Anh. § 77 Rn. 74 (für GmbH); *Kleindiek,* Strukturvielfalt im Personengesellschafts-Konzern, S. 260 f.; *Koller/Roth/Morck,* HGB, § 105 Rn. 36, § 112 Rn. 2; *Löffler,* NJW 1986, 223, 225 ff.; *ders.,* Abhängige Personengesellschaft, S. 143 ff., 149 ff.; *Raiser,* FS Stimpl, S. 855, 859; *U. Schneider,* ZGR 1980, 511, 530 f.; *ders.,* ZGR 1985, 279, 296; *Reuter,* AG 1986, 130, 131; für die Figur einer Konzerntreuepflicht: *Rehbinder,* ZGR 1977, 581, 643 ff.; *Wiedemann,* JZ 1976, 392, 396; kritisch *Immenga,* JZ 1984, 578, 579; *Reuter* JZ 1986, 16, 20.

70 In *Schlegelberger,* HGB, Anh. § 105 Rn. 28, ähnlich *Staub/Ulmer,* HGB, Anh. § 105 Rn. 52.

nehmens berufen, sondern müsse sich dessen Pflichten zurechnen lassen. In einfachen Abhängigkeitsverhältnissen dagegen fehle es an einem Eingriffstatbestand. Die Koordinierung erfolge nicht im übergeordneten Verbundinteresse, sondern orientiere sich strikt am Interesse der Gesellschaft.

Damit stellt Martens auf eine strukturelle Beseitigung der Selbständigkeit ab, die einen Durchgriff auf das mittelbar herrschende Unternehmen als eigentlichem Machtzentrum erlaube. Dem liegt nicht der Gedanke der Ausdehnung der Treuepflicht auf Dritte zugrunde, sondern das mittelbar herrschende Unternehmen wird wie ein Mitgesellschafter des mittelbar beherrschten Unternehmens behandelt, da es faktisch diese Stellung einnimmt. Die Schwäche dieses Ansatzes tritt zu Tage, wenn das mittelbar herrschende Unternehmen das Eigeninteresse der Gesellschaft nicht strukturell sondern durch punktuelle Maßnahmen verletzt. Dann wäre die abhängige Gesellschaft schutzlos, weshalb dieser Ansatz abzulehnen ist. Durch die in Abhängigkeitsverhältnissen begründete Einflussmöglichkeit wird das mittelbar herrschende Unternehmen in die Lage versetzt, in die abhängige Gesellschaft wie ein Gesellschafter hineinzuregieren. Diese Sonderbeziehung ist die Grundlage einer extensiven Anwendung der Treuepflicht.

Daher erfolgt die konzernweite Ausdehnung der Treuepflicht auch im schlichten Abhängigkeitsverhältnis. Das abhängige Unternehmen hat einen unmittelbaren Schadensersatzanspruch gegen das mittelbar herrschende Unternehmen, wenn dieses schädigende Maßnahmen veranlasst.[71]

3. Sorgfaltsmaßstab

Wollen die außenstehenden Gesellschafter einen Schadensersatzanspruch wegen positiver Vertragsverletzung geltend machen, ist dies nur möglich, wenn die Treuepflichtverletzung auf einem schuldhaften Verhalten beruht. Daher ist entscheidend, welcher Sorgfaltsmaßstab zur Beurteilung fahrlässigen Handelns Ausschlag gebend ist.

Den Gesellschaftern kommt nach der gesetzlichen Regelung eine Milderung des Haftungsmaßstabes auf eigenübliche Sorgfalt im Sinne von § 708 BGB zu gute. Der Gesetzgeber begründet diese Privilegierung vor dem Hintergrund der personalistischen Struktur damit, „dass Parteien, die miteinander einen Gesellschaftsvertrag einzugehen beabsichtigen, sich gegenseitig so nehmen wollten, wie sie einmal seien, dass jeder Teil von vornherein die Individualität des anderen ins Auge fasse und daher nur verlange, dass er in den gemeinschaftlichen Angelegenheiten dieselbe Sorgfalt wie in den

[71] *Schießl*, Beherrschte Personengesellschaft, S. 94, 97 f., lehnt einen solchen Anspruch konsequenter Weise ab, da er eine konzernweit geltende Treuepflicht verneint.

eigenen Angelegenheiten übe."[72] Daneben sieht Ulmer einen weiteren Begründungsansatz, wonach die Haftungsbeschränkung dadurch gerechtfertigt sei, dass die Angelegenheiten der Gesellschaft stets auch Angelegenheiten jedes Gesellschafters seien. Dieser „sollte daher auch den Mitgesellschaftern nicht zu einem höheren Maß an Sorgfalt verpflichtet sein, als er sie in seinem eigenen Bereich anwendet.[73]

Die starre Regelung des § 708 BGB wird von K. Schmidt kritisiert, der eine Abschaffung der Vorschrift fordert.[74] Um jedoch auch de lege lata zu vertretbaren Lösungen zu gelangen, sei § 708 BGB als Auslegungsregel zu begreifen.[75] Die Haftungsbeschränkung entspreche dann dem Parteiwillen, wenn das dadurch geschaffene Risiko des reduzierten Sorgfaltsmaßstabes auch von allen Gesellschaftern gemeinsam getragen werden soll.[76] Dies sei von dem Gesetzgeber als Normalsachverhalt angesehen worden. Voraussetzung dessen sei jedoch, dass die Gesellschaft dem gesetzlichen Leitbild entspreche und durch die persönliche Bindung und gegenseitiges Vertrauen geprägt sei. Nur dann könne man davon ausgehen, dass die Gesellschafter, mit der Konsequenz eines erhöhten Risikos, einander so nehmen wollten wie sie seien. Sei jedoch eine so weitreichende Risikopartizipation aufgrund der Umstände ersichtlich nicht bezweckt, könne eine Haftungsmilderung dem Parteiwillen nicht entnommen werden.

In der Rechtsprechung wird die Vorschrift im Wege der teleologischen Reduktion zurückgedrängt und im Ergebnis dann nicht mehr herangezogen, wenn die persönliche Bindung durch eine kapitalistische Struktur verdrängt wird, wie beispielsweise in der Publikumsgesellschaft.[77] Hierbei wird entscheidend auf das fehlende gegenseitige Vertrauensverhältnis abgestellt.

An einem gegenseitigen Vertrauensverhältnis fehlt es auch in der Situation der Abhängigkeit. Aufgrund der anderweitigen unternehmerischen Betätigung des herrschenden Gesellschafters besteht immer die Gefahr, dass dieser seinen maßgeblichen Einfluss zur Förderung seiner gesellschaftsfrem-

---

[72] Prot.: in *Mugdan* II, S. 985; *Müller-Graff,* AcP 191 (1991), 475, 481 f.; *Soergel/Hadding,* BGB, § 708 Rn. 1.

[73] MüKo, BGB, § 708, Rn. 1; ähnlich *Ballerstedt,* JuS 1963, 251, 258.

[74] Gesellschaftsrecht, § 59 III 2.; ebenfalls kritisch *Hoffmann,* AcP 167 (1967), 394, 396; *ders.,* NJW 1967, 1207 ff.; *A. Hueck,* Recht der OHG, § 9 IV Fn. 10; *Rother,* Haftungsbeschränkung im Schadensrecht, S. 196.

[75] *K. Schmidt,* Gesellschaftsrecht, § 59 III 2. c); ebenfalls kritisch *Ermann/Westermann,* § 708 Rn. 1.

[76] Auch *Müller-Graff,* AcP 191 (1991), 475, 481 ff., 483 stellt auf den Aspekt der Bereitschaft ab, das Risiko des individualüblichen Verhaltens der Mitgesellschafter zu übernehmen.

[77] BGHZ 69, 207, 209; 75, 321, 327 f.; 76, 160, 166; BGH WM 1980, 30, 31; BGH NJW 1995, 1353, 1354; *Hüffer,* ZGR 1981, 348, 361; *Palandt/Sprau,* § 708 Rn. 3; *U. Schneider,* ZGR 1978, 1, 31 f.; *Staub/Ulmer,* HGB, § 109 Rn. 12.

den Interessen ausnutzt. Die Annahme, die Gesellschafter seien im Hinblick auf die Individualität des Einzelnen mit der jeweils eigenüblichen Sorgfalt einverstanden, kann in Anbetracht des Interessenkonflikts in der Person des herrschenden Gesellschafters nicht aufrecht erhalten werden. Damit ist der Regelung des § 708 BGB die Grundlage entzogen. Eine Privilegierung ist nicht mehr gerechtfertigt.[78]

Im Übrigen wird man auch nach dem Ansatz von K. Schmidt zu dem Ergebnis kommen, dass es nicht dem Willen der Gesellschafter entspricht, das durch den reduzierten Sorgfaltsmaßstab entstehende Risiko auch in der Situation der Abhängigkeit tragen zu wollen. In der unabhängigen Gesellschaft sind alle Gesellschafter an einem erfolgreichen Betrieb des Unternehmens interessiert, weshalb jeder davon ausgehen kann, dass die eigenübliche Sorgfalt in diesem Sinne eingesetzt wird. Verfolgt jedoch ein Gesellschafter weitere unternehmerische Interessen, besteht die Gefahr, dass sein Handeln in der Gesellschaft von fremden Interessen geprägt ist, weshalb die eigenübliche Sorgfalt keine Garantie mehr für ordnungsgemäßes Verhalten bietet. In der Regel wird die Auslegung des Parteiwillens daher ergeben, dass § 708 BGB in diesem Fall abbedungen sein soll.

In der Konsequenz kommt die allgemeine Vorschrift des § 276 BGB bzw. § 43 GmbHG in der GbmH & Co KG zur Anwendung.

4. Actio pro socio

Die Haftung und damit ein wesentlicher Teil des Minderheitenschutzes basiert auf dem Ausgleich treuwidriger Maßnahmen. Die Geltendmachung und Durchsetzung von Schadensersatzansprüchen stellt eine Geschäftsführungsmaßnahme dar und fällt daher in die Kompetenz des geschäftsführenden Gesellschafters.[79] Da dieser in der Regel jedoch der herrschende Gesellschafter ist oder zumindest Weisungen an den Geschäftsführer erteilen kann, muss hier auf das Institut der actio pro socio zurückgegriffen werden.

---

[78] BGH NJW 1980, 231, 232; *Baumgartl,* Konzernbeherrschte Personengesellschaft, S. 138 f.; *Gekeler,* Personengesellschaftlicher Konzern, S. 265 f.; *Löffler,* Abhängige Personengesellschaft, S. 107 f., 157; *Raiser,* ZGR 1980, 558, 565; *Reuter,* ZHR 146 (1982), S. 1, 6; *Schlegelberger/Martens,* HGB, Anh. § 105 Rn. 27 *Schießl,* Beherrschte Personengesellschaft, S. 79 f.; *U. Schneider,* ZGR 1980, 511, 534 f.; *Staub/Ulmer,* HGB, Anh. § 105 Rn. 51, 67.

[79] *K. Schmidt,* Gesellschaftsrecht, § 21 IV 1. a); *Schlegelberger/ders.,* HGB, § 105 Rn. 175; *Hadding,* JZ 1975, 159, 163 der allerdings darauf hinweist, dass lediglich die Geltendmachung eine Geschäftsführungsmaßnahme ist. Die Entscheidung, ob der Anspruch durchgesetzt werden soll, geht über den Bereich der Geschäftsführung hinaus und ist als Grundlagengeschäft zu bewerten. *Nitschke,* ZHR 128 (1966), S. 48, 86 ff., 92 geht von einer Notgeschäftsführung gem. § 744 II BGB analog aus.

Danach können die Gesellschafter Sozialansprüche der Gesellschaft geltend machen. Das heißt, diese Befugnis bezieht sich nur auf jene Ansprüche, die unmittelbar oder mittelbar aus dem Gesellschaftsvertrag resultieren.[80] Die hier in Frage stehenden Schadensersatzansprüche wegen Treuepflichtverletzung beruhen auf einer aus dem Gesellschaftsvertrag herrührenden Rücksichtnahmepflicht und sind daher als Sozialansprüche zu qualifizieren. Jeder Gesellschafter kann im eigenen Namen den Schaden der Gesellschaft geltend machen.[81] Der Antrag muss auf Leistung an die Gesellschaft lauten und wird inzwischen als Prozessstandschaft verstanden, da es sich um ein fremdes Recht - jenes der Gesamthand - handelt, das geltend gemacht wird.[82] Ein Rückgriff auf die Einzelklagebefugnis gem. §§ 317 IV, 309 IV AktG ist weder in der typisch strukturierten Personengesellschaft noch in der Publikumsgesellschaft[83] erforderlich. Sind die Anleger an der Publikumsgesellschaft jedoch nicht selbst beteiligt, sondern werden durch einen Treuhänder repräsentiert, steht die Klagebefugnis ausschließlich diesem zu. Die Anleger sind dann darauf angewiesen, den Treuhänder zur Rechtsverfolgung anzuhalten.

Der konzernweiten Ausdehnung der Treuepflicht korrespondierend, können derartige Ansprüche auch gegen das mittelbar beherrschende Unternehmen geltend gemacht werden.[84] Aufgrund der durch den Unternehmensver-

---

[80] *Hadding,* JZ 1975, 159, 162; *Ulmer,* MüKo, BGB, § 705 Rn. 166, 169; *Schlegelberger/K. Schmidt,* HGB, § 105 Rn. 173.

[81] Einhellig Meinung siehe nur *G. Hueck,* Gesellschaftsrecht, § 7 I 3.; *Schlegelberger/K. Schmidt,* HGB, § 105 Rn. 172.

[82] BGH NJW 1985, 2830, 2831; *Berger,* ZHR 149 (1985), 599, 604; *Hadding,* JZ 1975, 159, 162 ff.; *Koller* in Koller/Roth/Morck, HGB, § 105 Rn. 34; *Ulmer,* MüKo BGB, § 705 Rn. 169 ff.; *Nitschke,* ZHR 128 (1966), 48, 87 ff., 92; *K. Schmidt,* Gesellschaftsrecht, § 21, IV 4. b); *Schlegelberger/ders.,* HGB, § 105 Rn. 172, 176. Anders jedoch noch RGZ 90, 300, 302; BGHZ 25, 47, 49; *Flume,* Personengesellschaft § 10 IV; *A. Hueck,* Recht der OHG, § 18 II 3.; *Heymann-Emmerich,* HGB, § 109 Rn. 23; *Wiedemann,* Gesellschaftsrecht, S. 272 ff.

[83] So aber *Reuter,* ZHR 146 (1982), 1, 24 f., der in der actio pro socio jedoch eine Klage aus eigenem Recht sieht. Nach seiner Meinung besteht der Vorteil einer Prozeßstandschaft dann in der Tatsache, dass der Klageanspruch auf fremde Rechnung geltend gemacht werde und dem entsprechend ein Aufwendungsersatzanspruch gem. § 670 BGB analog gegen die Gesellschaft bestehe. Siehe GmbHR 1981, 129, 138. Um das Prozeßrisiko zu mindern, wird teilweise auch die analoge Anwendung von § 247 AktG vorgeschlagen, so *Koppensteiner,* KK, AktG, § 309 Rn. 33 m.w.N. Ablehnend *Geßler* in Geßler/Hefermehl/Eckardt/Kropff, AktG, § 309 Rn. 40, der den klagenden Aktionär zur Reduktion des Prozeßrisikos auf eine Teilklage verweist.

[84] *Staub/Ulmer,* HGB Anh. 3 105 Rn. 52; *Emmerich/Sonnenschein,* Konzernrecht, § 27 I 1.; *Schlegelberger/Martens,* HGB Anh. § 105 Rn. 29; *Koller* in Koller/Roth/Morck, HGB, § 105, Rn. 36; a.A. *Schießl,* S. 94 ff., der die konzerndimensionale Ausdehnung der Treuepflicht ablehnt und somit konsequenterweise auch

bund geschaffenen Sonderrechtsbeziehung wird der Adressatenkreis der gesellschaftsrechtlichen Treuepflicht erweitert und dem entsprechend auch der Kreis der Schuldner von Sozialansprüchen.

Mit dem Institut der actio pro socio wird der Minderheitenschutz[85] abgerundet, der nahezu leer laufen würde, wenn die außenstehenden Gesellschafter auf die Initiative der Geschäftsführer angewiesen wären.

5. Beweislastverteilung

Die Beweislastverteilung ist für die praktische Durchsetzbarkeit eines Anspruchs von entscheidender Bedeutung. Gerade im Bereich des Schadensrechts bereitet es dem Anspruchsberechtigten häufig große Schwierigkeiten, die anspruchsbegründenden Voraussetzungen in einem gerichtlichen Verfahren darzulegen und zu beweisen. Im Konzernrecht liegt dies zum einen an der Komplexität der bestehenden gesellschaftlichen Verhältnisse und zum anderen in den begrenzten Einblickmöglichkeiten auf der Ebene des herrschenden Unternehmens. Dieser Aspekt führt erneut die Bedeutung, aber auch die begrenzte Leistungsfähigkeit der Auskunfts- und Informationsrechte vor Augen. Denn nur soweit sich ein Gesellschafter über die Angelegenheiten der Gesellschaft informieren kann, ist es ihm möglich, rechtliche Schritte einzuleiten. Allerdings wird nicht jede Entscheidung, Maßnahme oder Weisung in schriftlicher Form fixiert werden, so dass eine uneingeschränkte Kontrolle der Geschäftsführungsorgane nicht möglich ist.

Vor diesem Hintergrund ist die Beweislast nach Gefahrenkreisen und Beweisnähe zu verteilen.

a) Abhängigkeit bei mehrstufigen Verbindungen

In einstufigen Abhängigkeitsverhältnissen richtet sich der Anspruch gegen einen Mitgesellschafter und kann problemlos auf die Verletzung von gesellschaftsvertraglichen Treuepflichten gestützt werden. Wird jedoch die mittelbar herrschende Muttergesellschaft in Anspruch genommen, muss der Kläger das Abhängigkeitsverhältnis zwischen unmittelbar herrschender Tochtergesellschaft und mittelbar herrschender Muttergesellschaft nach-

---

keinen unmittelbaren Schadensersatzanspruch gegen das mittelbar herrschende Unternehmen sieht.

[85] Es ist umstritten, ob es sich bei der actio pro socio tatsächlich um ein Instrument des Minderheitsschutzes handelt, so *Immenga*, Personalistische Kapitalgesellschaft, 286 ff.; *Roitzsch*, Minderheitenschutz im Verbandsrecht, 164 ff.; *K. Schmidt*, Gesellschaftsrecht, § 21 IV 1. b), c); a. A. allgemeines Recht jedes Gesellschafters: *Kübler*, § 6 II 3. b); *Wiedemann* I, § 8 IV 1. c).

weisen, um die treuepflichtige Bindung der Konzernmutter gegenüber der abhängigen Enkelgesellschaft zu begründen. Dies ist dann unproblematisch, wenn die Herrschaft der Konzernmutter auf einer Mehrheitsbeteiligung beruht und die Abhängigkeit gem. § 16 AktG vermutet wird. Beruht der beherrschende Einfluss jedoch auf einem Stimmbindungs- oder Konsortialvertrag, wird es dem Kläger regelmäßig Schwierigkeiten bereiten, die erforderlichen Tatsachen zum Nachweis der Abhängigkeit auf der höheren Stufe vorzutragen. Der Umweg, über eine Stufenklage Auskunft zu verlangen, ist in Anbetracht des damit verbundenen Kosten- und Zeitaufwands unzumutbar. Es ist daher ausreichend, wenn der Kläger lediglich Anhaltspunkte vorträgt, die eine Abhängigkeit vermuten lassen, während das beklagte Unternehmen verpflichtet ist, nähere Angaben zu machen. Kommt es dieser Obliegenheit nicht nach, gilt der Vortrag des Klägers als zugestanden.[86]

b) Schädigende Handlung

Die Beweislast für die schädigende Handlung obliegt grundsätzlich dem Kläger. Er muss die Handlung darlegen und beweisen, die unmittelbar zur Schädigung der Gesellschaft geführt hat, wie beispielsweise die Verwendung verdorbener Butter im Sachverhalt der Gervais/Danone-Entscheidung[87]. Bei schlichter Abhängigkeit ist der Nachweis einer konkreten und isolierbaren Maßnahme – anders als im qualifizierten faktischen Konzern – durch die Gesellschaftsstruktur nicht ausgeschlossen.[88]

Wendet sich der Kläger jedoch gegen das mittelbar herrschende Unternehmen[89], müsste von ihm darüber hinaus die Veranlassung der schädigenden Handlung durch das beklagte Unternehmen nachgewiesen werden. Daran würde die gerichtliche Durchsetzung regelmäßig scheitern, da es den außenstehenden Gesellschaftern der mittelbar beherrschten Gesellschaft nur schwer möglich sein wird, Weisungen der Konzernspitze an die Tochtergesellschaft oder gar sog. Kamingespräche nachzuweisen. Der Ausweg liegt in der Vermutung, dass Maßnahmen zum Nachteil der abhängigen Gesell-

---

[86] BGHZ 122, 123, 133 „TBB" unter Hinweis auf BGHZ 100, 190, 195; BGH NJW 1990, 3151; BGHZ 120, 320.

[87] BGH NJW 1980, 231, auch wenn dort letztendlich eine andere Beweislastverteilung vorgenommen wurde. Die Entscheidung beruht jedoch auf einem qualifizierten faktischen Konzernverhältnis.

[88] *Löffler*, Abhängige Personengesellschaft, S. 157; a.A. *Emmerich/Sonnenschein*, Konzernrecht, § 27 I 1.

[89] Dies gilt auch in einstufigen Abhängigkeitsverhältnissen, wenn der herrschende Gesellschafter nicht geschäftsführungsbefugt ist, sondern lediglich Weisungen gegenüber der Geschäftsführung erteilen kann, so beispielsweise der herrschende Kommanditist, und auf diesem Wege eine nachteilige Maßnahme veranlasst.

schaft und zum Vorteil des herrschenden oder eines anderen Konzernunternehmens vom herrschenden Unternehmen veranlasst worden sind.[90]

c) *Pflichtwidrigkeit und Verschulden*

Die Frage der Beweislast für die Pflichtwidrigkeit der schädigenden Maßnahme wird unterschiedlich beurteilt. Nach einer Ansicht bezieht sich die unstreitig bestehende Beweislastumkehr lediglich auf die subjektive Pflichtwidrigkeit, also das Verschulden.[91] Darüber hinaus wird jedoch auch die Ansicht vertreten, der Kläger sei auch vom Nachweis der objektiven Pflichtwidrigkeit befreit.[92] Letztendlich erscheint eine Trennung zwischen objektiver Pflicht und der subjektiv zu beachtenden Sorgfalt nicht möglich.[93] Auch die objektive Pflichtwidrigkeit wird unter Heranziehung von Sorgfaltsanforderungen bestimmt. Objektiv pflichtwidrig ist eine Handlung daher nur dann, wenn sie der Sorgfalt eines ordentlichen Geschäftsleiters nicht entspricht. An Hand des gleichen Maßstabes wird jedoch auch das subjektiv gebotene Verhalten im Rahmen der Schuld beurteilt. In beiden Fällen wird ein objektivierter Maßstab angesetzt, der persönliche Aspekte nicht berücksichtigt. Eine Differenzierung in objektive und subjektive Pflichtwidrigkeit erübrigt sich daher. Die Umkehr der Beweislast kann auf die allgemeine Regelung zum Verschuldensnachweis gem. § 282 BGB gestützt werden.[94] Problemspezifischer ist die analoge Anwendung von § 93 II AktG, § 34 II 2 GenG.[95] Dies gilt sowohl im Hinblick auf den unmittelbar herrschenden Unternehmensgesellschafter, als auch auf das mittelbar

---

[90] *Emmerich/Sonnenschein,* Konzernrecht, § 27 I 1.; *Kropff* in Geßler/Hefermehl/Eckardt/Kropff, AktG, § 311 Rn. 97; *Koppensteiner,* KK, AktG § 311 Rn. 6, jedoch ohne Einschränkung auf die Vorteilhaftigkeit auf Seiten des Veranlassers; *Kleindiek,* Strukturvielfalt im Personengesellschafts-Konzern, S. 263, der von einer Kausalitätsvermutung spricht, obwohl darüberhinaus die Veranlassung als solche, als schädigende Handlung vermutet wird; ähnlich *Winter,* Mitgliedschaftliche Treubindung im GmbH-Recht, S. 114 unter Hinweis auf § 254 II S. 1 RegE-GmbHG 19971; siehe dazu Arbeitskreis GmbH-Reform, S. 69.

[91] BGH BB 80, 1344; BGH DB 85, 2291; BHG WM 92, 224; *Lutter/Hommelhoff,* GmbHG, § 43 Rn. 26; nicht ganz klar *A. Hueck,* Recht der OHG, S. 140.

[92] *Kleindiek,* Strukturvielfalt im Personengesellschafts-Konzern, S. 263; *Rowedder/Koppensteiner,* GmbHG, Rn. 34; *Scholz/U. Schneider,* GmbHG, § 43 Rn. 168; *Baumbach/Hueck/Zöllner,* GmbHG, § 43 Rn. 30.

[93] *Baumbach/Hueck/Zöllner,* GmbHG, § 43 Rn. 17, 30.

[94] Als allgemeiner Grundsatz in der Rechtsprechung anerkannt: BGH NJW 1980, 231 „Gervais/Danone“ unter Bezugnahme auf BGHZ 48, 301, 312.

[95] Für die Anwendbarkeit im Personengesellschaftsrecht ausdrücklich *A. Hueck,* Recht der OHG, S. 140; *Kleindiek,* Strukturvielfalt im Personengesellschafts-Konzern, S. 263; *Schlegelberger/Martens,* HGB, § 114 Rn. 38; im Übrigen die in Fn. 535 und 536 genannten.

herrschende Unternehmen. Denn wer tatsächlich die Geschäftsführung an sich zieht, dem obliegen auch die Pflichten eines Geschäftsführers.[96]

V. Ausschlussklage

Als Reaktion auf ein pflichtwidriges Verhalten des herrschenden Unternehmens kommen nicht nur die Geltendmachung von Schadensersatz- und gegebenenfalls Unterlassungsansprüchen in Betracht, sondern auch das Betreiben der Entziehungsklagen gem. §§ 117, 127 HGB, der Ausschluss aus der Gesellschaft gem. § 140 HGB oder die Auflösungsklage gem. § 133 HGB. Das hierfür erforderliche Vorliegen eines wichtigen Grundes wird in der Regel bejaht werden können, wenn der herrschende Gesellschafter seinen Einfluss zum Nachteil der Gesellschaft einsetzt.[97] Als verhältnismäßig wird dabei zunächst nur der Entzug der Geschäftsführungs- und/oder Vertretungsbefugnis angesehen werden können. Der Ausschluss aus der Gesellschaft bzw. die Auflösung der Gesellschaft als ultima ratio sind nur dann zulässig, wenn kein milderes Mittel in Betracht kommt und zumutbar ist. Damit stehen den außenstehenden Gesellschaftern drastische Maßnahmen zur Seite, die theoretisch den nachhaltigen Schutz ihrer Rechte sichern. Praktisch ist jedoch zu berücksichtigen, dass davon kaum Gebrauch gemacht werden wird, wenn die Aufnahme eines herrschenden Gesellschafters bzw. die Begründung der Abhängigkeit dem Zweck der Sanierung oder der Sicherung und Erweiterung der Geschäftsverbindungen o. ä. dienen sollte. Die mit der gesellschaftlichen Abhängigkeit meist verbundene wirtschaftliche Abhängigkeit nimmt diesen schwerwiegenden Instrumenten des Minderheitenschutzes im Ergebnis ihr Gewicht. Dies wird vor allem dann verstärkt, wenn die Abhängigkeit bereits länger besteht und dadurch die wirtschaftlichen Verstrickungen weitreichender sind.

Ein weiterer Gesichtspunkt, der zur Einschränkung des Minderheitenschutzes führt, liegt in dem dispositiven Charakter der Normen.[98] Die Regelungen der §§ 117, 127 HGB können gänzlich ausgeschlossen werden;[99]

---

[96] BGH WM 1975, 1152, 1153 f. „ITT"; *Emmerich*, FS Stimpel, S. 743, 751; *Kleindiek*, Strukturvielfalt im Personengesellschafts-Konzern, S. 263; *U. Schneider*, in: Hommelhoff u. a. (Hrsg.), Entwicklungen im GmbH-Konzernrecht, S. 121, 131.

[97] *Schlegelberger/Martens*, HGB, Anh. § 105 Rn. 29.

[98] Ob ein völliger Ausschluss von §§ 117 und 127 HGB möglich ist, ist umstritten. Jedenfalls ist es möglich, den Entzug zu erschweren. Zur Diskussion m. w. N. *Heymann/Emmerich*, HGB § 117 Rn. 25, § 127 Rn. 9.

[99] *Staub/Ulmer*, HGB, § 117 Rn. 9 f. mit überzeugender Argumentation; *Baumbach/Hopt*, HGB, § 117 Rn. 11, § 127 Rn. 11; *Koller* in Koller/Roth/Morck, HGB, § 117 Rn. 5, einschränkend für § 127 HGB, § 127 5.); *Schlegelberger/Martens*, HGB, (5. Aufl.) § 117 Rn. 50 f., § 127 Rn. 9 ablehnend für § 127 HGB; *Heymann/Emmerich*, HGB § 117 Rn. 25, § 127 Rn. 9; a. A. RG JW 1935, 696 (zu § 127

ebenso § 140 HGB.[100] Die Auflösungsklage gem. § 133 HGB kann zwar nicht ausgeschlossen werden, doch führt dies dazu, dass die (außenstehenden) Gesellschafter vor der „alles oder nichts-Entscheidung" stehen, die Gesellschaft mit dem herrschenden Gesellschafter fortzusetzen oder sie ganz aufzulösen. Dieser Umstand wird die Entscheidung, gegen Treuepflichtverstösse des herrschenden Gesellschafters vorzugehen, zusätzlich nachhaltig beeinflussen. Allerdings darf man nicht vergessen, dass auch die außenstehenden Gesellschafter einer solchen Vertragsgestaltung zugestimmt haben und damit bewusst eine solch rigide Regelung getroffen haben. Deren Tragweite erlangt nicht erst in der Situation der Abhängigkeit seine volle Bedeutung, sondern führt auch in der unabhängigen Gesellschaft zu einer starren Struktur.[101]

Im Ergebnis hängt die Effektivität des Minderheitenschutzes in diesem Zusammenhang im Wesentlichen davon ab, welche vertraglichen Regelungen getroffen wurden und wie stark die wirtschaftliche Verstrickung eine Lösung – sei es nur auf der Ebene der Geschäftsführung und Vertretung oder auch in Form des Ausschlusses – vom herrschenden Gesellschafter verhindert. Die ultima ratio der Auflösung der Gesellschaft kann nicht als echtes Schutzinstrument gewertet werden, da die zu schützende Position gerade aufgegeben wird. Einziger Schutz besteht in diesem Fall darin, künftige Kapitalverluste oder gar eine persönliche Inanspruchnahme zu verhindern.

HGB); BGH NJW 1998, 1225, 1226 (zu § 127 HGB); *Staub/Habersack*, HGB § 127 Rn. 15 (zu § 127 HGB); *Schlegelberger/K. Schmidt*, HGB, § 127 Rn. 9.

100 BGH 51, 204; *Baumbach/Hopt*, HGB, § 140 Rn. 21; *Goette*, DStR 1997, 1093; *Koller* in Koller/Roth/Morck, HGB, § 140 Rn. 6; *Schlegelberger/K. Schmidt*, HGB, § 140 Rn. 71 f.; a. A. *Grunewald*, Ausschluss aus Gesellschaft und Verein, S. 237 ff.

101 Nach den Umständen des Einzelfalles kann eine solche Regelung dann sinnvoll sein, wenn beispielsweise ein Gesellschafter das Unternehmen einbringt und daher seine Stellung in der Gesellschaft als Geschäftsführer, Vertreter und Gesellschafter sichern will und die Fortführung der Gesellschaft ohne ihn mit diesem Unternehmen ausgeschlossen sein soll.

Kapitel 7

Minderheitenschutz bei Konzernabhängigkeit

Übt das herrschende Unternehmen einheitliche Leitung aus, kommt es entscheidend darauf an, ob und in welchem Umfang die außenstehenden Gesellschafter der Konzernierung zugestimmt haben. Bei fehlender Zustimmung ist das herrschende Unternehmen an das Eigeninteresse der abhängigen Gesellschaft gebunden und daher schadensersatzpflichtig, wenn es sich darüber hinweg setzt. Dabei kommt nicht nur die Kompensation finanzieller Schäden in Betracht[1], sondern auch die Beseitigung der Maßnahmen, die zur Unterstellung unter die einheitliche Leitung geführt haben[2].

Während dieser punktuelle Schadensausgleich bei einfacher Konzernierung auf Grund der geringeren Intensität der Einflussnahme durchaus praktikabel ist, stösst dieses System im qualifizierten faktischen Konzern an seine Grenzen. Daher besteht hier ebenso ein Anspruch auf Verlustausgleich[3], wie im Vertragskonzern[4].

I. Verlustübernahmepflicht im Vertragskonzern

Während das generelle Erfordernis der Verlustübernahme im Vertragskonzern einhellig befürwortet wird, gehen die Meinungen zur dogmatischen Begründung weit auseinander.

Im Aktienkonzernrecht ist die Pflicht zur Verlustübernahme in § 302 AktG geregelt. Danach ist das herrschende Unternehmen, unabhängig von weiteren Voraussetzungen, bei Bestehen eines Beherrschungsvertrages zum Ausgleich der während der Zeit der Konzernierung entstandenen Fehlbeträge verpflichtet.[5] Im GmbH-Konzernrecht wurde die Vorschrift bisher entsprechend herangezogen[6], während der BGH in seiner jüngsten Rechtspre-

---

[1] Siehe unten IV.

[2] Siehe unten III.

[3] Siehe unten II.

[4] Siehe unten I.

[5] Es handelt sich um eine sog. Zustands- oder Strukturhaftung. Die Ursache des Fehlbetrages ist unerheblich. Das herrschende Unternehmen trägt das volle unternehmerische Risiko der abhängigen Gesellschaft. Siehe *Hüffer*, AktG, § 302 Rn. 5; *Emmerich/Sonnenschein*, Konzernrecht, § 16 VI 2.

chung zu Gunsten der Kapitalerhaltungsvorschriften gemäß §§ 30 ff. GmbHG davon abrückte.[7]

Es besteht Uneinigkeit darüber, ob sich die Verlustausgleichspflicht in einer Stammkapitaldeckung erschöpft[8] oder darüber hinaus sämtliche Jahresfehlbeträge ausgeglichen werden müssen.[9] Wesentlicher Gesichtspunkt ist das unterschiedliche Verständnis der ratio legis von § 302 AktG.[10] Handelt es sich um eine reine Gläubigerschutzvorschrift, steht sie in engem Zusammenhang mit den Kapitalerhaltungsvorschriften und bietet den Gläubigern keinen darüber hinausgehenden Schutz, so dass lediglich das Stammkapital gedeckt wird.[11] Sieht man den Schutzzweck jedoch umfassender auch zu Gunsten außenstehender Gesellschafter und der Gesellschaft selbst, muss sich auch der Verlustausgleich über das Stammkapital hinaus, unabhängig von der Kapitalbindung, auf jeden Jahresfehlbetrag beziehen.[12] Daraus wurde die zutreffende Differenzierung nach eingliedrigen und mehrgliedrigen Gesellschaften entwickelt. In der eingliedrigen GmbH beschränkt sich der Schutzzweck der Kapitalerhaltungsvorschriften auf den Erhalt des Stammkapitals als Mindesthaftmasse zugunsten der Gläubiger. Sind jedoch weitere Mitgesellschafter vorhanden, besteht ein weitergehendes Schutzbedürfnis, das sich in einer umfassenden, über die reine Erhaltung des Stammkapitals hinausgehenden Verlustübernahme niederschlägt.[13]

---

[6] BGH NJW 1980, 231, 232 „Gervais/Danone"; BGHZ 95, 330, 345 „Autokran"; BGHZ 103, 1, 4 ff.; BGHZ 105, 324, 336 „Supermarkt"; *Emmerich/Sonnenschein*, Konzernrecht, § 25 III 2.; *Hommelhoff*, WM 1984, 1105, 1110; *Rowedder/Koppensteiner*, GmbHG, Anh. § 52 Rn. 82; *K. Schmidt*, GmbHR 1979, 121, 134; *Timm*, GmbHR 1987, 8, 12; *Baumbach/Hueck/Zöllner*, GmbHG, Anh. I Rn. 77; a.A. *Verhoeven*, GmbH-Konzern-Innenrecht, Rn. 414 ff.

[7] BGH WM 2001, 2062, 2063 f. „Bremer Vulkan".

[8] So im Wesentlichen BGH WM 2001, 2062, 2063 f. „Bremer Vulkan".

[9] Zum Streitstand: *Emmerich/Sonnenschein*, Konzernrecht, 5. Aufl., S. 461 ff. m.w.N.

[10] Nach der neuen Rechtsprechung des BGH, WM 2001, 2062, 2063 f. „Bremer Vulkan", entfällt diese Diskussion da nach den Kapitalerhaltungsvorschriften lediglich eine Deckung des Stammkapitals erfolgt.

[11] *Baumbach/Hueck/Zöllner*, GmbHG, Anh. I Rn. 78; *Holzwarth*, Gläubigerschutz, 1994, 207 f.; *Reuter*, ZHR 146 (1982), 1, 21; *Schießl*, Beherrschte Personengesellschaft, S. 89; *Ulmer*, AG 1986, 123, 129 f.; *Verhoeven*, GmbH-Konzern-Innenrecht, Rn. 415.

[12] Zur ratio legis als Minderheitsschutz auf Grund von § 302 III S. 3 AktG *Basten*, GmbHR 1990, 442, 445.

[13] *Emmerich/Sonnenschein*, Konzernrecht, § 24a I 4. a); *Hachenburg/Ulmer*, GbmHG, Anh. § 77 Rn.163 ff.; *Rowedder/Koppensteiner*, Anh. nach § 52 Rn. 82; *Scholz/Emmerich*, GmbHG, Anh. KonzR, Rn. 128 f.

Das Bedürfnis einer Verlustausgleichspflicht wird im Wesentlichen auch für das Konzernrecht der Personengesellschaften anerkannt.[14] Allerdings werden dabei verschiedene Begründungsansätze verfolgt.

1. Ansatz der Rechtsprechung

Der BGH hatte Gelegenheit, in der „Gervais/Danone-Entscheidung"[15] zu der Frage der Verlustübernahmepflicht Stellung zu nehmen.[16] Dem Sachverhalt lag allerdings kein Vertragskonzern zu Grunde. Die Parteien des Verfahrens hatten zwar zahlreiche Verträge geschlossen, die in einer Gesamtschau vom BGH als „Beherrschungsvertrag" bezeichnet wurden. Dieser Ausdruck war jedoch nicht im technischen Sinne eines Beherrschungsvertrages gem. § 291 AktG zu verstehen.[17] Zur Begründung der Verlustübernahmepflicht wurden allgemeine Rechtsgrundsätze unter Verweis auf die vergleichbare Situation bei Ergebnisübernahmeverträgen herangezogen. Aus der Möglichkeit des herrschenden Unternehmens, die Unternehmenspolitik der beherrschten Gesellschaft zu bestimmen und diese voll den eigenen Belangen anzupassen, folge notwendig die Verpflichtung, während der Dauer der Beherrschung entstandene Verluste der abhängigen Gesellschaft zu übernehmen.[18] Die Frage, ob eine analoge Anwendung des § 302 AktG erfolgen kann, wurde bewusst offen gelassen.[19] Im Ergebnis kann daher lediglich der Erst-recht-Schluss gezogen werden, dass eine im Falle faktischer Konzernierung bestehende Verlustübernahmepflicht auch im Vertragskonzern bestehen muss.

2. Haftung des Geschäftsherrn

Ein anderer Ansatz wird dem Auftragsrecht entnommen.[20] Da die konzernabhängige Personengesellschaft ihr Handelsgewerbe im Interesse des herrschenden Unternehmens betreibe, müsse das herrschende Unternehmen als

[14] Lediglich *U. Schneider,* ZGR 1980, 511, 542 lehnt einen solchen Anspruch im qualifiziert faktischen Konzern ab. Dazu unten II. Im Rahmen des Vertragskonzern entfällt dieses Problem, da U. Schneider von der Unzulässigkeit eines Beherrschungsvertrages mit einer abhängigen Personengesellschaft ausgeht.

[15] NJW 1980, 231.

[16] Urteil vom 05.02.1979 NJW 1980, 231 ff.

[17] In diesem Sinne der an der Entscheidung mitwirkende Richter *Kellermann* in: Jahrbuch der Fachanwälte für Steuerrecht 1980/81, 399, 423; anders aber *Raiser,* ZGR 1980, 558, 561; ebenso wohl *Gekeler,* Personengesellschaftlicher Konzern, S. 244 ff., 253, der die Bewertung der Gervais/Danone-Entscheidung im Rahmen der Erörterungen zum Vertragskonzern bespricht.

[18] BGH NJW 1980, 231, 232 „Gervais/Danone".

[19] BGH NJW 1980, 231, 232 f.

Geschäftsherr für die spezifischen Gefahren der in seinem Interesse erfolgten Tätigkeiten gem. § 670 BGB analog haften.[21]

Gegen diese Ansicht wird zum Teil bereits das Fehlen eines schuldrechtlichen Auftragsverhältnisses eingewendet.[22] Zwar bestehe zwischen dem herrschenden und dem abhängigen Unternehmen ein Vertragsverhältnis, dies sei jedoch organisationsrechtlicher Natur. Es könnten zwar schuldrechtliche Rechtsfolgen auf Grund der organisationsrechtlich begründeten Herrschaft ausgelöst werden, ein schuldrechtliches Rechtsverhältnis werde dadurch jedoch nicht begründet.[23] Dieser Einwand mutet allerdings etwas begrifflich an. Sofern der Anwendung des Schuldrechts nicht dessen synallagmatischer Charakter entgegensteht[24], kann auch ein organisationsrechtlicher Vertrag schuldrechtliche Wirkungen zeitigen. Die hier in Frage stehende Vereinbarung des Betreibens des Unternehmens der abhängigen Gesellschaft im Interesse des herrschenden Unternehmens, lässt sich mit dem zweiseitigen Charakter des Schuldrechts in Einklang bringen. Das herrschende und das abhängige Unternehmen stehen sich in einem Gegenseitigkeitsverhältnis gegenüber.

Nicht von der Hand zu weisen ist jedoch der Hinweis darauf, dass diese Konstellation gekünstelt ist.[25] Da die Geschäfte in der Regel von dem herrschenden Gesellschafter, dem Geschäftsherrn, für die abhängige Gesellschaft, dem eigentlichen „Geschäftsführer", geführt werden, wird der Ge-

---

[20] *Reuter,* ZHR 146 (1982), 1, 21 f.; ähnlich für den faktischen GmbH-Konzern *Schilling,* in FS Hefermehl S. 383, 389. Kritisch *Stimpel,* in: Ulmer (Hrsg.), Probleme des Konzernrechts, S. 11, 22, der gerade im Vergleich zur GmbH, wo die analoge Anwendung von § 302 AktG mit der Einschränkung der §§ 30, 31 GmbHG zu einer beschränkten Haftung führen im Wertungswiderspruch zur unbeschränkten Verlustübernahme im Aktien- und Personengesellschaftsrecht stünde.

[21] *Reuter,* ZHR 146 (1982), 1, 21 f.

[22] *Schießl,* Beherrschte Personengesellschaft, S. 91 sieht hier bereits das Problem, dass das Auftragsverhältnis als ein von den außenstehenden Gesellschaftern zu genehmigendes Insichgeschäft zu bewerten wäre, wenn der herrschende Gesellschafter die Geschäfte der abhängigen Gesellschaft führt. Daher beruhe die Annahme eines Auftragsverhältnisses regelmäßig auf einer Fiktion. Diese Einwände sind für den Bereich der faktischen Konzernierung berechtigt, nicht jedoch beim Vertragskonzern. Dazu *Staub/Ulmer,* HGB, Anh. § 105 Rn. 73; kritisch auch *Baumgartl,* Konzernbeherrschte Personengesellschaft, S. 111 ff.; *Gekeler,* Personengesellschaftlicher Konzern, S. 246 ff.; *Verhoeven,* GmbH-Konzern-Innenrecht, Rn. 235, 414 ff.

[23] So vor allem *Baumgartl,* S. 111 f.; *Gekeler,* Personengesellschaftlicher Konzern, S. 246 ff.

[24] Zur Rechtsnatur des Gesellschaftsvertrages als schuldrechtlicher und organisatorischer Vertrag so wie zum Verhältnis Schuldrecht – Organisationsrecht siehe *Staub/Ulmer,* HGB § 105 Rn. 139 ff.; *Baumbach/Hopt,* HGB § 105 Rn. 47; *K. Schmidt,* Gesellschaftsrecht, § 20 III 2.

[25] *Baumgartl,* Konzernabhängige Personengesellschaft, S. 112 f.; *Gekeler,* Personengesellschaftlicher Konzern, S. 247.

schäftsherr selbst tätig. Der „Geschäftsführende“ wird in Anspruch genommen, obwohl er nach der gesetzlichen Konstellation Anspruchsberechtigter ist.

Entscheidend ist jedoch, dass dieser Ansatz von der Rechtsfolge dem Bedürfnis einer umfassenden Verlustübernahme nicht gerecht wird.[26] Nach der gesetzlichen Regelung hat der Geschäftsherr die Aufwendungen des Geschäftsführers gem. § 670 BGB zu ersetzten. Neben diesen freiwilligen und willentlichen Vermögensopfern hat der Geschäftsherr auch jene Schäden zu ersetzen, die durch die Realisierung des in der Geschäftsführung enthaltenen spezifischen Risikos entstehen.[27] Nicht ersetzt werden jedoch Schäden des allgemeinen Lebensrisikos.[28] Daher wäre der Anspruch des abhängigen Unternehmens von vornherein auf solche Schäden beschränkt, die in der einheitlichen Leitung begründet sind. Die Geschäftsführung besteht nicht in dem Betreiben eines Handelsgewerbes, sondern in dem Betreiben des Handelsgewerbes unter der einheitlichen Leitung des herrschenden Unternehmens. Damit ist das allgemeine konjunkturelle Unternehmensrisiko von dem Verlustausgleich ausgeschlossen. Dies führt zu der Schwierigkeit, dass die Abgrenzung und Zuweisung eines spezifischen Risikos nicht möglich ist, wenn die Auswirkungen der Konzernierung nicht isoliert werden können. Hinzu kommt, dass zunächst durch Konzernleitungsmaßnahmen das Gesellschaftsvermögen nachhaltig geschmälert werden kann, aber noch keine Verluste entstehen. Kommt es dann zu konjunkturellen Schwankungen können eventuelle Verluste aufgrund der gespannten Finanzlage nicht aufgefangen werden. Ein Anspruch auf Ausgleich besteht dann jedoch nicht, da ein allgemeines Unternehmensrisiko eingetreten ist.

Ferner müsste das abhängige Unternehmen diesen Umstand auch darlegen und beweisen. Selbst wenn man aufgrund der Sachnähe eine Beweislastumkehr annehmen wollte, stünde dem herrschenden Unternehmen immer noch die Exkulpation offen. Im Ergebnis würde die Haftung nicht weiter gehen als der sowieso bestehende Schadensersatzanspruch aus positiver Vertragsverletzung.[29] Kann das herrschende Unternehmen beweisen, dass der vorliegende Schaden weder kausal verursacht wurde noch auf einer Pflichtwidrig-

---

[26] So auch *Löffler*, Abhängige Personengesellschaft, S. 90 ff.; *Schießl*, Beherrschte Personengesellschaft, S. 91 ff.

[27] Eine solche Haftung wird zum Teil aus dem Gedanken hergeleitet, dass sich der Geschäftsführer freiwillig einer Gefahrensituation aussetzt und dies beim Eintritt des Schadens einem freiwilligen Vermögensopfer gleichkomme. So BGHZ 33, 251, 257; 38, 270, 277; 52, 115, 116. Ein anderer Ansatz liegt in der Risikozurechnung bei schadensgeneigter Tätigkeit. Siehe *Larenz*, Schuldrecht II., § 56 III.; *Canaris*, RdA 1966, 41, 42 ff.

[28] BGH NJW 1985, 269; *Palandt/Sprau*, BGB, § 670 Rn. 11 f.

[29] So auch *Schießl*, Abhängige Personengesellschaft, S. 91 ff.

keit beruht, wird in der Regel auch die Realisierung eines konzernspezifischen Risikos ausscheiden. Denn entsteht ein Schaden, der nicht auf einem treuwidrigen Verhalten beruht, hat sich ein allgemein unternehmerisches Risiko verwirklicht, das gerade nicht gedeckt ist.

Diese eingeschränkte Haftung widerspricht der gesetzgeberischen Wertung einer Zustands- oder Strukturhaftung im Vertragskonzern.

3. Verlustausgleich als Korrelat der Leitungsmacht

Ein anderer Ansatz liegt in der Verknüpfung von Leitungsmacht und Risikohaftung.[30] Das herrschende Unternehmen habe es in der Hand, die unternehmerische Entwicklung und damit auch das Maß des unternehmerischen Risikos zu steuern. Eine solche Beherrschbarkeit des Risikos ziehe die Verpflichtung zur Verlustübernahme nach sich. Dieser Gedanke sei bereits der amtlichen Begründung von § 302 AktG zu entnehmen, wo es heißt: „*Wer die Geschicke der Gesellschaft bestimmen kann oder ihren ganzen Gewinn erhält, muß auch für deren Verlust einstehen.*“[31] Eine vergleichbare Begründung liegt auch dem bereits zitierten „Gervais/Danone-Urteil“ zu Grunde. Im Ergebnis beruht dieser Ansatz auf dem Gedanken des Gleichlaufs von Herrschaft und Haftung.[32] Hieraus kann jedoch kein allgemein gültiger Rechtssatz mit materieller Wirkung abgeleitet werden. Insbesondere die Drittorganschaft in den Kapitalgesellschaften macht deutlich, dass Herrschaftsmacht nicht mit einer persönlichen Haftung für die begründeten Verbindlichkeiten verbunden sein muss.[33] In diesem Sinne hat

---

30 So *Raiser*, ZGR 1980, 558, 564 f.; *K. Schmidt*, DB 1984, 1181, 1183; *Staub/Ulmer*, HGB Anh. § 105 Rn. 74; *Timm*, GmbHR 1987, 8, 12, für das Bestehen eines solchen Rechtssatzes im Sonderfall des Vertragskonzerns; *Löffler*, Abhängige Personengesellschaft, S. 95 ff., der den Gleichlauf von Herrschaft und Haftung im Innenverhältnis der Gesellschaft aus der Treuepflicht ableitet.

31 Zit. bei *Kropff*, AktG S. 391.

32 *Immenga*, Die personalistische Kapitalgesellschaft, S. 120; *Müller-Erzbach*, Das private Recht der Mitgliedschaft, S. 114 ff.; *Nitschke*, Die körperschaftlich strukturierte Personengesellschaft, S. 238; *Reinhardt* in FS H. Lehmann, Bd. II S. 576, 589 ff., 591 zu der vergleichbaren Frage der persönlichen Haftung von Einmanngesellschaftern.

33 *Flume*, Die Personengesellschaft, S. 244; *Konietzko*, Haftung des Kommanditisten, S. 167 f.; *Teichmann*, Gestaltungsfreiheit in Gesellschaftsverträgen, S. 125 f.; *Westermann*, Vertragsfreiheit und Typengesetzlichkeit im Recht der Personengesellschaften, S. 274 ff.

Nitschke, Körperschaftlich strukturierte Personengesellschaft, S. 238 f., sieht demgegenüber in der Überwachung und besonderen zivil- und strafrechtlichen Verantwortlichkeit der kapitalgesellschaftlichen Organe ein Korrektiv. Dies ändert jedoch nichts an der Tatsache, dass die geschäftsführenden Gesellschafter einer Personengesellschaft im Gegensatz zu den Geschäftsleitern der Kapitalgesellschaften auch der BGH in der sog. Rektor-Entscheidung die Gültigkeit eines solchen Prinzips abgelehnt.[34] Löffler hält hier entgegen, dass die in der zitierten Entscheidung gegenständliche Frage der Erfüllungshaftung eines beherrschenden Unternehmensgesellschafters gegenüber Dritten streng von der Verantwortlichkeit im Innenverhältnis zu trennen sei.[35] Es ist zwar zutreffend, dass Innen- und Außenverhältnis zu unterscheiden sind, dies hat jedoch keinen Einfluss auf die darin enthaltene grundsätzliche Wertung im Sinne der Ablehnung eines materiell-rechtlichen Prinzips des Gleichlaufes von Herrschaft und Haftung.[36]

Dieser Ansatz ist daher aufgrund der fehlenden dogmatischen Begründung abzulehnen.

4. Treuepflichtiger Verlustausgleich

Von einigen Autoren wird die Treuepflicht zur Begründung eines Verlustausgleichs bemüht.[37] Die Erhaltung der Existenz der Gesellschaft und deren Sicherung für die Zukunft sei Gegenstand der Treuepflicht und führe dazu, dass die Konzernspitze zum Ausgleich des Jahresfehlbetrages verpflichtet sei.[38]

Als originäres Instrument des Minderheitenschutzes und Ausdruck der gesellschaftlichen Rücksichtnahme, kann die Treuepflicht in diesem weitreichenden Sinne ausgelegt werden. Im Konzern ist die Treuepflicht in der Folge der geänderten Interessenausrichtung in entsprechender Weise modifiziert. Daher müsste im Einzelfall geprüft werden, ob es tatsächlich dem Konzerninteresse entspricht, den Jahresfehlbetrag auszugleichen. Beispielsweise kann es sehr wohl im Konzerninteresse liegen, auf einen Ausgleich zu verzichten und die Finanzmittel anderweitig – gewinnbringender – zu verwenden, wenn gesteigerte Gewinnerwartungen im Folgejahr den Ausgleich des Fehlbetrages erwarten lassen. Bei einer solchen Entscheidung kommt der Konzernspitze ein unternehmerischer Ermessensspielraum zu, der sich nur in deutlichen Fällen zu einem Anspruch verdichtet.

---

auch bei ordnungsgemäßem Verhalten für Verbindlichkeiten der Gesellschaft persönlich einstehen müssen.

34 BGHZ 45, 204, 206 f. „Rektor".

35 Abhängige Personengesellschaft, S. 96.

36 Die weitere Forderung *Löfflers,* die Treuepflicht des herrschenden Gesellschafters stelle einen Zusammenhang zwischen Einfluss und Verantwortung her und führe in der Weiterentwicklung eines konzernrechtlichen Minderheitenschutzes zur Verlustausgleichspflicht, wird unter 4. diskutiert.

37 *Löffler,* Abhängige Personengesellschaft, S. 95 ff.; *Stimpel,* in: Ulmer (Hrsg.), Probleme des Konzernrechts, S. 11, 22 f.; *ders.,* AG 1986, 117, 119 f.

38 So *Löffler,* Abhängige Personengesellschaft, S. 95 ff.

Vor diesem Hintergrund ist ein Rückgriff auf die Treuepflicht abzulehnen, wenn eine spezifische Lösung gefunden werden kann.[39] Dafür spricht auch die gesetzgeberische Wertung einer uneingeschränkten Strukturhaftung.[40]

5. Analogie zu § 302 AktG

Eine analoge Anwendung der aktienrechtlichen Vorschrift des § 302 I im Konzernrecht der Personengesellschaften wird häufig unter Hinweis auf den Sinn und Zweck der Norm abgelehnt. § 302 AktG diene dem Schutz des Gesellschaftsvermögens der AG, und damit in erster Linie dem Gläubigerschutz, da durch den Beherrschungsvertrag die Kapitalerhaltungsvorschriften der §§ 57, 58, 60 AktG nicht zur Anwendung kommen (§ 291 III AktG).[41] In der amtlichen Begründung heißt es[42]:

> „Durch die Vorschriften des Dritten Abschnitts soll die Gesellschaft zu ihrem und ihrer Gläubiger Schutz in gewissem Umfang gegen eine Aushöhlung ihrer bilanzmäßigen Substanz gesichert werden. Dieser Schutz kommt, wenn außenstehende Aktionäre vorhanden sind, naturgemäß auch ihnen zugute. Sein eigentliches Ziel ist es aber, der Gesellschaft die für ihr Leben als Kapitalgesellschaft erforderliche Substanz und ihren Gläubigern das haftende Kapital zu erhalten."

Dem lässt sich eine doppelte Schutzrichtung entnehmen.[43] Zum einen der Gläubigerschutz, da diesen auf Grund der aufgehobenen Kapitalbindung die Haftungsmasse entzogen werden könnte. Auf der anderen Seite soll jedoch auch die Gesellschaft selbst geschützt werden, um ihre Lebensfähigkeit zu erhalten, da die Konzernleitung im Interesse des Konzerns eine Auszehrung des Gesellschaftsvermögens bis hin zum völligen Substanzverlust ermöglichen würde. Dies bewirkt einen reflexiven Schutz der außenstehenden Gesellschafter[44], da diese so vor einem Verlust des investierten Kapitals bewahrt werden und durch die Erhaltung der Lebensfähigkeit dessen gewinnbringender Einsatz gesichert wird. Das Schutzbedürfnis der Gesellschafter ist daher eng mit dem der Gesellschaft verbunden.

---

[39] So auch *Schlegelberger/Martens,* HGB, Anh. § 105 Rn. 41.

[40] Auch *Gekeler,* Personengesellschaftlicher Konzern, S. 250 ff., kritisiert den systematischen Unterschied von treuepflichtiger Verschuldenshaftung und der strukturell bedingten Verlustübernahmepflicht.

[41] So *Schießl,* S. 88 f.; a.A. *Basten,* GmbHR 1990, 442, 445 f.; *Hüffer,* AktG, § 302 Rn. 3 mit zahlreichen Nachweisen.

[42] Abgedruckt bei *Kropff,* AktG 1965, § 300 S. 388.

[43] *Hüffer,* AktG, § 302 Rn. 2 f. m.w.N.

[44] *Basten,* GmbHR 1990, 442, 445 entnimmt der Regelung des § 302 III S. 3 AktG einen originären Minderheitenschutz.

Eine analoge Anwendung der Vorschrift ist dann möglich, wenn in der Personengesellschaft die Konzernierung vergleichbare Schutzbedürfnisse auslöst.

Der Gläubigerschutz in der Personengesellschaft beruht nicht wie im Aktienrecht auf einer strengen Kapitalbindung, sondern wird im Wesentlichen von zwei Aspekten getragen. Zum einen steht den Gläubigern das Privatvermögen der persönlich haftenden Gesellschafter als Haftungsmasse zur Verfügung. Dieser Schutz darf jedoch nicht überbewertet werden, da sich die Gesellschaftsgläubiger in einer Reihe mit den Privatgläubigern befinden und unter Umständen gar kein nennenswertes Vermögen vorhanden ist, Umgehungsmöglichkeiten durch die Übertragung auf den Ehepartner oder andere Familienangehörige bestehen oder bei einer umfangreichen unternehmerischen Betätigung das Privatvermögen unter keinen Umständen die Verbindlichkeiten der Gesellschaft decken könnte. Noch geringere Bedeutung erhält die persönliche Haftung, wenn es sich um eine KG mit nur einem Komplementär handelt. Hier kann eine vermögenslose Person oder eine GmbH mit schlechter Finanzausstattung vorgeschoben werden. Im Ergebnis eröffnet der Gesetzgeber zahlreiche Möglichkeiten die persönliche Haftung der Gesellschafter so zu gestalten, dass eine effektiver Gläubigerschutz durch sie nicht mehr gewährleistet ist.

Daher erlangt der zweite Aspekt, der Mechanismus des gemeinsamen Zwecks und des Gewinnstrebens im Interesse der Gesellschaft besondere Bedeutung. Das Unternehmen einer unabhängigen Gesellschaft wird von allen Gesellschaftern unter Förderung der Gesellschaftsinteressen mit dem Ziel betrieben, die größt mögliche Rendite – zu Gunsten der Gesellschaft – zu erwirtschaften. Dieses Interesse der Gesellschafter am rentablen Betrieb des Unternehmens sichert die Gläubiger vor einer nachlässigen Unternehmensführung und damit vor der Insolvenz der Gesellschaft und der Aushöhlung des Gesellschaftsvermögens.

Im Konzern wird diese entscheidende Sicherungsfunktion aufgehoben. Die Gesellschaft wird nicht mehr in ihrem eigenen Interesse betrieben, sondern auf ein fremdes ausgerichtet. Die finanzielle Ausstattung und der wirtschaftliche Erfolg der Gesellschaft werden von fremden Faktoren bestimmt. Den Gläubigern wird damit ihr Schutz entzogen. Die Konzernierung versetzt die Gläubiger einer Personengesellschaft daher in eine vergleichbare schutzbedürftige Lage, wie sie im Aktienrecht durch die Konzernierung entsteht.

Ähnlich verhält es sich hinsichtlich des Schutzbedürfnisses der Gesellschaft selbst. Das Unternehmen der unabhängigen Gesellschaft wird in ihrem eigenen Interesse geführt. Ihr fallen die Erträge zu und werden unter der Zielsetzung einer erfolgreichen Unternehmensführung zum weiteren Erhalt der Gesellschaft eingesetzt. Der dadurch erzielte Substanzschutz geht verloren, wenn die Erträge nicht im eigenen Interesse erwirtschaftet werden, sondern dem herrschenden Unternehmen zu gute kommen. Mit diesem Substanzschutz geht, wie im Aktienrecht, auch der reflexartige Gesellschafterschutz verloren. Die durch die Konzernierung bedingte Änderung der Interessenausrichtung hebt die bestehenden Schutzmechanismen auf, so dass auch unter diesem Gesichtspunkt dem Aktienrecht vergleichbare Schutzbedürfnisse entstehen.

Die Konzernierung einer Personengesellschaft führt, wie in der AG, zu einer Auflösung bestehender Schutzfunktionen, weshalb deren Ausgleich unter entsprechender Anwendung der aktienrechtlichen Vorschrift des § 302 gerechtfertigt ist.[45]

Ein weiterer Einwand wird unter Hinweis auf die fehlende Übertragbarkeit der Absätze 2 und 3 von § 302 AktG auf die Personengesellschaft erhoben.[46] § 302 I AktG steht jedoch in keinem zwingenden Gesamtkontext zu den Absätzen 2 und 3, der eine isolierte Übertragung von Absatz 1 ausschließen würde. In Abs. 2 und 3 wird die Verlustausgleichspflicht im Hinblick auf die bei der AG bestehenden besonderen bilanzrechtlichen Verpflichtungen konkretisiert. Diese eher technische Regelung hat keine Auswirkungen auf den inhaltlichen Gehalt von Absatz 1.

Daher steht dieser Einwand einer analogen Anwendung von § 302 I AktG nicht entgegen.

6. Abdingbarkeit des Verlustausgleichsanspruchs

Eine entscheidende Auswirkung der dogmatischen Begründung zeigt sich bei der Frage, ob ein derartiger Anspruch ausgeschlossen werden kann. Während diejenigen, die auf die vertragliche Treuepflicht oder auf einen allgemeinen Rechtsgrundsatz abstellen, die Abdingbarkeit in den Grenzen des § 138 BGB befürworten[47], führt der Ansatz über die Gefährdungshaftung des Geschäftsherrn zu einer zwingenden Anwendung der Norm.[48]

---

[45] *Baumgartl*, Konzernbeherrschte Personengesellschaft, S. 113 ff.; *Gekeler*, Personengesellschaftlicher Konzern, S. 253 ff.; *Hommelhoff*, FS Goerdeler, 1987, 221, 227 ff., 230; *Koller/Roth/Morck*, HGB, § 105 Rn. 36, der allerdings den Einwand zulässt, die Beherrschung sei für den Verlust nicht ursächlich gewesen. *Schlegelberger/Martens*, HGB, Anh. § 105 Rn. 41, leitet aus § 302 AktG einen allgemeinen Rechtsgrundsatz ab, der Anwendung finden soll.

[46] *Schlegelberger/Martens*, HGB, Anh. § 105 Rn. 41.

[47] *Staub/Ulmer*, Anh. § 105 Rn. 76; *Stimpel*, in: Ulmer (Hrsg.), Probleme des Konzernrechts, S. 25.

[48] *Reuter*, ZHR 146 (1982), 1, 22.

Die hier vertretene Auffassung einer analogen Anwendung des § 302 I AktG lässt ebenfalls keinen Ausschluss des Verlustausgleichsanspruchs zu. Nach dem Sinn und Zweck der Norm ist ihr ein zwingender Charakter beizumessen. Es kann nicht zur Disposition der Gesellschafter stehen, den Schutz der Gläubiger, der Gesellschaft selbst und der außenstehenden Gesellschafter zu schmälern.[49]

II. Verlustausgleich im qualifizierten faktischen Konzern

Während die oben dargestellte analoge Anwendung von § 302 AktG auf der dem Aktienrecht vergleichbaren Lage im Vertragskonzern beruht, ist der faktische Konzern durch das Fehlen einer vertraglichen Grundlage gekennzeichnet.

Nach jenen Ansichten, die zur Begründung einer Verlustübernahmepflicht auf die Treuepflicht und allgemeine Rechtsgrundsätze abstellen, ist das Bestehen eines Beherrschungsvertrages entbehrlich, weshalb eine Differenzierung in faktischen und Vertragskonzern nicht vorgenommen wird.[50] Doch stehen diesen Ansätzen auch hier die bereits vorgebrachten Einwände entgegen.

Dagegen scheidet eine Herleitung aus der Risikohaftung des Geschäftsherrn aus, da es an dem durch den Beherrschungsvertrag begründeten Auftragsverhältnis fehlt.[51] Der Gesellschaftsvertrag kann hier nicht herangezogen werden, da dort gerade keine Vereinbarung über den Vorrang des Konzerninteresses getroffen wurde. Auch die Geschäftsführung ohne Auftrag vermag keine geeignete Grundlage zu bieten[52], da es am Fremdgeschäfts-

---

[49] *Timm,* GmbHR 1987, 8, 13; im Ergebnis ebenso *Gekeler,* Personengesellschaftlicher Konzern, S. 256; a. A. *Schlegelberger/Martens,* HGB Anh. § 105 Rn. 41, der von der Abdingbarkeit ausgeht, einen Verzicht jedoch für sittenwidrig hält, wenn der beherrschende Unternehmens-Gesellschafter beschränkt haftet.

[50] *Staub/Ulmer,* HGB, Anh. § 105 Rn. 74; *K. Schmidt,* DB 1987, 1181, 1183; *Raiser,* ZGR 1980, 558, 564; *Löffler,* Abhängige Personengesellschaft, S. 95 ff.

[51] So aber für die GmbH *Hachenburg/Ulmer,* GmbHG, Anh. § 77 Rn. 113, der in der Risikohaftung des Geschäftsherrn einen allgemeinen Grundgedanken für die Konzernhaftung sieht. Wie hier: *Koppensteiner,* in: Ulmer (Hrsg.), Probleme des Konzernrechts, S. 87, 97.

[52] So aber *Altmeppen,* Abschied vom „qualifiziert faktischen" Konzern, 73 ff., 99 f.; *Wilhelm,* DB 1986, 2113, 2116; *ders.,* Rechtsform und Haftung der juristischen Person, S 285 ff., der in der GmbH eine Ausprägung dessen in der Organhaftung des faktischen geschäftsführenden Gesellschafters gem. § 43 GmbHG sieht; a. A. *Ulmer,* ZHR 148 (1984), 391, 414 ff.; *Drüke,* Die Haftung der Muttergesellschaft für Schulden der Tochtergesellschaft, 1990, 44 f.; *Koppensteiner,* in: Ulmer (Hrsg.), Probleme des Konzernrechts, S, 87, 97; *L. Möhring,* Schutz der Gläubiger einer konzernabhängigen GmbH, 1992, 76 ff.; *Versteegen,* Konzernverantwortlichkeit und Haftungsprivileg, 1993, 111 f.

führungswillen des abhängigen Unternehmens fehlt. Die geschäftsführenden Gesellschafter sind an das Eigeninteresse der Gesellschaft gebunden und dürfen ihr Handeln gerade nicht auf das fremde Konzerninteresse ausrichten.

Daher stellt sich die Frage, ob eine Übernahme von § 302 AktG auch möglich ist, wenn die Ausübung einheitlicher Leitung einer vertraglichen Grundlage entbehrt.

1. Ältere Ansätze im GmbH-Konzernrecht

Es bestehen in älteren Ansätzen in der Literatur verschiedene Versuche, das Fehlen eines Vertrages durch dessen rechtliche Konstruktion zu überbrücken.[53]

a) Anspruch auf Abschluss eines Beherrschungsvertrages

Zum Teil wird ein Anspruch auf Abschluss eines Beherrschungsvertrages postuliert.[54] Danach sei die Ausübung faktischer Konzernleitung verboten. Werde dieses Verbot überschritten, bestehe ein Anspruch der Minderheit gegen die herrschende Gesellschaft auf Abschluss eines Beherrschungsvertrages.

Dies erscheint jedoch problematisch. Der Abschluss eines Beherrschungsvertrages erfordert eine Änderung des Gesellschaftsvertrages, dem alle Gesellschafter zustimmen müssen. Sind mehrere Minderheitsgesellschafter vorhanden, läuft der Anspruch leer, wenn nicht alle der Konzernierung zustimmen, da er sich regelmäßig nur gegen den herrschenden Gesellschafter richtet. Hinzu kommen praktische Hindernisse, wie beispielsweise ein großes Prozessrisiko bei einer gerichtlichen Durchsetzung des Anspruchs. Ferner besteht das Problem, dass der außenstehende Gesellschafter den Inhalt des Vertrages bestimmen müsste, obwohl er unter Umständen selbst nicht Vertragspartei ist[55], so beispielsweise wenn die einheitliche Leitung durch ein mittelbar herrschendes Unternehmen ausgeübt wird. Letztendlich stellt sich auch die Frage, ob eine solche Lösung grundsätzlich den Interessen

---

[53] Diese Ansichten waren in den 70er Jahren aufgekommen. Sie wurden jedoch im Anschluss an die Entwicklungen in der höchstrichterlichen Rechtsprechung zur Haftung im qualifiziert faktischen GmbH-Konzern nicht weiter verfolgt.

[54] *Martens,* DB 1970, 813, 865, 868 f.; ähnlich *Paehler,* Zulässigkeit des faktischen Konzerns, S. 170 ff.; ablehnend, Arbeitskreis GmbH-Reform Bd. 2, S. 51 f.; *Schilling* in FS Hefermehl, 383, 393, 402.

[55] So auch, Arbeitskreis GmbH-Reform Bd. II, S. 52, für das GmbH-Konzernrecht, wo die Minderheitsgesellschafter regelmäßig nicht Partei des Beherrschungsvertrages sind.

der außenstehenden Gesellschafter entspricht.[56] Wollen diese eine Konzernierung verhindern, wäre der Anspruch auf Abschluss eines Beherrschungsvertrages gerade nicht in ihrem Interessen. Sie wären jedoch schutzlos gestellt, wenn sie diesen Anspruch nicht geltend machen würden.

b) Konkludenter Vertragsschluss

Ein von *Emmerich* zum GmbH-Konzernrecht vertretener Ansatz liegt in der Annahme eines konkludent geschlossenen Beherrschungsvertrages im Falle der faktischen Konzernierung.[57] Durch Weisungen des herrschenden Unternehmens an die Geschäftsführer der abhängigen Gesellschaft werde mit letzterer konkludent ein Beherrschungsvertrag abgeschlossen. *K. Schmidt* erhebt dagegen den Vorwurf methodischer Unaufrichtigkeit, da letztendlich eine schwer begründbare Analogie ersetzt werden solle.[58] Hinzu kommen auch rechtliche Bedenken. Die erforderlichen konkludenten Willenserklärungen müssten von den jeweils zuständigen Organen abgegeben werden. D.h. auch seitens der abhängigen Gesellschaft müsste wenigstens konkludent die Annahme erklärt werden. In der Personengesellschaft fällt dies in die Kompetenz der Gesellschafter.[59] Diese müssten dem Abschluss eines Beherrschungsvertrages einstimmig zustimmen. Erfolgt dies nicht, können sie keine Ansprüche aus dem Beherrschungsvertrag ableiten. Machen sie solche Ansprüche dennoch geltend, so soll dem herrschenden Gesellschafter nach der Ansicht von *Emmerich* der Einwand der fehlenden Zustimmung unter Hinweis auf § 242 BGB als Verbot widersprüchlichen Verhaltens abgeschnitten sein.[60] Diese einseitige Bindung kann jedoch nicht aufrecht erhalten werden, da spätestens in der Geltendmachung von Ansprüchen aus einem Vertrag dessen Genehmigung zu sehen ist. Damit würden die außenstehenden Gesellschafter nur geschützt, wenn sie dem Abschluss des Beherrschungsvertrages zustimmen würden. Obwohl diese Lösung nicht

---

[56] Ebenfalls kritisch *Baumbach/Hueck/Zöllner,* GmbHG, Schlußanh. I Rn. 86, wonach die Konsequenz der Legitimierung keineswegs rechtspolitisch durchgängig wünschenswert wäre.

[57] *Emmerich,* AG 1975, 253 ff., 285 ff., 289; *ders.,* NJW 1977, 2163; *Scholz/Emmerich,* GmbHG Anh. II, 6. Aufl. Rn. 143; ähnlich *Flume,* Juristische Person, S. 130, wenn die abhängige Gesellschaft eine 100%-ige Tochter des herrschenden Unternehmens ist.

[58] *K. Schmidt,* GmbHR 1979, 121, 130.

[59] Lediglich die Abgabe der Zustimmungserklärung wäre eine Geschäftsführungsmaßnahme und müsste von einem vertretungsbefugten Gesellschafter abgegeben werden. § 126 I HGB kommt hier nicht zur Anwendung, da es sich um kein Drittverhältnis handelt.

[60] AG 1975, 2253 ff., 285, 289.

ihren Interessen an einer unabhängigen Unternehmensführung entspricht, hätten sie keine andere Wahl.

2. Analoge Anwendung von § 302 AktG

a) Meinungsstand

In der Rechtsprechung wurde die Haftung im qualifizierten faktischen GmbH-Konzern auf eine analoge Anwendung der §§ 302, 303 AktG gestützt. In seiner jüngsten Entscheidung zum Bremer Vulkan Verbund ist der BGH von dieser Rechtsprechung abgerückt.[61] Die bisher entwickelten Grundsätze sollen allerdings dann noch herangezogen werden, wenn die Gesellschaft einen Anspruch wegen eines bestandsvernichtenden Eingriffs geltend macht, der durch die Rückführung des Stammkapitals nicht beseitigt werden kann. Als Ergebnis einer Reihe grundlegender Urteile[62] hatte sich im Rahmen der bisherigen Rechtsprechung eine modifizierte Verhaltenshaftung herausgebildet. Die Verlustübernahmepflicht entsprechend § 302 AktG war danach dann begründet, *„wenn die abhängige Gesellschaft in einer Weise behandelt wird, die einen objektiven Mißbrauch der beherrschenden Gesellschafterstellung darstellt. Dies ist der Fall, wenn der die GmbH beherrschende Unternehmensgesellschafter die Konzernleitungsmacht in einer Weise ausübt, die keine angemessene Rücksicht auf die eigenen Belange der abhängigen Gesellschaft nimmt, ohne dass sich der ihr insgesamt zugefügt Nachteil durch Einzelausgleichsmaßnahmen kompensieren ließe"*.[63] Hierin fand sich eine Kombination aus Struktur- und Verhaltenshaftung wieder. Es wurde nicht allein auf den strukturellen Umstand der Beherrschung abgestellt, sondern das qualifizierende Verhaltenselement der nachteiligen missbräuchlichen Einflussnahme kam hinzu.

Die Kritik an der bisherigen Rechtsprechung setzt an dem subjektiven Verhaltenselement an. Es werde auf eine Rechtsverletzung abgestellt. § 302 AktG sei jedoch kein Rechtsverletzungstatbestand, sondern begründe eine Haftung, die auf einem rechtmäßigen Dauerschuldverhältnis beruhe. Ein Erst-recht-Schluss in dem Sinne, dass das was für einen rechtmäßigen Zustand gelte, erst recht für den rechtswidrigen Zustand gelten müsse, könne nicht gezogen werden, da rechtswidriges Verhalten mit anderen Sanktionen bedroht sei.[64] In der Konsequenz wird ein Verlustausgleich als Schadenser-

---

[61] BGH WM 2001, 2062, 2063 f.

[62] BGHZ 95, 330 „Autokran"; BGHZ 107, 7 „Tiefbau"; BGHZ 115, 187 „Video"; BGHZ 116, 37 „Stromlieferung"; BGHZ 122, 123 „TBB".

[63] BGHZ 122, 123, 130 („TBB").

[64] *Möhring,* Schutz der Gläubiger einer konzernabhängigen GmbH, S. 197; *Kohl,* MDR 1993, 715, 718; *Rowedder/Koppensteiner,* GmbHG, Anh. nach § 52 Rn. 74;

satzanspruch gesehen. Dieser beruhe auf einer Treuepflichtverletzung oder auf der sich aus § 317 AktG ergebenden Wertung, da die Bildung eines qualifizierten faktischen Konzerns – ohne Zustimmung sämtlicher Gesellschafter – verboten sei[65]. Hat die Gesellschaft ursprünglich ausgeglichen bilanziert und kann nicht dargelegt werden, dass sich dies in Zukunft ändern würde, sei der Jahresverlust als pauschalierter Mindestschaden anzuerkennen.[66] Manche Vertreter dieser Ansicht räumen jedoch ein, dass eine Verlustausgleichspflicht nicht in jedem Fall begründet sei, da dem herrschenden Unternehmen die Möglichkeit der Exkulpation offenstehe, wenn sich ein ordentlicher Geschäftsleiter in der als unabhängig gedachten abhängigen Gesellschaft in der gegebenen Situation entsprechend verhalten dürfte.[67]

b) Stellungnahme

Letztlich ist hier die grundsätzliche Entscheidung zu treffen, ob die Verlustübernahmepflicht im qualifizierten faktischen Konzern als Sanktion eines rechtswidrigen Verhaltens zu verstehen ist und daher dem Schadensrecht unterliegt, oder ob es sich um eine Konsequenz aus der strukturellen Veränderung handelt, die unabhängig von weiteren Voraussetzungen bestehen soll.

Bei einfacher Abhängigkeit werden nachteilige Maßnahmen im Wege des Schadensersatzes wegen der Verletzung der Treuepflicht ausgeglichen. Wird das Maß der Einflussnahme gesteigert, ist diese Form des Ausgleichs ab einem gewissen Intensitätsgrad nicht mehr möglich. In dieser Situation ist die Geltendmachung des Schadensersatzanspruchs durch praktische Schwierigkeiten derart beschränkt, dass ein effektiver Ausgleich nicht mehr möglich ist. Auch wenn die treuwidrige Handlung nicht in einer einzelnen Maßnahme gesehen wird, sondern auf die unzulässige – da ohne Zustimmung sämtlicher Mitgesellschafter – herbeigeführte qualifizierte Beherrschung, ist es doch problematisch, den dadurch entstehenden Schaden zu beziffern.

Versteegen, Konzernverantwortlichkeit und Haftungsprivileg, S. 273 ff.; *Wiedemann,* DB 1993, 141, 152.

[65] *Rowedder/Koppensteiner,* GmbHG, Anh. nach § 52 Rn. 40, 76.

[66] *Altmeppen,* DB 1994, 1912, 1915; *Koppensteiner,* in: Ulmer (Hrsg.), Probleme des Konzernrechts, S. 87, 98 ff.; *Kropff,* AG 1993, 485, 493 f.; *Mülbert,* Aktiengesellschaft, S. 476, 487 ff.; *Rowedder/Koppensteiner,* GmbHG, Anh. nach § 52 Rn. 76; *U. Schneider,* ZGR 1980, 511, 537 ff., *ders.,* BB 1981, 249, 258 ff.; *Schießl,* AG 985, 184.

[67] *Koppensteiner,* KK, AktG, § 317 Rn. 19 (für die AG); *Kropff,* AG 1993, 485; *Bälz,* AG 1992, 277, 293 f., 296; *Rowedder/Koppensteiner,* GmbHG, Anh. nach § 52 Rn. 76; a.A. *Lutter,* ZGR 1982, 244, 266 f.; *Schulze-Osterloh,* ZGR 1983, 123, 152 ff.; *Schießl,* AG 1985, 184, 187; *Priester,* FS für Semler, 561, 566 ff.

Stellt man darauf ab, wie es die Vertreter dieser Ansicht tun, dass der Jahresfehlbetrag als pauschaler Mindestschaden anzuerkennen ist, so müsste die kausale Verbindung zwischen dem Verlust und der qualifizierten Beherrschung hergestellt werden. Dass hier Fälle denkbar sind, die einen Schadensersatzanspruch ausschließen, wird selbst von den Vertretern dieser Ansicht eingeräumt.[68] Im Ergebnis stösst das Schadensrecht hier an seine Grenzen. Die veränderte Struktur ist nicht dazu geeignet, entstehende Verluste über das Korrektiv des Schadensrechts auszugleichen. Um sich von dem System des Schadensersatzes zu lösen, muss der Anspruch auf Verlustausgleich auf eben diese Strukturveränderung gestützt werden. Entscheidendes Merkmal der Strukturveränderung ist die Möglichkeit unkontrollierbarer Einflussnahme. Auf deren Rechtmäßigkeit oder Rechtswidrigkeit kommt es bei der Beurteilung der Folgen der Strukturveränderung nicht an. Der Gesetzgeber hat in den §§ 302, 303 AktG die notwendigen Konsequenzen geregelt, die an eine solche Strukturveränderung zu knüpfen sind. Da im faktischen Konzern die gleiche tatsächliche Möglichkeit der Einflussnahme besteht – auch wenn deren Wahrnehmung nicht zulässig ist – wie im Vertragskonzern, ist aufgrund der gleichen Strukturveränderung die für eine Analogie erforderliche vergleichbare Ausgangslage gegeben.[69] Das rechtspolitische Bedürfnis der Verlustübernahmepflicht im Konzern stellt nicht auf das rechtmäßige Bestehen von Einflussmöglichkeiten ab, sondern auf die tatsächliche Möglichkeit, die Geschicke der Gesellschaft zu lenken und damit die Rechte der außenstehenden Gesellschafter und die Haftungsmasse der Gläubiger zu beeinträchtigen.[70] Hieran ist sowohl im Vertragskonzern als auch im faktischen Konzern anzuknüpfen. Damit ist die Verlustübernahmeverpflichtung im faktischen Konzern dann begründet, wenn eine der im Vertragskonzern entsprechende Strukturveränderung eintritt. Der BGH hat dies dann als gegeben angesehen, wenn das herrschende Unternehmen keine angemessene Rücksicht auf die Belange der abhängigen Gesellschaft

---

[68] Siehe nur *Rowedder/Koppensteiner*, GmbHG Anh. nach § 52 Rn. 76; *Koppensteiner*, KK, AktG § 317 Rn. 19; *Kropff*, AG 1993, 485, 493; *Bälz*, AG 1992, 277, 293 f., 296.

[69] Daher wurden nach dem Vorschlag eines Statuts für Europäische Aktiengesellschaften von 1975 minderheitsschützende Instrumente (Art. 228: Barabfindung oder Umtauschrecht) lediglich an den Konzerntatbestand und nicht an das Bestehen eines Beherrschungsvertrages geknüpft; abgedruckt bei *Lutter*, Europäisches Gesellschaftsrecht, S. 363, 416. Im Statut von 1991 (Vorschlag vom 16.05.1991, ABl. Nr. C 176/01 v. 08.07.1991) wurden letztendlich lediglich vereinzelte Vorschriften zu Unternehmensverbindungen aufgenommen. Eine umfassende organische Konzernverfassung ist nicht enthalten. Zur Harmonisierung europäischen Konzernrechts siehe *Maul*, Die faktisch abhängige SE, S. 2 ff. m. w. N.

[70] *K. Schmidt*, ZIP 1993, 549, 551; *Limmer*, Die Haftungsverfassung des faktischen GmbH-Konzerns, 1992, 300; *Lutter/Hommelhoff*, GmbHG, Anh. § 13 Rn. 24 (für die GmbH).

nimmt und die Ausübung der Leitungsmacht mithin einen objektiven Missbrauch darstellt, was im Ergebnis zur Unmöglichkeit eines Einzelausgleichs führen muss.[71] Das Fehlen der gebotenen Rücksichtnahme stellt ein verhaltensbedingtes Element dar, das seiner Natur nach eher zum Schadensrecht gehören würde. Aufgrund des Wesens des faktischen Konzerns muss auf ein Verhaltenselement abgestellt werden, da hier, anders als beim Vertragskonzern nicht auf die rechtlichen Gegebenheiten, nämlich das Vorliegen eines Beherrschungsvertrages, abgestellt werden kann, sondern die tatsächliche Ausübung von Leitungsmacht entscheidend ist. Denn nur durch die Intensität der ausgeübten Einflussmöglichkeiten im Rahmen der bestehenden rechtlichen Möglichkeiten unterscheidet sich der qualifizierte faktische Konzern von einfachen Abhängigkeitsverhältnissen und begründete eine Strukturveränderung.

Aufgrund der gleichen Strukturmerkmale im qualifizierten faktischen, wie im Vertragskonzern besteht eine vergleichbare Ausgangslage, die eine analoge Anwendung des § 302 AktG auch im Konzernrecht der Personengesellschaften rechtfertigt.

Die insbesondere von Emmerich vertretene Ansicht[72] einer Verlustübernahmepflicht entsprechend § 302 AktG in sämtlichen faktischen Konzernen, also auch dem einfachen faktischen Konzern, ist vor dem Hintergrund der vergleichbaren Strukturveränderung zu weitgehend. Auch wenn es schwierig ist, eine klare Abgrenzung des qualifizierten faktischen Konzerns vom einfachen faktischen Konzernen zu definieren, kann dies nicht dazu führen, dass auf eine Abgrenzung und Differenzierung verzichtet wird. Nach der hier vertretenen Ansicht beruht die analoge Anwendung des § 302 AktG darauf, dass im qualifizierten faktischen Konzern eine Strukturänderung wie im Vertragskonzern eintritt. Die Ausübung der einheitlichen Leitung ermöglicht eine unkontrollierbare Einflussnahme auf die Geschäfte der abhängigen Gesellschaft mit der Folge, dass konkrete Nachteile und Schäden unter Umständen weder feststellbar noch nachweisbar sind. Dieser Strukturveränderung wird mit der Pflicht zur Verlustübernahme Rechnung getragen. Nur wenn diese Voraussetzung erfüllt ist, ist eine analoge Anwendung der Vorschrift des § 302 AktG gerechtfertigt. Denn nur dann liegt eine vergleichbare Interessenlage vor, die eine Gleichbehandlung erfordert. Daher kann nicht pauschal darauf abgestellt werden, dass in jedem faktischen Konzern eine Verlustübernahmepflicht besteht.

---

[71] BGHZ 122, 123; *Kiethe/Groeschke,* BB 1997, 1957, die eine Haftungsverstärkung infolge von „Ingerenz" fordern; *Zöllner,* Gedächtnisschrift für Knobbe-Keuk, 1997, S. 369 (für AG); *W. Bitter/G. Bitter,* BB 1996, 2153; *Boujong,* FS Odersky, 1996, S. 739, 748 ff.; *Hommelhoff,* ZGR 1994, 395; *Michalski/Zeidler,* NJW 1996, 224; *Ziegenhain,* ZIP 1994, 1003, 1005 f.

[72] Konzernrecht, § 27 II 1. c), 2.

3. Darlegungs- und Beweislast

Die Anspruchsbegründung knüpft lediglich an den objektiven Tatbestand der qualifizierten faktischen Konzernierung an. Es handelt sich um eine Strukturhaftung, die wie im Vertragskonzern, weder auf Verschulden noch auf der Ursächlichkeit der Konzernleitung beruht.[73] Einziger Anknüpfungspunkt ist die Konzernstruktur. Diese besteht in dem objektiven Missbrauch der Herrschaft, welche durch die fehlende Rücksichtnahme auf die Belange der abhängigen Gesellschaft gekennzeichnet ist. Dabei kann sich der Kläger jedoch nicht auf die dauernde und umfassende Leitung der abhängigen Gesellschaft berufen. Er muss vielmehr Umstände darlegen und beweisen, die die Annahme zumindest nahelegen, dass bei der Unternehmensführung im Hinblick auf das Konzerninteresse die eigenen Belange der Gesellschaft über bestimmte, konkret ausgleichsfähige Einzeleingriffe hinaus beeinträchtigt worden sind.[74] Dabei wird in der Literatur zu recht gefordert, den Nachweis an Hand von Indizien zuzulassen.[75]

Vorrangig ist jedoch jeweils der Einzelausgleich. Die Inanspruchnahme auf Verlustausgleich ist nur dann zulässig, wenn eine Kompensation der zugefügten Nachteile im Wege des Schadensersatzes nicht möglich ist.[76]

4. Anspruchsgegner im mehrstufigen Konzern

Im mehrstufigen Konzern stellt sich die Frage, wer der abhängigen Gesellschaft als Anspruchsgegner zur Verfügung steht.

Geht die qualifizierte Konzernleitung von dem mittelbar herrschenden Unternehmen aus, ist davon auszugehen, dass auf jeder darunter liegenden Stufe der Unternehmensverbindung ebenfalls ein qualifizierter faktischer

---

73 *Assmann*, JZ 1986, 928, 936; *Burbach*, Konzernabhängige Personengesellschaft, S. 490 ff.; *Emmerich/Sonnenschein*, Konzernrecht, § 16 VI 2. b); *Emmerich*, GmbHR 1987, 213, 218 ff.; *Kleindiek*, Strukturvielfalt im Personengesellschafts-Konzern, S. 281 ff.; *Staub/Ulmer*, HGB, Anh. § 105 Rn. 75, der lediglich den Einwand höherer Gewalt zulässt; a. A. BGHZ 95, 330, 344 (Autokran); BGH, GmbHR 1998, 87; *Lutter/Hommelhoff*, GmbHG Anh. § 13 Rn. 23; *Scholz/Emmerich*, GmbHG Anh. KonzR Rn. 110.

74 BGHZ 122, 123, 131 „TBB"; *Kleindiek*, Strukturvielfalt im Personengesellschafts-Konzern, S. 282; *ders.*, GmbHR 1992, 574, 578.

75 *Emmerich/Sonnenschein*, Konzernrecht, § 20a III 3.; *Ensthaler/Kreher*, BB 1995, 1422; *Hachenburg/Ulmer*, GmbHG Anh. § 77 Rn. 149 ff.; *Kiethe/Groeschke*, BB 1997, 1957; *Kleindiek*, GmbHR 1992, 574, 579 ff.; *Kropff*, AG 1993, 485, 494 f.

76 BGHZ 122, 123 (TBB); OLG Köln, BB 1997, 169, 170; *Emmerich/Sonnenschein*, Konzernrecht, § 24a I 2. a); *Lutter/Hommelhoff*, GmbHG Anh. § 13 Rn. 23; *Hachenburg/Ulmer*, GmbHG Anh. § 77 Rn. 141; *Michalski/Zeidler*, NJW 1996, 224, 228.

Konzern besteht. Das mittelbar herrschende Unternehmen kann die abhängige (Enkel-)Gesellschaft nicht seiner Leitung unterstellen, ohne dass nicht auch die Geschäfte der Tochtergesellschaft nachhaltig beeinflusst würden, da diese schließlich den gesellschaftlichen Einfluss in der Enkelgesellschaft vermittelt. Diese Vermittlung führt im Verhältnis der Tochter- zur Enkelgesellschaft wiederum zu einer qualifizierten Konzernverbindung. In der Konsequenz haften das mittelbar und das unmittelbar herrschende Unternehmen gesamtschuldnerisch.

Besteht ein qualifiziertes faktisches Konzernverhältnis jedoch nur zwischen der Tochter- und der Enkelgesellschaft, während die Tochtergesellschaft von der Konzernspitze lediglich abhängig ist, kann die mittelbar herrschende Mutter von der Enkelgesellschaft nicht in Anspruch genommen werden, da von dieser keine strukturverändernde einheitliche Leitung ausgeübt wird.[77]

Dieser theoretische Ansatz wird in der Praxis jedoch insofern Schwierigkeiten bereiten, als die Enkelgesellschaft unter Umständen nicht feststellen kann, ob die strukturverändernden Leitungsmaßnahmen von der Tochter- oder der Muttergesellschaft ausgehen. Hier hilft die Vermutung von § 18 I S. 3 AktG weiter. Zu Gunsten der Enkelgesellschaft wird vermutet, dass die abhängige Tochtergesellschaft unter der einheitlichen Leitung der Mutter steht. Ist dies nicht der Fall, kann die Konzernspitze den Entlastungsbeweis führen, um einer Haftung zu entgehen.

III. Verschuldenshaftung

Neben dem eben dargestellten verschuldensunabhängigen Anspruch auf Verlustübernahme besteht ein Anspruch auf Ersatz der durch pflichtwidrige Handlungen verursachten Schäden. Die regressauslösende Pflichtverletzung kann im faktischen Konzern auf einer Missachtung des Eigeninteresses der abhängigen Gesellschaft beruhen. Im Vertragskonzern kommt eine Verletzung der Konzernierungsvereinbarung in Betracht. Da die Konzernierung zu einer Überordnung des Konzerninteresses führt, ist zu untersuchen, wie weit die Leitungsbefugnis des herrschenden Unternehmens reicht. Ferner stellt sich die Frage, wie die Darlegungs- und Beweislast sachgerecht verteilt werden kann. Letztlich bleibt zu prüfen, welche Rechtsfolgen dieser Anspruch im Einzelnen zeitigt.

---

[77] *Bernwald,* Mehrstufige Unternehmensverbindungen, S. 90 ff., 110 ff., *Emmerich/Sonnenschein,* Konzernrecht, § 19 V 3. gehen von einer stufenweisen Einzelbetrachtung aus. A. A. *U. Schneider,* ZGR 1980, S. 511, 546, der nur eine einheitliche Betrachtung des gesamten Konzernverhältnisses für möglich hält. *Rehbinder,* ZGR 1977, 581, 631.

1. Treuepflichtverletzung im faktischen Konzern

Solange nicht sämtliche Gesellschafter der Konzernbildung zugestimmt und den Vorrang des Konzerninteresses anerkannt haben, ist das herrschende Unternehmen an das Eigeninteresse der Gesellschaft gebunden. Sämtliche unternehmerische Entscheidungen sind danach auszurichten. Dazu gehört auch die Wahrnehmung von Geschäftschancen. Das herrschende Unternehmen ist verpflichtet, sich bietende Gelegenheiten im Namen der Gesellschaft zu nutzen. Gerade in Abhängigkeitsverhältnissen besteht die Gefahr, dass das herrschende Unternehmen Informationen und Kontakte aus dem Bereich der abhängigen Gesellschaft zu seinen Gunsten nutzt.[78]

2. Umfang der Leitungsbefugnis im Vertragskonzern

Die Konzernierungsvereinbarung berechtigt das herrschende Unternehmen, die Geschäftsführung am Konzerninteresse auszurichten und auch solche Maßnahmen zu veranlassen, die für die abhängige Gesellschaft nachteilig sind. Dies bedeutet jedoch nicht, dass das herrschende Unternehmen willkürlich walten kann. Die Leitungsbefugnis beschränkt sich grundsätzlich auf den Bereich der Geschäftsführungsmaßnahmen – auch der außergewöhnlichen. Darüber hinaus erfolgt im Bereich der Grundlagengeschäfte und Vertragsänderungen keine Privilegierung des Konzerninteresses.[79] Entsprechende Beschlüsse haben sich am Gesellschaftsinteresse zu orientieren, was jedoch nicht ausschließt, dass eine entgegenstehende Maßnahme unter Zustimmung aller Gesellschafter beschlossen werden kann.[80]

Eine weitere Einschränkung ergibt sich aus der Konzernierungsvereinbarung. Diese ist nicht nur Grundlage dafür, ob das Konzerninteresse Vorrang haben soll, sondern auch, in welchem Umfang die Ausübung einheitlicher Leitung gebilligt wird. Wurde eine dezentrale Konzernführung vereinbart, kann das herrschende Unternehmen lediglich grundlegende Konzernrichtlinien bestimmen, nicht jedoch ins Tagesgeschäft hinein regieren. Eine Erweiterung der Leitungsbefugnis muss von den außenstehenden Gesellschaftern durch einen entsprechenden Beschluss gebilligt werden.[81]

---

[78] Zur Geschäftschancenlehre (corporate opportunity doctrine), *Geiger,* Wettbewerbsverbote im Konzern, S. 67 ff.; *Winter,* Mitgliedschaftliche Treubindungen im GmbH-Recht, S. 242 ff.

[79] *Schlegelberger/Martens,* HGB, Anh. § 105, Rn. 42.

[80] *Löffler,* S. 46.

[81] *Schießl,* S. 40.

Die Konzernabrede kann auch konkrete Bestimmungen enthalten, wie beispielsweise den Ausschluss der Veräußerung besonderer Immobilien oder Anlagen, Übertragung von Patenten oder Lizenzen, die Erhaltung bestimmter Forschungs- und Entwicklungsbereiche, die Beschränkung oder Erweiterung der internationalen Expansion u. a..[82] Die außenstehenden Gesellschafter haben so die Möglichkeit, besonders bedeutende Anliegen im Konzernverbund zu sichern, da die Konzernierung letztlich von ihrer Zustimmung abhängt.

Allein der Vorrang des Konzerninteresses eröffnet dem herrschenden Unternehmen nicht die Möglichkeit, das gesellschaftliche Eigeninteresse der abhängigen Gesellschaft willkürlich zu übergehen. Nachteilige Maßnahmen sind nur dann zulässige, wenn sie durch das Konzerninteresse gerechtfertigt sind. Dabei darf unter Berücksichtigung des Verhältnismäßigkeitsgrundsatzes der Nachteil der abhängigen Gesellschaft den Konzernvorteil nicht maßgeblich überwiegen.[83] Denn eine in diesem Sinne unverhältnismäßige Schädigung der abhängigen Gesellschaft, wäre mit der auch im Konzern geltenden Treuepflicht nicht zu vereinbaren.

Doch selbst wenn eine Maßnahme durch das Konzerninteresse gerechtfertigt ist, darf die Einflussnahme des herrschenden Unternehmens nicht so weit gehen, dass das abhängige Unternehmen in seinem Bestand gefährdet ist. Insbesondere ist das herrschende Unternehmen nicht berechtigt, bestehende Rücklagen aufzuzehren. Damit wird die Personengesellschaft, wie auch nach der aktienrechtlichen Regelung, in ihrem bilanzmäßigen Bestand geschützt.

3. Verschulden

Im Gegensatz zum Verlustausgleich tritt Schadensersatzpflicht nur bei einer schuldhaften Pflichtverletzung ein. Während sich die Gesellschafter in unabhängigen Gesellschaftsverhältnissen auf ihre eigenübliche Sorgfalt gem. § 708 BGB berufen können, ist dies im Konzernverbund nicht mehr möglich, da die Vertrauensbasis, die eine solche Privilegierung rechtfertigt, nicht mehr besteht.[84] Nach den allgemeinen Vorschriften hat das herrschende Unternehmen die Sorgfalt eines ordentlichen und gewissenhaften Geschäftsleiters anzuwenden.

---

[82] *Hommelhoff*, Konzernleitungspflicht, S. 152.

[83] *Schlegelberger/Martens*, HGB Anh. § 105 Rn. 42.

[84] Siehe dazu die Ausführungen oben Kap. 6 IV. 3.

4. Beweislastumkehr

Zur Verteilung der Darlegungs- und Beweislast kann auf obige Ausführungen hingewiesen werden.[85] Im faktischen Konzern ist darüber hinaus zu berücksichtigen, dass der Kläger vor der Schwierigkeit steht, einzelne Maßnahmen infolge der Leitungsdichte nicht mehr isolieren zu können. Die Anforderungen an die Darlegung und den Nachweis der schädigenden Handlung dürfen daher nicht überspannt werden. Unter Umständen ist es ausreichend, wenn der Anspruchsteller die Annahme einer schädigenden Handlung aus der indiziellen Wirkung des Schadens ableitet.[86] Im qualifizierten faktischen Konzern ist in Anbetracht der Leitungsdichte eine Beweislastumkehr angezeigt. Das herrschende Unternehmen muss dartun und beweisen, dass die vom abhängigen Unternehmen behauptete schädigende Handlung nicht vorgenommen wurde.[87]

5. Beseitigung von Konzernierungsmaßnahmen

Die Haftung aus der schuldhaften Verletzung von Treuepflichten richtet sich nicht nur auf die Kompensation des finanziellen Schadens, sondern kann sich auch auf die Beseitigung von Konzernierungsmaßnahmen beziehen.

Dehnt das herrschende Unternehmen seine Leitungsmacht soweit aus, dass eine isolierte Betrachtung der Konsequenzen bei der abhängigen Gesellschaft nicht mehr möglich ist, schließt dies zwingend auch die Möglichkeit der Rücksichtnahme auf die Belange der abhängigen Gesellschaft aus. Da das herrschende Unternehmen jedoch aufgrund seiner Treuepflicht zur Rücksichtnahme verpflichtet ist, ist die Ausübung einer so weitreichenden Leitungsmacht rechtswidrig.[88] Die außenstehenden Gesellschafter können daher im Wege der Naturalrestitution gem. § 249 BGB die Rückgängigmachung bzw. Unterlassung der Konzernierungsmaßnahmen verlangen.[89]

---

[85] Siehe Kap. 6 IV. 5.

[86] Im Rahmen der Organhaftung in der GmbH: *Lutter/Hommelhoff*, GmbHG § 43 Rn. 27; *Scholz/U. Schneider*, GmbHG, § 43 Rn. 170.

[87] BGH NJW 1980, 231, 232 „Gervais/Danone"; *U. Schneider*, ZGR 1975, 253, 292.

[88] So *Rowedder/Koppensteiner*, GmbHG, Anh. nach § 52 Rn. 40 zur GmbH.

[89] *Emmerich*, FS Stimpel, S. 743, 754; *Kleindiek*, Strukturvielfalt im Personengesellschafts-Konzern, S. 286; *Löffler*, Abhängige Personengesellschaft, S. 139; *Staub/Ulmer*, HGB, Anh. § 105 Rn. 67; *Ulmer*, in: ders. (Hrsg.), Probleme des Konzernrechts, S. 26, 53.

IV. Angemessener Ausgleich gem. § 304 AktG analog

Im Rahmen der analogen Anwendung aktienrechtlicher Vorschriften stellt sich die Frage, ob auch die Regelung des § 304 AktG als spezielle Minderheitenschutznorm entsprechend angewendet werden kann.

Dies wird namentlich von Baumgartl befürwortet.[90] Er sieht hier Handlungsbedarf die bestehende Privatautonomie im Gesellschaftsrecht einzuschränken und den Mindestinhalt eines Beherrschungsvertrages und damit auch Mindestschutz der außenstehenden Gesellschafter zu gewährleisten. Bei der Bildung eines Konzerns sei das Kräfteverhältnis so unausgeglichen, dass auf die Richtigkeitsgewähr privatautonomer Regelungen nicht gebaut werden könne. Die außenstehenden Gesellschafter könnten ihre Interessen aufgrund der starken wirtschaftlichen und gesellschaftlichen Unterlegenheit nicht wirksam durchsetzen. Die Entscheidungsfreiheit der außenstehenden Gesellschafter sei regelmäßig bei der Bildung eines Konzerns durch eine wirtschaftliche Zwangslage eingeengt.

Diese Grundlage der Analogie ist jedoch kritikwürdig.[91] Der im Aktienrecht erforderliche Minderheitenschutz gem. § 304 AktG beruht darauf, dass ein Beherrschungsvertrag gegen den Willen der Minderheit abgeschlossen werden kann. Der Konzernierungsbeschluss muss lediglich von einer $^3/_4$-Mehrheit getragen werden. Konsequenter Weise müssen die durch die Konzernierung drohenden Vermögensverluste durch Ausgleichszahlungen abgesichert werden. Bei einer normaltypischen Personengesellschaft hängt der Abschluss eines Beherrschungsvertrages jedoch von der Zustimmung aller Gesellschafter ab. Durch das Einstimmigkeitserfordernis kann jeder Gesellschafter seine Zustimmung von einer Ausgleichszahlung oder anderen Schutzvorkehrungen abhängig machen. Der Gedanke, dass sich der herrschende Unternehmensgesellschafter in der Regel in einer auch wirtschaftlich überlegenen Position befindet und dadurch entsprechend Druck auf die außenstehenden Gesellschafter ausüben kann, ist zwar zutreffend, er erlaubt jedoch nicht die Schlussfolgerung, dass dieses Missverhältnis der Kräfte regelmäßig so gravierend ist, dass ein regulierender Eingriff seitens des Gesetzgebers erforderlich ist.[92] Schließlich ist zu berücksichtigen, dass ein einzelner Gesellschafter eine mehrheitlich getragene Konzernierungsentscheidung zu Fall bringen kann. Äußerstenfalls kann dies dazu führen, dass die Mehrheit schutzbedürftig ist und die Minderheit zur Zustimmung verpflichtet ist, wenn deren Versagung ein missbräuchliches Verhalten darstellt.

---

[90] Konzernbeherrschte Personengesellschaft, S. 120 ff.

[91] So z.B. *Löffler*, Abhängige Personengesellschaft, S. 166 f.

[92] Die Zulässigkeit dieser Schlussfolgerung wird auch von *Löffler*, S. 116 bestritten. Er weist zu recht daraufhin, dass der Sachverhalt des Gervais-Urteils nicht unbedingt verallgemeinerungsfähig sei.

Insofern kann mit den Mitteln der Treuepflicht und des § 138 BGB eine einzelfallgerechte Lösung erzielt werden.

In Publikumsgesellschaften ist die Situation dagegen anders zu beurteilen. Die Anleger sind von unternehmerischen Entscheidungen und der Ausgestaltung des Gesellschaftsvertrages im Wesentlichen ausgeschlossen. Konzernierungsbeschlüsse werden, wie in der AG, mit einer 3/4-Mehrheit gefasst. Eine privatautonome Absicherung ist nicht möglich. Die den Aktionären vergleichbare Lage der Anleger rechtfertigt eine Analogie.

Im Ergebnis ist daher eine analoge Anwendung des § 304 AktG im Konzernrecht der Personengesellschaften nur für den Bereich der Publikumsgesellschaften anzunehmen.[93]

V. Kündigung aus wichtigem Grund

Letztendlich können sich die außenstehenden Gesellschafter mit strukturellen Maßnahmen gegen eine rechtswidrige Beherrschung wehren.

Setzt sich das herrschende Unternehmen über das Eigeninteresse der abhängigen Gesellschaft hinweg oder überschreitet es den in der Konzernierungsvereinbarung geregelten Umfang zulässiger Konzernleitung, stellt dies einen wichtigen Grund dar, der zur außerordentlichen Kündigung berechtigt. Ein Festhalten an vertraglichen Beziehungen ist in Anbetracht einer solch nachhaltigen Verletzung des Vertrauensverhältnisses zwischen dem herrschenden und dem abhängigen Unternehmen nicht mehr zumutbar.[94]

Im Einzelnen kommen verschiedene Maßnahmen in Betracht. Zum einen kann eine Beendigung das Konzernverhältnisses angestrebt werden. Wurde die Konzernierungsvereinbarung auf der Ebene des Gesellschaftsvertrages zwischen allen Gesellschaftern geschlossen, ist jeder Gesellschafter berechtigt, dieses Verhältnis durch eine Teilkündigung zu beenden. Zur Kündigung eines Beherrschungsvertrages mit einem Dritten muss zuvor ein Beschluss der Gesellschafter herbeigeführt werden, wobei hier eine Zustimmungspflicht besteht.

Handelt es sich bei dem herrschenden Unternehmen um einen Mitgesellschafter, kommen darüber hinaus auch Maßnahmen gemäß §§ 117, 127, 133, 140 HGB in Betracht.[95]

---

93 Im Ergebnis ebenso *Gekeler,* Personengesellschaftlicher Konzern, S. 202 ff.

94 *Emmerich/Sonnenschein,* Konzernrecht, § 27 I 2.; *Schlegelberger/Martens,* HGB, Anh. § 105 Rn. 43.

95 Weitergehend *Flume,* Personengesellschaft, S. 256, der bereits in der Führung eines weiteren Unternehmens durch den geschäftsführenden Gesellschafter einen wichtigen Grund zum Entzug der Geschäftsführungs- und Vertretungsbefugnis sieht.

Kapitel 8

Zusammenfassung

Das Konzernrecht der Personengesellschaften weist gegenüber dem Aktienrecht einige Besonderheiten auf, die vor allem in der gesetzestypisch personalistischen Struktur der Personengesellschaft begründet liegen. Wird diese jedoch durch eine kapitalistische Struktur – wie beispielsweise in der Publikums-KG – ersetzt, sind deutliche Parallelen zum Kapitalgesellschaftsrecht erkennbar. Auch in der GmbH & Co KG muss die kapitalistische Verfassung des Komplementärs berücksichtigt werden.

Während in weiten Bereichen die personengesellschaftlichen Schutzinstrumente gegebenenfalls unter konzernspezifischer Modifikation ausreichend sind, ist insbesondere die Figur des qualifizierten faktischen Konzerns mit herkömmlichen Mitteln nicht fassbar. Im Einzelnen kam die Untersuchung zu folgenden Ergebnissen:

1. Die konzernrechtlichen Begriffe des Aktienrechts lassen sich im Wesentlichen auf das Personengesellschaftsrecht übertragen. Unter Berücksichtigung personengesellschaftlicher Besonderheiten kann lediglich die Abhängigkeitsvermutung im Falle einer Mehrheitsbeteiligung gem. § 17 II AktG nicht herangezogen werden. Die Abhängigkeit einer Personengesellschaft ist jeweils an Hand der gesellschaftsvertraglichen Regelungen festzustellen.

2. Die begriffliche Differenzierung einzelner Konzernierungsstufen in Abhängigkeit, einfachen und qualifizierten faktischen Konzern und Vertragskonzern besitzt auch im Personengesellschaftsrecht Gültigkeit. Der Konzernierung einer Personengesellschaft stehen weder der Grundsatz der Selbstorganschaft noch der Verbandssouveränität entgegen. Die Gemeinsamkeit des Zwecks wird durch die Änderung der Interessenausrichtung nicht aufgehoben. Dem Einwand der Sittenwidrigkeit im Hinblick auf die unbeschränkte Haftung einer natürlichen Person als außenstehender Gesellschafter ist durch eine Freistellungszusage zu begegnen. Ein Beherrschungsvertrag kann auf der Ebene des Gesellschaftsvertrages oder unmittelbar mit dem herrschenden Unternehmen abgeschlossen

Siehe auch *Emmerich/Sonnenschein*, Konzernrecht, § 27 I 2.; *Schlegelberger/Martens*, HGB, Anh. § 105 Rn. 29; *Staub/Ulmer*, HGB, Anh. § 105 Rn. 45.

werden. Letzterer Fall weist in mehrstufigen Verbindungen praktische Relevanz auf, wenn das mittelbar herrschende Unternehmen als Nichtgesellschafter Vertragspartei ist.

3. Die Konzernbildungskontrolle bietet präventiven Minderheitenschutz. Durch das Konsensprinzip und Wettbewerbsverbot sind Personengesellschaften konzernresistent. Im Falle von Mehrheitsentscheidungen, ist deren Zulässigkeit am Bestimmtheitsgrundsatz und der Kernbereichslehre zu messen. Die Begründung von Abhängigkeit ist darüber hinaus nur zulässig, wenn dies durch das Gesellschaftsinteresse gerechtfertigt ist. Aus der Abhängigkeitsbegründung kann jedoch kein generelles Zustimmungserfordernis abgeleitet werden. Konzernabhängigkeit kann dagegen nur auf der Basis eines einstimmigen Beschlusses begründet werden. Die konzernweite Geltung des Wettbewerbsverbots bietet auch in mehrstufigen Verbindungen Minderheitenschutz.

4. Die Bildung eines Konzern begründet einen wichtigen Grund, der die außenstehenden Gesellschafter zum Austritt aus der Gesellschaft berechtigt. Die Auflösung der Gesellschaft kann dagegen nicht betrieben werden, wenn die Konzernbildung zuvor durch Zustimmung aller Gesellschafter beschlossen wurde. Schwäche des Austrittsrechts ist die Schmälerung des Abfindungsanspruchs durch die unter Umständen anfallende Einkommensteuer.

5. Die Änderung der unternehmerischen Betätigung in eine Kommanditistenstellung kann dagegen eine interessengerechte Lösung sein. Dem außenstehenden Gesellschafter steht auch hinsichtlich der vor der Konzernierung begründeten Verbindlichkeiten ein Freistellungsanspruch gegen das herrschende Unternehmen zu.

6. Treuwidriges Verhalten des herrschenden Unternehmens in der Situation der Abhängigkeit kann von den außenstehenden Gesellschaftern nur in dem Umfang verfolgt werden, in dem sie über die erforderlichen Informationen verfügen. Das Informationsrecht gem. §§ 118, 166 III HGB kann nicht ausgeschlossen werden, da der Tatbestand der Abhängigkeit regelmäßig Anlass zu der Annahme unredlicher Geschäftsführung bzw. eines wichtigen Grundes gibt.

7. Rechtsgeschäfte zwischen dem herrschenden Unternehmen und der abhängigen Gesellschaft sind regelmäßig zu dem Bereich der ungewöhnlichen Geschäftsführungsmaßnahmen zu zählen. Der herrschende Gesellschafter ist von einer Beschlussfassung gem. § 116 II HGB nicht ausgeschlossen. Es besteht insoweit kein Stimmverbot.

8. Die organschaftliche Vertretungsmacht gem. § 126 HGB kann im Hinblick auf Geschäfte zwischen der abhängigen Gesellschaft und dem herrschenden Unternehmen oder einem von diesem abhängigen Unter-

nehmen beschränkt werden, da es sich um kein Drittverhältnis handelt. Darüber hinaus unterliegen solche Geschäfte unter Umständen den Beschränkungen von § 181 BGB, so dass eine inhaltliche Überprüfung im Rahmen der Genehmigung durch die außenstehenden Gesellschafter möglich ist.

9. Im Abhängigkeitsverhältnis ist das herrschende Unternehmen an die Treuepflicht gebunden. Aufgrund der konzernrechtlichen Sonderbeziehung gilt dies auch für das mittelbar herrschende Unternehmen. Die Milderung des Sorgfaltsmaßstabes ist bei Abhängigkeit nicht mehr gerechtfertigt. Es gilt der allgemeine Maßstab gem. § 276 BGB, § 43 GmbHG.

10. Ansprüche gegen das herrschende Unternehmen – auch gegen das mittelbar herrschende Unternehmen – können von den außenstehenden Gesellschafter im Wege der actio pro socio für die Gesellschaft geltend gemacht werden. Die Beweislast für die mittelbare Abhängigkeit, die Veranlassung der schädigenden Maßnahme und deren Pflichtwidrigkeit ist erleichtert bzw. umgekehrt. Die Veranlassung einer nachteiligen Maßnahme berechtigt zur Erhebung der gesellschaftsrechtlichen Gestaltungsklagen gem. §§ 117, 127, 133, 140 HGB.

11. Sowohl im Vertragskonzern als auch im qualifizierten faktischen Konzern ist das herrschende Unternehmen zur Verlustübernahme gem. § 302 AktG analog verpflichtet. Im mehrstufigen Konzern besteht ein unmittelbarer Anspruch auch gegen die mittelbar herrschende Muttergesellschaft, wenn sowohl zwischen der Mutter- und der Tochter- als auch zwischen der Tochter- und der Enkelgesellschaft ein qualifizierter faktischer Konzern besteht. In dem Verhältnis der Mutter- zur Tochtergesellschaft kann die Vermutung von § 18 I S. 3 AktG zur Beweiserleichterung dienstbar gemacht werden.

12. Neben der Verlustübernahme besteht ein Anspruch auf Schadensersatz wegen Verletzung der Treuepflicht bzw. der Konzernierungsvereinbarung. Im Wege der Naturalrestitution kann sich der Anspruch auch auf die Beseitigung oder Unterlassung von Konzernierungsmaßnahmen beziehen.

13. Ein angemessener Ausgleich für die außenstehenden Gesellschafter gem. § 304 AktG analog kommt nur in der Publikumsgesellschaft in Betracht. In der normaltypischen Gesellschaft ist auf Grund des Zustimmungsvorbehalts für eine Analogie kein Raum.

Literaturverzeichnis

Adler/Düring/Schmaltz, neu bearb. von Forster, Karl-Heinz, Rechnungslegung und Prüfung der Unternehmen, Kommentar zum HGB, AktG, GmbHG, PublG nach den Vorschriften des Bilanzrichtlinien-Gesetzes, 6. Aufl. Stuttgart 1997.

Ahrens, Dieter H., Die Problematik des Mehrmütter-Konzerns in aktien- und mitbestimmungsrechtlicher Sicht, AG 1975, 151.

Altmeppen, Holger, Abschied vom „qualifiziert faktischen" Konzern, Verflechtungen im faktischen Unternehmensverbund und ihre Auswirkungen, Heidelberg 1991.

– Die systematische Einordnung der Rechtsprechung zum qualifiziert faktischen Konzern nach „TBB", DB 1994, 1912.

– Zur Vermögensbindung in der faktischen abhängigen AG, ZIP 1996, 693.

– Zur Enthaftung des ausscheidenden Personengesellschafters, NJW 2000, 2529.

Arbeitskreis GmbH-Reform, Thesen und Vorschläge zur GmbH-Reform, Bd. 2, Kapital- und Haftungsfragen, Gründung von Einmann-Gesellschaften, Konzernrecht, Arbeitnehmerbeteiligung, Heidelberg 1972.

Assmann, Heinz-Dieter, Gläubigerschutz im faktischen GmbH-Konzern durch richterliche Rechtsfortbildung – Zu den Strukturprinzipien eines GmbH-Konzernrechts im Anschluß an die „Autokran"-Entscheidung des BGH vom 16.9.1985, JZ 1986, 881 ff., 928 ff.

Bälz, Ulrich, Treuhandkommanditist, Treuhänder der Kommanditisten und Anlegerschutz, ZGR 1980, 1.

– Verbundene Unternehmen, AG 1992, 277.

Ballerstedt, Kurt, Der gemeinsame Zweck als Grundbegriff des Rechts der Personengesellschaften, JuS 1963, 253.

– Gesellschaftsrechtliche Probleme der Reform des GmbH-Rechts, ZHR 135 (1971), 383–409.

Barz, Carl Hans, Das 50:50-Gemeinschaftsunternehmen und das Konzernrecht, Festschrift für Heinz Kaufmann, S. 59, Köln 1972.

Basten, Barbara, Beschränkung der Verlustausgleichspflicht im qualifiziert faktischen GmbH-Konzern?, GmbHR 1990, 442.

Baumann, Horst/*Reis,* Wilhelm, Satzungsändernde Vereinbarungen – Nebenverträge im Gesellschaftsrecht, ZGR 1989, 157–215.

Baumbach, Adolf/*Hopt,* Klaus, Kommentar zum HGB, 29. Aufl., München 1995.

Baumbach, Adolf/*Hueck,* Alfred, Kommentar zum GmbH-Gesetz, 17. Aufl. München 2000.

Baumgartl, Michael, Die konzernbeherrschte Personengesellschaft, Diss. Gießen/ Köln/Berlin/Bonn/München 1986.

Behrens, Peter, Rechtspolitische Grundsatzfragen zu einer Europäischen Regelung für Übernahmeangebote, ZGR 1975, 433.

Beinert, Jörg/*Hennerkes*, Brun-Hagen/*Binz*, Karlheinz, Die GmbH & Co – ein mitbestimmungspflichtiger In-sich-Konzern?, DB 1979, 68.

Berger, Christian, Die actio pro socio im GmbH-Recht, ZHR 149 (1985), 599.

Bernwald, Arno, Mehrstufige Unternehmensverbindungen aus der Sicht des Aktiengesetzes 1965, Diss. Heidelberg 1974.

Bitter, Walter/*Bitter*, Georg, Alles klar im qualifiziert faktischen Konzern? Oder: Die Ausweitung der BGH-Rechtsprechung durch das BAG – Anmerkung zum Konzernhaftungsrecht aus Anlaß der Entscheidung des BAG vom 01.08.1995, BB 1996, 2153.

Boetius, Jan, Konzernbildung durch Aktienpoolung?, DB 1970, 1964.

Bolsenkötter, Heinz, Zum aktienrechtlichen Begriff des Unternehmens, DB 1967, 1098.

Boruttau, Ernst Paul (u.a. Begründer), Kommentar zum Grunderwerbssteuergesetz, 14. Aufl. München 1997.

Boujong, Karlheinz, Das Trennungsprinzip des § 13 II GmbHG und seine Grenze in der neueren Judikatur des Bundesgerichtshofes, Festschrift für Walter Odersky, Berlin/New York 1996, S. 739.

Brauksiepe, Jochen, Zum Unternehmensbegriff des neuen Aktienrechts, Verhältnis zwischen Gemeinden und ihren Eigengesellschaften, BB 1966, 869.

Breuninger, Gottfried E., Die BGB-Gesellschaft als Rechtssubjekt im Wirtschaftsverkehr, Köln 1991; zugl. Diss. Tübingen 1990.

Brodersen, Kilian, Die Beteiligung der BGB-Gesellschaft an den Personenhandelsgesellschaften, Köln/Berlin/Bonn/München 1988; zugl. Diss. München 1987.

Bundesministerium der Justiz (Hrsg.), Referentenentwurf eines GmbHG, 2. Aufl., Köln 1969.

– (Hrsg.), Bericht über die Verhandlungen der Unternehmensrechtskommission, Köln 1980.

Bundesverband der Deutschen Industrie/Bundesvereinigung der Deutschen Arbeitgeberverbände (Hrsg.), Referentenentwurf eines neuen Aktiengesetzes im Vergleich zum geltenden Aktiengesetz, Köln 1958.

Burbach, Hans-Adolf, Das Recht der konzernabhängigen Personenhandelsgesellschaft, Diss. Nürnberg/Frankfurt am Main 1989.

Canaris, Claus-Wilhelm, Risikohaftung bei schadensgeneigter Tätigkeit in fremdem Interesse, RdA 1966, 41.

Dettling, Heinz-Uwe, Die Entstehungsgeschichte des Konzernrechts im Aktiengesetz von 1965, 1997, Tübingen.

Dietrich, Jürgen, Die Publikums-Kommanditgesellschaft und die gesellschaftsrechtlich geschützten Interessen, Köln 1988.

Drüke, Heiner, Die Haftung der Muttergesellschaft für Schulden der Tochtergesellschaft, Köln/Berlin/Bonn/München 1990.

Druey, Jean Nicolas, Aufgaben eines Konzernrechts, ZfS 1980 II S. 273.

– (Hrsg.), Das St. Galler Konzernrechtsgespräch, Konzernrecht aus der Konzernwirklichkeit, 1988, Bern/Stuttgart.

Ebenroth, Carsten Thomas, Die Kompetenz des Vorstandes und der Aktionärsschutz in der Konzernobergesellschaft, AG 1988, 1.

– Die Konzernierung der Personengesellschaft zwischen Vertragsfreiheit und Minderheitenschutz, in Festschrift für Karlheinz Boujong 1996, S. 99–122.

Eder, Karl, Anmerkung zum Urteil des BGH vom 04.03.1974 – II ZR 89/72, GmbHR 1974, 130.

Ehlke, Michael, Konzerninduzierter Haftungsdurchgriff auf den GmbH-Gesellschafter?, DB 1986, 523.

Ehricke, Ulrich, Gedanken zu einem allgemeinen Konzernorganisationsrecht zwischen Markt und Regulierung, ZGR 1996, 300–325.

Elschbroich, Manfred, Die Kommanditgesellschaft auf Aktien, Wiesbaden 1959.

Emmerich, Volker, Das GmbH-Konzernrecht, AG 1975, 253 ff. u. 285 ff.

– (Mitarb.), Der GmbH-Konzern, zugl. Bericht über die Arbeitstagung der Centrale für GmbH Dr. Otto Schmidt, Köln 1976.

– Anmerkung zum Urteil des BGH vom 04.05.1977, NJW 1977, 2163.

– Das Konzernrecht der Personengesellschaften – Rückblick und Ausblick –, in Festschrift für Walter Stimpel zum 68. Geburtstag am 29. November 1985, Berlin/New York 1985.

– Der heutige Stand der Lehre vom GmbH-Konzernrecht, AG 1987, 1.

– Nachlese zum Autokran-Urteil des BGH zum GmbH-Konzernrecht, GmbHR 1987, 213.

– Erfüllungstheorie oder Haftungstheorie – Zur Auslegung der §§ 126 und 128 HGB –, Festschrift für Rudolf Lukes, Köln/Berlin/Bonn/München 1989, S. 639.

– Konzernbildungskontrolle, AG 1991, 303.

Emmerich, Volker/*Sonnenschein*, Jürgen, Konzernrecht, 6. Aufl. München 1997.

Engel, Christoph, Abfindungsklauseln – eine systematische Übersicht, NJW 1986, 345.

Ensthalter, Jürgen/*Kreher*, Markus, Verlustausgleichspflicht im qualifizierten faktischen GmbH-Konzern, BB 1995, 1422.

Ermann, Walter, Handkommentar zum Bürgerlichen Gesetzbuch; Band 2, 9. Aufl. Münster 1993.

Fischer, Curt Eduard, Die Reform des Aktiengesetzes, AcP 154 (1955), S. 181.

– Rechtsschein und Wirklichkeit im Aktienrecht, AcP 154 (1955), S. 85.

Fischer, Robert, Gedanken über einen Minderheitenschutz bei den Personengesellschaften, in Festschrift für Carl Hans Barz 1974, S. 33–48.

– Neue Wege im Recht der Personengesellschaften? Eine Besprechung des Buches „Die Personengesellschaft" von Werner Flume, ZGR 1979, 251.

Fleck, Hans-Joachim, Die Rechtsprechung des Bundesgerichtshofes zum Recht der verbundenen Unternehmen, WM 1986, 1205.

Flume, Werner, Grundfragen der Aktienrechtsreform, Düsseldorf 1960.

– Allgemeiner Teil des Bürgerlichen Rechts I/1, Die Personengesellschaft, Berlin/Heidelberg 1977.

– Allgemeiner Teil des Bürgerlichen Rechts I/2, Die juristische Person, Berlin/Heidelberg/New York/Tokyo 1983.

Forum Europaeum Konzernrecht, Konzernrecht für Europa, ZGR 1998, 672–772.

Friedländer, Heinrich E., Konzernrecht, Mannheim/Berlin/Leipzig 1927; 2. Aufl. Berlin/Frankfurt 1954.

– Die Rechtspraxis der Kartelle und Konzerne in Europa, 1938, Zürich.

– Konzernrecht, 2. Aufl. 1954, Berlin/Frankfurt.

Funke, Rainer, Der Regierungsentwurf eines Nachhaftungsbegrenzungsgesetzes, DB 1992, 2177.

Gäbelein, Wolfgang, Das GmbH-Konzernrecht in der Praxis, in Centrale für GmbH (Hrsg.), Köln 1976, S. 50.

Geiger, Martin, Wettbewerbsverbote im Konzernrecht, Diss. München/Baden-Baden 1996.

Geitzhaus, Georg, Verlustausgleichspflicht als Motor der Konzernplanung, GmbHR 1989, 455.

Gekeler, Klaus-Christian, Der personengesellschaftliche Konzern im Licht des aktienrechtlichen Konzernmodells, Diss. Tübingen 1993.

Geßler, Ernst, Der Schutz der abhängigen Gesellschaft, Festschrift für Walter Schmidt, Berlin 1959, S. 247.

– Buchbesprechung zum Großkommentar zum AktG 3. Aufl., BB 1973, 1080.

– Der Schutz vor Fremdeinflüssen im Aktienrecht, ZHR 145 (1981), 457.

Geßler, Ernst/*Hefermehl*, Wolfgang/*Eckhardt*, Ulrich/*Kropff*, Bruno (u. a.), Kommentar zum Aktiengesetz Band I (§§ 1–75), München, 1973 §§ 1–22, 1983 §§ 53a–75, 1984 §§ 23–53.

Glanegger, Peter (u. a. Bearbeiter), Heidelberger Kommentar zum HGB, 4. Aufl. Heidelberg 1996.

Godin, Reinhard Frhr. v./*Wilhelmi*, Hans (Begründer) neubearbeitet von *Wilhelmi*, Sylvester, Gesetz über die Aktiengesellschaften und Kommanditgesellschaften auf Aktien (Aktiengesetz), Band I (§§ 1–178), 4. Aufl. Berlin/New York 1971.

Göbel, Reinhard, Mehrheitsentscheidungen in Personengesellschaften – Bestimmtheitsgrundsatz, materielle Beschlußkontrolle und Kernbereich der Mitgliedschaft –, Diss. Berlin 1990.

Goette, Wulf, Anmerkung zum Urteil des BGH vom 03.02.1997, II ZR 71/96, DStR 1997, 1093.

Gross, Wolfgang, Zuständigkeit der Hauptversammlung bei Erwerb und Veräußerung von Unternehmensbeteiligungen, AG 1994, 266.

Großfeld, Bernhard, Aktiengesellschaft, Unternehmenskonzentration und Kleinaktionär, 1968, Tübingen.

– Die rechtspolitische Beurteilung der Aktiengesellschaft im 19. Jhd., in: Wissenschaft und Kodifikation des Privatrechts im 19. Jhd., Band IV, Herausgegeben von Helmut Coing und Walter Wilhelm, Frankfurt, 1979.

– Die Abfindung bei der Ausschließung aus einer Personengesellschaft, ZGR 1982, 141.

– Unternehmens- und Anteilsbewertung im Gesellschaftsrecht, Zur Barabfindung ausscheidender Gesellschafter, 3. Aufl. Köln 1994.

Großkommentar zum Aktiengesetz, begründet von W. Gadow und E. Heinichen, herausgegeben von Hopt, Klaus J., Wiedemann, Herbert, 10. Lieferung: §§ 15–22, 4. Aufl., Berlin/New York 1999.

Grossmann, Adolf, Die GmbH & Co KG im Spannungsfeld zwischen § 4 und § 5 Mitbestimmungsgesetz, BB 1976, 1391.

Grunewald, Barbara, Haftung für fehlerhafte Geschäftsführung in der GmbH & Co KG, BB 1981, 581.

– Rechtsschutz gegen fehlerhafte Maßnahmen der Geschäftsführung, DB 1981, 407.

– Einsichts- und Auskunftsrecht des GmbH-Gesellschafters nach neuem Recht, ZHR 146 (1982), 211.

– Der Ausschluß aus Gesellschaft und Verein, Köln/Berlin/Bonn/München 1987.

– Zum Informationsrecht in der GmbH & Co KG – Besprechung der Entscheidung BGH WM 1988, 1447 –; ZGR 1989, 545.

Hachenburg, Gesetz betreffend die Gesellschaft mit beschränkter Haftung (GmbHG), Grosskommentar, Dritter Band §§ 53–85, 8. Aufl. 1997 Berlin/New York.

Hadding, Walther, Zur Einzelklagebefugnis des Gesellschafters einer Personengesellschaft, JZ 1975, 159.

– Mehrheitsbeschlüsse in der Publikums-Kommanditgesellschaft, ZGR 1979, 636.

Hartmann, Bernhard, Der lästige Gesellschafter in der Wirtschaftspraxis, 2. Aufl. Köln 1963.

Haussmann, Fritz, Grundlegung des Rechts der Unternehmenszusammenfassungen; Mannheim/Berlin/Leipzig 1926.

Heck, Jan Peter, Personengesellschaften im Konzern, Diss. Osnabrück 1986.

Hefermehl, Wolfgang, Der Aktionär als „Unternehmen" im Sinne des Konzernrechts, Festschrift für Ernst Gessler, S. 203, München 1971.

Heid, Peter, Die Inhaltskontrolle des Vertrages der Publikumsgesellschaften nach AGB-Grundsätzen, DB 1985, Beilage 4.

Heidenhain, Martin/*Meister,* Burkhardt (Hrsg.), Münchener Vertragshandbuch, Band 1 Gesellschaftsrecht, 5. Aufl. München 2000.

Henn, Günter, Handbuch des Aktienrechts, 6. Aufl., Heidelberg1998.

Hennerkes, Brun-Hagen/*Binz,* Mark, Abschied vom Bestimmtheitsgrundsatz – Zur Zulässigkeit von Mehrheitsbeschlüsse bei Personengesellschaften, BB 1983, 713.

Henze, Hartwig, Die Treuepflicht im Aktienrecht, BB 1996, 489.

Hermanns, Marc, Bestimmtheitsgrundsatz und Kernbereichslehre – Mehrheit und Minderheit in der Personengesellschaft – Zugleich Anmerkung zu BGH ZIP 1994, 1942 –, ZGR 1996, 103–115.

Hesselmann, M., Anmerkung zum Beschluß des hanseatischen Oberlandesgerichts 2 W 34/68 v. 05.12.1968, GmbHR 1969, 141.

Heymann, Handelsgesetzbuch Kommentar, Band 2 §§ 105–237, Berlin/New York 1989.

Hölters, Wolfgang, Die unbewältigte Konzernproblematik des Mitbestimmungsgesetzes 1976, RdA 1979, 335.

Hoffmann, Hans-Joachim, Der Einfluß des Gefälligkeitsmoments auf das Haftungsmaß, AcP 167 (1967), 394.

– Die Fragwürdigkeit der Haftung für diligentia quam in suis, NJW 1967, 1207.

Hoffmann-Becking, Michael (Hrsg.), Münchener Handbuch des Gesellschaftsrechts
Band 2: Kommanditgesellschaft, Stille Gesellschaft, München 1991
Band 4: Aktiengesellschaft, München 1988.

Holzwarth, Gabriele, Konzernspezifischer Gläubigerschutz bei der klassischen Betriebsaufspaltung, Köln 1994.

Hommelhoff, Peter, Gesellschaftsrechtliche Fragen im Entwurf eines Bilanzrichtliniengesetzes, BB 1981, 944.

– Die Konzernleitungspflicht, Köln/Berlin/Bonn/München 1982.

– Eigenkapital-Ersatz im Konzern und in Beteiligungsverhältnissen, WM 1984, 1105.

– Der Verlustausgleich im Mehrmütter-Vertragskonzern – zu den Legitimationsgrundlagen der aktienrechtlichen Ausgleichspflicht –, Festschrift für Reinhard Goerdeler, Düsseldorf 1987, S. 221.

– Praktische Erfahrungen mit dem Abhängigkeitsbericht, ZHR 156 (1992), 295.

– Die qualifizierte faktische Unternehmensverbindung: Ihre Tatbestandsmerkmale nach dem TBB-Urteil und deren rechtsdogmatisches Fundament, ZGR 1994, 395.

Hopt, Klaus J., Zur Abberufung des GmbH-Geschäftsführers bei der GmbH & Co KG, insbesondere der Publikumsgesellschaft, ZGR 1979, 1.

Hornung, Anton, Zum Nachhaftungsbegrenzungsgesetz, Rpfleger 1994, 488.

Huber, Ulrich, Vermögensanteil, Kapitalanteil und Gesellschaftsanteil an Personengesellschaften des Handelsrechts, Heidelberg 1970.

– Das Auskunftsrecht des Kommanditisten, ZGR 1982, 539.

– Das Eigenkapital der Personengesellschaft, ZGR 1988, 1.

– Betriebsführungsverträge zwischen konzernverbundenen Unternehmen, ZHR 152 (1988), 123.

– Betriebsführungsverträge zwischen selbständigen Unternehmen, ZHR 152 (1988), 1.

Hueck, Alfred, Das Recht der OHG, Berlin 1971.

Hueck, Götz, Gesellschaftsrecht, 19. Aufl., 1991, München.

Hüffer, Uwe, Organpflichten und Haftung in der Publikums-Personengesellschaft – Besprechung der Entscheidung BGH BB 1980, 546 und BGHZ 75, 321 –, ZGR 1981, 348.

– Aktiengesetz Kommentar, 4. Aufl. München 1999.

Immenga, Ulrich, Die personalistische Kapitalgesellschaft – Eine rechtsvergleichende Untersuchung nach deutschem GmbH-Recht und dem Recht der corporations in den Vereinigten Staaten, Bad Homburg v.d.H. 1970.

– Die Minderheitsrechte des Kommanditisten, ZGR 1974, 385.

– Schutz abhängiger Gesellschaften durch Bindung oder Unterbindung beherrschenden Einflusses?, ZGR 1978, 269.

– Anmerkung zu BGHZ 89, 162 (Heumann-Ogilvy), JZ 1984, 578.

Isay, Rudolf, Das Recht am Unternehmen, Berlin, 1910.

Jäger, Axel, Personengesellschaften als abhängige Unternehmen, DStR 1997, 1813–1817.

Jaeniche, Steffen, Die Dritteinflußnahme bei Personengesellschaften, München 1995, zugl. Diss. Mannheim 1995.

Jahr, Günther/*Stützel,* Wolfgang, Aktien ohne Nennbetrag, Frankfurt 1963.

Janberg, Hans/*Schlaus,* Wilhelm, Abstimmungsverträge nach neuem Aktienrecht unter Berücksichtigung des Rechts der verbundenen Unternehmen, AG 1967, 33.

Kellermann, Alfred, Die Buchwertklausel zur Abfindung ausscheidender Gesellschafter, Steuerberater-Jahrbuch 1986/87, 403.

Kiethe, Kurt/*Groeschke,* Peer, Haftungsverstärkung infolge der sog. „Ingerenz“ als Anwendungsfall der mißbräuchlichen Ausübung der Leitungsmacht im qualifizierten faktischen Konzern, BB 1997, 1957.

Kindler, Peter, Hauptfragen des Konzernrechts in der internationalen Diskussion, ZGR 1997, 449–463.

Kirchner, Christian, Ansätze zu einer ökonomischen Analyse des Konzernrechts, in E. Boetcher u.a. (Hrsg.), Jahrbuch für Neue Politische Ökonomie 1984, S. 223–251.

Klamroth, Sabine, Beteiligung einer BGB-Gesellschaft an einer Personenhandelsgesellschaft, BB 1983, 796.

Kleindiek, Detlef, Strukturvielfalt im Personengesellschafts-Konzern, Diss. Bielefeld, München 1991.

Knobbe-Keuk, Brigitte, Das Klagerecht des Gesellschafters einer Kapitalgesellschaft wegen gesetz- und satzungswidriger Maßnahmen der Geschäftsführung, Festschrift für Kurt Ballerstedt, Berlin 1975, S. 239.

– Bilanz- und Unternehmenssteuerrecht, 9. Aufl. Köln 1993; 2. Aufl. Köln 1979.

– Schwerpunkte der „modernen“ personalistischen und insbesondere kapitalistischen KG in handelsrechtlicher und steuerrechtlicher Sicht, Jahrbuch der Fachanwälte für Steuerrecht 1980/81, 399.

Knöchlein, Gerhard, Abfindungsvereinbarungen bei Personenhandelsgesellschaften, DNotZ 1960, 452.

Kölner Kommentar zum Aktiengesetz, herausgegeben von Wolfgang Zöllner,
- Einleitungsband, Text des Aktiengesetzes, Einleitung, Sachregister zum Gesamtwerk, Köln/Berlin/Bonn/München 1984
- Band 1 (§§ 1–75), 2. Aufl. Köln/Bonn/Berlin/München, §§ 1–22 1986; §§ 23–53 1986; §§ 53a–75 1988

Kohl, Reinhard, Brauchen wir ein Stiftungskonzernrecht ?, NJW 1992, 1922.

– Die „TBB“-Entscheidung – Entwarnung im faktischen GmbH-Konzern, MdR 1993, 715.

Koller, Ingo /*Roth,* Wulf-Henning/*Morck,* Winfried, Kommentar zum Handelsgesetzbuch, 2. Aufl., München 1999.

Konietzko, Eva-Maria, Zur Haftung des Kommanditisten, Frankfurt 1979.

Koppensteiner, Hans-Georg, „Faktischer Konzern“ und Konzentration, ZGR 1973, 1.

– Über die Verlustausgleichspflicht im qualifizierten AG-Konzern, Ulmer (Hrsg.), Probleme des Konzernrechts, Heidelberg 1989, S. 87.

Kröger, Gerhard, Zur Berücksichtigung steuerlicher Lasten und Vorteile aus der Gesellschafterabfindung bei Personengesellschaften und GmbH, GmbHR 1981, 30.

Kropff, Bruno, Aktiengesetz, Textausgabe des Aktiengesetzes vom 6.9.1965 und des Einführungsgesetzes zum Aktiengesetz mit Begründung des Regierungsentwurfs, Düsseldorf 1965.

– Das Konzernrecht des Aktiengesetzes 1965, BB 1965, 1281.

– Das TBB-Urteil und das Aktienkonzernrecht, AG 1993, 485.

Kübler, Friedrich, Gesellschaftsrecht, 5. Aufl., Heidelberg 1998.

Künnemann, Martin, Objektivierte Unternehmensbewertung, Frankfurt 1985.

Kunze, Otto, Bemerkungen zu Inhalt und Methode einer Unternehmensrechtsreform, in Festschrift für Ernst Gessler 1971, S. 47.

Larenz, Karl, Lehrbuch des Schuldrechts II. Band, Besonderer Teil, 1. Halbband, 13. Aufl. München 1986.

Larenz, Karl/*Canaris,* Claus Wilhelm, Methodenlehre der Rechtswissenschaft, 3. Aufl., Berlin/Heidelberg, 1995.

Laule, Gerhard, Der herrschende Kommanditist als unbeschränkt haftendes Unternehmen?, Festschrift für Semler, S. 541, Berlin/New York 1993.

Lenz, Uwe, Personenverbände – Verbandsperson – Kartellverträge, Eine Studie zum Merkmal des gemeinsamen Zwecks im Personengesellschaftsrecht, im Recht der Körperschaften und im Kartellrecht, München 1987, zugl. Diss. Osnabrück.

Leo, Hans-Christoph, Die Einmann-AG und das neue Konzernrecht, AG 1965, 352.

Liebscher, Thomas, Konzernbildungskontrolle, Diss. Mannheim, Berlin 1995.

Limmer, Peter, Die Haftung im qualifizierten faktischen Personengesellschaftskonzern, GmbHR 1992, 265.

Löffler, Joachim, Betriebsführungsverträge mit Personengesellschaften, NJW 1983, 2920.

– Zur Reichweite des gesetzlichen Wettbewerbsverbots in der Kommanditgesellschaft, NJW 1986, 223.

– Die abhängige Personengesellschaft, Diss. Tübingen/Heidelberg 1988.

Löw, Hans-Peter, Die Abhängigkeit der Personenhandelsgesellschaft – Voraussetzungen und Entstehungskontrolle, Diss. Mainz 1987.

Loos, Gerold, Betriebsverträge und damit verbundene Generalvollmacht bei Handelsgesellschaften, BB 1963, 615.

– Steuerliche Gesichtspunkte bei der Berechnung des Abfindungsguthabens des ausscheidenden Gesellschafters, NJW 1964, 480.

Loritz, Karl-Georg, Arbeitnehmerbeteiligung und Verbandssouveränität, ZGR 1986, 310–331.

Luchterhandt, Hans-Friedrich, Der Begriff „Unternehmen" im Aktiengesetz 1965, ZHR 132 (1969), 149.

Lutter, Marcus (Hrsg.), Recht und Steuer der internationalen Unternehmensverbindungen, Düsseldorf 1972.

– Theorie der Mitgliedschaft, AcP 180 (1980), 84.

– Zum Informationsrecht des Gesellschafters nach neuem GmbH-Recht, ZGR 1982, 1.

– Die zivilrechtliche Haftung in der Unternehmensgruppe ZGR 1982, 244.

– Europäisches Gesellschaftsrecht, 2. Aufl. Berlin/New York 1984.

– 100 Bände BGHZ: Konzernrecht, ZHR 151 (1987), 444–461.

– Vermögensveräußerungen einer abhängigen Aktiengesellschaft, Festschrift für Ernst Steindorff, S. 125, Berlin/New York 1990.

– Europäisches Unternehmensrecht, 3. Aufl., Berlin/New York 1991.

Lutter, Marcus/*Hommelhoff,* Peter, GmbH-Gesetz Kommentar, 15. Aufl., Köln 2000.

Lutter, Marcus/*Timm,* Wolfram, Konzernrechtlicher Präventivschutz im GmbH-Recht, NJW 1982, 409.

Marburger, Peter, Zum „Verzicht" auf den Bestimmtheitsgrundsatz in einer Personenhandelsgesellschaft – Besprechung der Entscheidung BGH NJW 1988, 411, ZGR 1989, 146–155.

– Abschied vom Bestimmtheitsgrundsatz im Recht der Personengesellschaften?, NJW 1989, 2252.

Martens, Klaus-Peter, Das Konzernrecht nach dem Referentenentwurf eines GmbH-Gesetzes, DB 1970, 813 (Teil I), 865 (Teil II).

– Bestimmtheitsgrundsatz und Mehrheitskompetenz im Recht der Personengesellschaften, DB 1973, 413.

– Die existentielle Wirtschaftsabhängigkeit, Köln/Berlin/Bonn/München, 1979.

Maul, Silja, Die faktisch abhängige SE (Societas Europaea) im Schnittpunkt zwischen deutschem und europäischem Recht, München 1998.

Mecke, Thomas, Mitbestimmung, Konzernbildung und Gesellschaftereinfluß, ZHR 138 (1974), 179.

– Vertragsändernde Mehrheitsbeschlüsse in der OHG und KG – Zugleich eine Anmerkung zur Entscheidung des BGH vom 15.06.1987 - II ZR 261/86; BB 1988, 2258.

Meilicke, Wienand, Die Barabfindung für den ausgeschlossenen oder ausscheidungsberechtigten Minderheits-Kapitalgesellschafter, Rechtsgrundsätze zur Unternehmensbewertung, Diss. Berlin 1975.

Menk, Renate, Das Verhältnis des Bestimmtheitsgrundsatzes zur Kernbereichslehre im Recht der offenen Handelsgesellschaft, Diss. Hamburg 1975.

Mestmäcker, Ernst Joachim, Zur Systematik des Rechts der verbundenen Unternehmen im neuen Aktiengesetz, Festgabe für Heinrich Kronstein, Das Unternehmen in der Rechtsordnung, 1967, S. 129 ff.

– (u.a.), Fortschreitende Konzentration bei Großunternehmen, Hauptgutachten 1976/1977 der Monopolkommission II, Baden-Baden, 1978.

Michalski, Lutz/*Zeidler,* Finn, Die Ausgleichshaftung im qualifiziert faktischen Konzern – eine Analyse für die Praxis, NJW 1996, 224.

Möhring, Ludwig, Schutz der Gläubiger einer konzernabhängigen GmbH, Berlin 1992.

Möhring, Philipp, Die gesetzliche Regelung der Unternehmensverbindung im neuen Aktiengesetz, NJW 1967, 1.

Mülbert, Peter O., Aktiengesellschaft, Unternehmensgruppe und Kapitalmarkt, 2. Aufl. München 1996.

Müller, Hans-Peter/*Rieker,* Klaus, Der Unternehmensbegriff des Aktiengesetzes 1965, WPg 1967, 197–203.

Müller, Welf, Minderheitenschutz im GmbH-Konzernrecht – so nicht, AG 1981, 306.

Müller-Erzbach, Rudolf, Das private Recht der Mitgliedschaft als Prüfstein eines kausalen Rechtsdenkens, Weimar 1948.

Müller-Graff, Peter-Christian, Haftungsrecht und Gesellschaftsrecht: Der Maßstab der „diligentia quam in suis" für Geschäftsführer in Personengesellschaften, AcP 191 (1991), 475.

Münchener Kommentar zum Aktiengesetz, Band 1 (§§ 1–153), 2. Aufl. Geßler/Hefermehl/Eckhardt/Kropf, Aktiengesetz, München 2000.

Münchener Kommentar zum Bürgerlichen Gesetzbuch, hrsg. von Kurt Rebmann und Franz-Jürgen Säcker,
- Band 1 (§§ 1–240) 3. Aufl. München 1993.
- Band 5, Schuldrecht Besonderer Teil III §§ 705–853, 3. Aufl. München 1997.

Mugdan, Benno, Die gesammelten Materialien zum Bürgerlichen Gesetzbuch für das Deutsche Reich, Berlin 1899.

Nagel, Bernhard, Wirtschaftsrecht III, Unternehmens- und Konzernrecht, München 1994.

Nitsche, Christian, Das neue Nachhaftungsbegrenzungsgesetz – Vertragsübergang kraft Gesetzes?, ZIP 1994, 1919.

Nitschke, Manfred, Die Geltendmachung von Gesellschaftsforderungen durch den einzelnen Gesellschafter einer Personengesellschaft (Gesamthänderklage), ZHR 128 (1966), 48.

– Die körperschaftlich strukturierte Personengesellschaft, Bielefeld 1970.

Nörr, Wolfgang, Zur Entwicklung des Aktien- und Konzernrechts während der Weimarer Republik, ZHR 150 (1986), 155–181.

Ochsenfeld, Roland, Abhängigkeits- und Konzernierungstatbestände bei der Abschreibungs-KG, Frankfurt am Main 1982.

Oechsler, Jürgen, Die Anwendung des Konzernrechts auf Austauschverträge mit organisationsrechtlichem Bezug, ZGR 1997, 464–492.

Paehler, Otto Heinrich, Die Zulässigkeit des faktischen Konzerns, Bielefeld 1972.

Palandt, Bürgerliches Gesetzbuch, 60. Aufl., München 2001.

Paschke, Marian, Rechtsfragen der Durchgriffsproblematik im mehrstufigen Unternehmensverbund, AG 1988, 196.

Pauli, Raimund, Das Eigenkapital der Personengesellschaft, Berlin 1990.

Pflug, Hans-Joachim, Der persönlich haftende Gesellschafter in der Kommanditgesellschaft auf Aktien, NJW 1971, 345.

Prantl, Johannes, Konzernbildung, Konzernrecht und Minderheitenschutz in Deutschland – Eine ökonomische Analyse, Frankfurt am Main, 1994.

Priester, Hans-Joachim, Unbeschränkte Konzernhaftung des GmbH-Gesellschafters, ZIP 1986, 137.

– Uneingeschränkter Verlustausgleich – zwingende Folge qualifizierter Konzernherrschaft?, Festschrift für Semler, S. 561, Berlin/New York 1993.

Raiser, Thomas, Beherrschungsvertrag im Recht der Personengesellschaften, ZGR 1980, 558–566.

– Wettbewerbsverbote als Mittel des konzernrechtlichen Präventivschutzes, in Festschrift für Walter Stimpel 1985, S. 855–865.

– Das Recht der Gesellschafterklagen, ZHR 153 (1989), 1.

Randenborgh, Wolfgang van, Abfindungsklauseln in Gesellschaftsverträgen, BB 1986, 75.

Rasch, Harold, Deutsches Konzernrecht, 3. Aufl. Köln/Berlin/Bonn/München 1966.

– Buchbesprechung zum Großkommentar zum AktG, NJW 1962, 1241.

Rehbinder, Eckard, Gesellschaftsrechtliche Probleme mehrstufiger Unternehmensverbindungen, ZGR 1977, 581.

– Zum konzernrechtlichen Schutz der Aktionäre der Obergesellschaft – Besprechung der Entscheidung BGHZ 83, 122 „Holzmüller" –, ZGR 1983, 92.

Reichold, Hermann, Das neue Nachhaftungsbegrenzungsgesetz, NJW 1994, 1617.

Reinhardt, Rudolf, Gedanken zum Identitätsproblem bei der Einmanngesellschaft, Festschrift für Heinrich Lehmann, II. Band, Berlin/Tübingen/Frankfurt 1956, S. 576.

Reinhardt, Rudolf/*Schultz,* Dietrich, Gesellschaftsrecht, 2. Aufl. Tübingen 1981.

Reuter, Dieter, Die Personengesellschaft als abhängiges Unternehmen, ZHR 146, (1982), 1–29.

– Die „Wesenselemente" der Personengesellschaft in der neueren Rechtsprechung, GmbHR 1981, 129.

– Neuere Rechtsprechung zum Personengesellschaftsrecht – Teil 1, JZ 1986, 16.

– Ansätze eines Konzernrechts der Personengesellschaft in der höchstrichterlichen Rechtsprechung, AG 1986, 130.

Riegger, Bodo/*Weipert,* Lutz (Hrsg.), Münchener Handbuch des Gesellschaftsrechts, Band 2, München 1991.

– Münchener Handbuch des Gesellschaftsrechts Band 1, BGB-Gesellschaft, Offene Handelsgesellschaft, Partnerschaftsgesellschaft, Partnerrederei, EWIV, München 1995.

Rittner, Fritz, Gesellschaftsrecht und Unternehmenskonzentration – Zu den Vorschlägen der Monopolkommission –, ZGR 1990, 203.

Rix, Reinhard, Gesellschaftsrechtliche Probleme von Gewinnabführungsverträgen bei der GmbH, MittRhNotK 1986, 29.

Röhricht, Volker/*Graf von Westphalen,* Friedrich (Hrsg.), Kommentar zum HGB, Köln 1998.

Röttger, Robert, Die Kernbereichslehre im Recht der Personenhandelsgesellschaften, Heidelberg 1989, zugl. Diss. Hamburg.

Roitzsch, Frank, Minderheitenschutz im Verbandsrecht, Tübingen 1980.

Rosendorff, Richard, Die rechtliche Organisation der Konzerne, Berlin/Wien, 1927.

Rother, Werner, Haftungsbeschränkung im Schadensrecht, München/Berlin 1965.

Rowedder, Heinz (u. a.), Kommentar zum GmbHG, 3. Aufl. München, 1997.

– Bestandsschutz im faktischen GmbH-Konzern, in Hommelhoff (Hrsg., u. a.), Entwicklung des GmbH-Konzern-Rechts, S. 20.

Schäfer, Dietrich, Aktuelle Probleme des neuen Aktienrechts, BB 1966, 229.

Schießl, Maximilian, Die beherrschte Personengesellschaft, Diss. München/Köln 1985.

– Die Ersatzpflicht des herrschenden Unternehmens im qualifizierten faktischen Konzern, AG 1985, 184..

– Die Informationsrechte der Personenhandelsgesellschafter im Lichte der GmbH-Novelle 1980, GmbHR 1985, 109.

– Abdingbarkeit der Kontrollrechte des Kommanditisten aus § 166 HGB?, NJW 1989, 1597.

Schilling, Wolfgang, Konzernfragen, JZ 1957, 529.

– Grundlagen eines GmbH-Konzernrechts, Festschrift für Wolfgang Hefermehl 1976, S. 383.

– Entwicklungstendenzen im Konzernrecht, ZHR 140 (1976), 528.

Schlegelberger, Handelsgesetzbuch Kommentar, Band III/1. Halbband §§ 105–160; 5. Aufl., München 1992.

Schmidt, Karsten, Konzernrecht, Minderheitenschutz und GmbH-Innenrecht – Zu einer Bestandsaufnahme des inneren GmbH-Konzernrechts –, GmbHR 1979, 121.

– „Unternehmen" und „Abhängigkeit": Begriffseinheit und Begriffsvielfalt im Kartell- und Konzernrecht, ZGR 1980, 277.

– Abhängigkeit, faktischer Konzern, Nichtaktienkonzern und Divisionalisierung im Bericht der Unternehmensrechtskommission, ZGR 1981, 455–486.

– Die obligatorische Gruppenvertretung im Recht der Personengesellschaft und der GmbH – Probleme der sog. Vertreterklausel, ZHR 146 (1982), 525.

– Konzernrechtliche Wirksamkeitsvoraussetzungen für typische stille Beteiligungen an Kapitalgesellschaften? – Zugleich zur systematischen Einordnung des Teilgewinnabführungsvertrags –, ZGR 1984, 295.

– Zwingend gesamtschuldnersicher Verlustausgleich bei der Mehrmütterorganschaft, DB 1984 1181.

– Anmerkung zum Urteil des BGH vom 21.10.1985 – II ZR 57/85 (= NJW-RR 1986, 256), JuS 1986, 407.

– Abhängigkeit und faktischer Konzern als Aufgabe der Rechtspolitik, JZ 1992, 856.

– „Konzernhaftung" nach dem TBB-Urteil – Versuch einer Orientierung, ZIP 1993, 549.

– Mehrheitsregelungen in GmbH & Co-Verträgen, Verständnis oder Mißverständnis des „Bestimmtheitsgrundsatzes"?, ZHR 158 (1994), 205–228.

– Gesellschaftsrecht, 3. Aufl., Köln/Berlin/Bonn/München 1997.

– Selbstorganschaft, in Gedächtnisschrift für Brigitte Knobbe-Keuk 1997, S. 307–320.

– HGB-Reform und gesellschaftsrechtliche Gestaltungspraxis, DB 1998, 61.

Schmidt, Ludwig, Kommentar zum EStG, 19. Aufl. München 2000.

Schneider, Uwe, ZGR 1975, 253–293, Die Personengesellschaft als verbundenes Unternehmen.

– FS für Bärmann zum 70. Geburtstag 1975, S 873–892, Zur Wahrnehmung von Mitgliedschaftsrechten an Tochtergesellschaften einer Personengesellschaft.

– BB 1975, 1353, Die Auskunfts- und Kontrollrechte der Gesellschafter in der verbundenen Personengesellschaft.

– Der GmbH-Konzern; Bericht über die Arbeitstagung der Centrale für GmbH vom 1.12.–12.12.1975, Köln 1976; S. 78–105; Die Mitverwaltungsrechte der Gesellschafter in der verbundenen GmbH – Überlegungen zu einer Binnenordnung im Konzern.

– Korreferat zu Zöllner, GmbH und GmbH & Co KG in der Mitbestimmung, ZGR 1977, 319, ZGR, 1977, 335–351.

– Die Inhaltskontrolle von Gesellschaftsverträgen, ZGR 1978, 1.

– Die Personengesellschaft als herrschendes Unternehmen im Konzern, ZHR 143, 1979, 485–521.

– Mehrheitsprinzip und Mitwirkungserfordernis bei Gesellschafterbeschlüssen – Ein Beitrag zur Anpassung des Gesellschaftsvertrages einer Personengesellschaft an veränderte Umstände, AG 1979, 57.

– Konzernbildung, Konzernleitung und Verlustausgleich im Konzernrecht der Personengesellschaft, ZGR 1980, 511–547.

– Die Personengesellschaft als Konzernunternehmen; BB 1980, 1057 = Jahrbuch der Fachanwälte für Steuerrecht 1980/81, S. 335.

– Konzernleitung als Rechtsproblem, BB 1981, 249–259.

– Mittelbare verdeckte Gewinnausschüttung im GmbH-Konzern, ZGR 1985, 279.

– Die Gründung von faktischen GmbH-Konzernen – Zuständigkeit und Finanzierung –, in: Hommelhoff u. a. (Hrsg.), Entwicklungen im GmbH-Konzernrecht, Berlin/New York 1986, S. 121.

– Die Überlagerung des Konzernrechts durch öffentlich-rechtliche Strukturnormen und Organisationspflichten, ZGR 1996, 225–246.

Scholz, Franz (Hrsg.), Kommentar zum GmbH-Gesetz mit Anhang Konzernrecht,
– Band I (§§ 1–44, Anh. Konzernrecht), 9. Aufl. Köln 2000.
– Band II (§§ 45–85, Anh. II u. III), 6. Aufl. Köln 1978/83.

Schubert, Werner/*Hommelhoff,* Peter (Hrsg.), Die Aktienrechtsreform am Ende der Weimarer Republik, Berlin/New York, 1987.

Schulte, Hans, Besprechung der Entscheidung BGHZ 64, 238, ZGR 1976, 97.

Schulze-Osterloh, Joachim, Der gemeinsame Zweck der Personengesellschaft, Berlin/New York 1973.

– Gläubiger und Minderheitenschutz bei der steuerlichen Betriebsaufspaltung, ZGR 1983, 123.

– Das Auseinandersetzungsguthaben des ausscheidenden Gesellschafters einer Personengesellschaft nach § 738 Abs. 1 Satz 2 BGB, Besprechung der Entscheidung BGH WM 1984, 1506, ZGR 1986, 545.

Schweda, Joachim, Abhängigkeit im Sinne des § 17 Abs. 1 AktG von mehreren Unternehmen?, DB 1974, 1993.

Schwintowski, Hans-Peter, Die Stiftung als Konzernspitze?, NJW 1991, 2736.

Seibert, Ulrich, Nachhaftungsbegrenzungsgesetz – Haftungsklarheit für den Mittelstand, DB 1994, 461.

Seydel, Eberhard, Konzernbildungskontrolle bei der Aktiengesellschaft, Baden-Baden, 1995.

Soergel, H. Th. u.a. (Begründer), Bürgerliches Gesetzbuch mit Einführungsgesetz und Nebengesetzen, Schuldrecht III (§§ 705–853) Band 4, 11. Aufl., Stuttgart/Berlin/Köln/Mainz 1985.

Spindler, Gerald, Recht und Konzern, Tübingen 1993.

Staub, Großkommentar zum Handelsgesetzbuch, 19. Lieferung: §§ 114–122, 4. Aufl. Berlin 1999; 9. Lieferung: §§ 161–177a, 4. Aufl. Berlin 1987; 12. Lieferung: §§ 105–113, 4. Aufl., Berlin 1989; 17. Lieferung: §§ 123–130b, 4. Aufl. Berlin 1997; 2. Band, 1. Halbband §§ 105–144, 3. Aufl., Berlin/New York 1973.

Stehle, Hans-Joachim, Gesellschafterschutz gegen fremdunternehmerischen Einfluß in der Personengesellschaft, Diss. Konstanz 1986.

Stimpel, Walter, Anlegerschutz durch Gesellschaftsrecht in der Publikums-Kommanditgesellschaft, Festschrift für Robert Fischer, S. 771, Berlin/New York 1979.

– Die Rechtsprechung des Bundesgerichtshofes zur Innenhaftung des herrschenden Unternehmens im GmbH-Konzern, AG 1986, 117.

– Rückblick auf das „Gervais Urteil“, in Ulmer (Hrsg.) Probleme des Konzernrechts, Heidelberg 1989.

– Haftung im qualifizierten faktischen GmbH-Konzern, ZGR 1991, 144.

Sudhoff, Heinrich, Kapitalbeteiligung und Einbringung bei der offenen Handelsgesellschaft und Kommanditgesellschaft, NJW 1956, 321.

– Die Berechnung des Auseinandersetzungsguthabens bei Personengesellschaften, ZGR 1972, 157.

– Der Gesellschaftsvertrag der Personengesellschaft, 5. Aufl. München 1978.

Teichmann, Arndt, Gestaltungsfreiheit in Gesellschaftsverträgen, München 1970.

Teubner, Gunther, Der Beirat zwischen Verbandssouveränität und Mitbestimmung, ZGR 1986, 564–579.

Theisen, Manuel René, Der Konzern – Betriebswirtschaftliche und rechtliche Grundlagen der Konzernunternehmung, Stuttgart 1991.

Timm, Wolfram, Die Aktiengesellschaft als Konzernspitze: Die Zuständigkeitsordnung bei der Konzernbildung und Konzernumbildung, Köln/Berlin/Bonn/München 1980.

– Wettbewerbsverbot und „Geschäftschancen"-Lehre im Recht der GmbH, GmbHR 1981, 177.

– Der Abschluß des Ergebnisübernahmevertrags im GmbH-Recht, BB 1981, 1491.

– Geklärte und offene Fragen im Vertragskonzernrecht der GmbH – Anmerkung zum Urteil des LG Bochum vom 01.07.1986 – GmbHR 1987, 8.

– Einige Zweifelsfragen zum neuen Umwandlungsrecht, ZGR 1996, 247.

Ulmer, Peter, Aktienrechtliche Beherrschung durch Leistungsaustauschbeziehungen?, ZGR 1978, 457–475.

– Gläubigerschutz im „qualifizierten" faktischen GmbH-Konzern, NJW 1986, 1579.

– Der Gläubigerschutz im faktischen GmbH-Konzern beim Fehlen von Minderheitsgesellschaftern, ZHR 148 (1984), 391.

– Verlustübernahmepflicht des herrschenden Unternehmens als konzernspezifischer Kapitalerhaltungsschutz – Zur analogen Anwendung des §§ 302, 303 AktG im qualifizierten faktischen GmbH-Konzern, AG 1986, 123.

– Grundstrukturen eines Personengesellschaftskonzernrechts, in ders. (Hrsg.), Probleme des Konzernrechts, Heidelberg 1989.

– 100 Jahre Personengesellschaftsrecht: Rechtsfortbildung bei OHG und KG, ZHR 161 (1997), 102.

Versteegen, Peter, Konzernverantwortlichkeit und Haftungsprivileg, Köln/Berlin/Bonn/München 1993.

Voormann, Volker, Die Stellung des Beirats im Gesellschaftsrecht, Köln/Berlin/Bonn/München, 1981.

– Der Beirat im Gesellschaftsrecht, 2. Aufl. Köln/Berlin/Bonn/München 1990.

Wagner, Franz, Der Einfluß der Einkommensteuer auf die Entscheidung über den Verkauf einer Unternehmung, DB 1972, 1637.

Wagner, Franz/*Nonnenmacher,* Rolf, Die Abfindung bei der Ausschließung aus einer Personengesellschaft – Besprechung der Entscheidung des BGH vom 12.02.1979 (veröffentlicht in WM 1979, 432) –, ZGR 1981, 674.

Werra, Matthias, Zum Stand der Diskussion um die Selbstorganschaft, Diss. Münster; Berlin 1991.

Westermann, Harm Peter, Vertragsfreiheit und Typengesetzlichkeit im Recht der Personengesellschaften, Berlin/Heidelberg 1970.

– Handbuch der Personengesellschaften, 4. Aufl. Stand Juni 1998, Köln 1994.

Wiedemann, Gerhard, Personengesellschaften in der Fusionskontrolle, ZHR 146, 296.

Wiedemann, Herbert, Die Übertragung und Vererbung von Mitgliedschaftsrechten bei Handelsgesellschaften, München 1965.

– Verbandssouveränität und Außeneinfluß, Festschrift für Wolfgang Schilling, Berlin, 1973, S. 105–124.

– Die Legitimationswirkung von Willenserklärungen im Recht der Personengesellschaften, Festschrift für Harry Westermann, Karlsruhe 1974, S. 585.

– Die Bedeutung der ITT-Entscheidung, JZ 1976, 392.

– Anmerkung zum Urteil des BGH vom 13.03.1978 – II ZR 63/77, JZ 1978, 612.

– Das Abfindungsrecht – ein gesellschaftsrechtlicher Interessenausgleich, ZGR 1978, 477.

– Gesellschaftsrecht Band I, München 1980.

– Anmerkung zum Urteil des BGH vom 15.11.1982 – II ZR 62/82, JZ 1983, 559.

– Der Gesellschaftsvertrag der Personengesellschaften, WM 1990 Sonderbeilage Nr. 8.

– Rechte und Pflichten des Personengesellschafters, WM 1992 Sonderbeilage Nr. 7.

– Entwicklungen im Kapitalgesellschaftsrecht, DB 1993, 141.

Wiedemann, Herbert/*Hirte,* Heribert, Die Konkretisierung der Pflichten des herrschenden Unternehmens, ZGR 1986, 163–174.

Wiedemann, Herbert/*Martens,* Klaus-Peter, Die Unternehmensqualifikation von Gebietskörperschaften im Recht der verbundenen Unternehmen, AG 1976, 197.

Wilhelm, Jan, Rechtsform und Haftung bei der juristischen Person, Köln/Berlin/Bonn/München 1981.

– Konzernrecht und allgemeines Haftungsrecht, DB 1986, 2113.

Winter, Martin, Mitgliedschaftliche Treuebindung im GmbH-Recht, Diss. Heidelberg/München 1988.

Wirtschaftsprüfer Handbuch, Institut der Wirtschaftsprüfer in Deutschland e.V. (Hrsg.), 1968.

Würdinger, Hans, Aktien- und Konzernrecht, Eine systematische Darstellung, 2. Aufl., Karlsruhe 1966.

– Der Begriff Unternehmen im Aktiengesetz, in Festgabe für Otto Kunze, S. 177, Berlin 1969.

– Betrachtung zum faktischen Konzern, DB 1973, 45.

Ziegenhain, Hans-Jörg, Der qualifizierte faktische Konzern in der Rechtsprechung des Bundesarbeitsgerichts zur betrieblichen Altersversorgung, ZIP 1994, 1003.

Zinn, Philip-André, Abschied vom Grundsatz der Selbstorganschaft bei Personengesellschaften? Umgehung durch Gestaltung und ihre Bedeutung für die Zulässigkeit der sog. Drittorganschaft, Diss. Mainz 1997.

Zöllner, Wolfgang, Die Schranken mitgliedschaftlicher Stimmrechtsschranken bei den privatrechtlichen Personenverbänden, München/Berlin 1963.

– Zum Unternehmensbegriff der §§ 15 ff. AktG, ZGR 1976, 1.

– GmbH & Co KG in der Mitbestimmung, ZGR 1977, 319–334.

– Die sogenannten Gesellschafterklagen im Kapitalgesellschaftsrecht – Referat –, ZGR 1988, 392.

– Treuepflichtgesteuertes Aktienkonzernrecht, ZHR 162 (1998), 235–248.

Sachverzeichnis

FSC
www.fsc.org
MIX
Papier | Fördert
gute Waldnutzung
FSC® C083411

Kolibri 360 GmbH
Ferdinand-Jühlke-Straße 7
99095 Erfurt, Deutschland
produktsicherheit@kolibri360.de

Druck:
CPI Druckdienstleistungen GmbH
im Auftrag der
Kolibri 360 GmbH
Ferdinand-Jühlke-Str. 7
99095 Erfurt